本书获得以下项目的资金资助：
- 江苏省高校哲学社会科学研究重点项目"微博政治参与的效度及其引导机制研究"（主持人：黎慈；项目编号：2013ZDIXM022）结项成果
- 江苏高校优势学科建设工程资助项目（PAPD）
- 江苏高校品牌专业建设工程资助项目（TAPP）
- "十三五"江苏省重点建设学科建设工程资助项目
- 江苏省"333"高层次人才培养工程项目

法治视域中网络政治参与的效度研究

黎　慈　孟卧杰　著

苏州大学出版社

图书在版编目(CIP)数据

法治视域中网络政治参与的效度研究 / 黎慈,孟卧杰著. —苏州:苏州大学出版社,2017.10
ISBN 978-7-5672-2265-6

Ⅰ.①法… Ⅱ.①黎… ②孟… Ⅲ.①互联网络-影响-公民-参与管理-研究-中国 Ⅳ.①D621

中国版本图书馆 CIP 数据核字(2017)第 259628 号

法治视域中网络政治参与的效度研究
黎 慈 孟卧杰 著
责任编辑 李 敏 苏 秦

苏州大学出版社出版发行
(地址:苏州市十梓街1号 邮编:215006)
镇江文苑制版印刷有限责任公司印装
(地址:镇江市黄山南路18号润州花园6-1号 邮编:212000)

开本 700×1 000 1/16 印张 15.25 字数 302 千
2017 年 10 月第 1 版 2017 年 10 月第 1 次印刷
ISBN 978-7-5672-2265-6 定价:45.00 元

苏州大学版图书若有印装错误,本社负责调换
苏州大学出版社营销部 电话:0512-65225020
苏州大学出版社网址 http://www.sudapress.com

本课题组成员

项目承担单位：江苏警官学院
负　责　　人：黎　慈
主要研究人员：黎　慈　孟卧杰　史炳军
　　　　　　　纪阿林　王建国　帅有良

序 言
Preface ....

随着国家政治、经济、文化与法治建设的阔步发展,中国特色社会主义民主制度进一步健全,民主形式更加丰富,公民政治参与从各层次、各领域有序扩大,我国社会主义政治制度优越性得到进一步发挥,公民政治参与在当前深化改革、推动国家治理体系和治理能力现代化进程中发挥着越来越重要的推动作用。

借助互联网技术的飞速发展,公民的言论自由和政治参与权利获得了更强大的物质基础。公民政治参与借助网络技术,突破了传统政治参与的诸多客观限制,我国公民参与国家政治建设的需要得到了进一步的满足;共建共治共享的社会治理格局也逐渐呈现。

正是在这样的时代背景下,关于网络政治参与的研究可谓方兴未艾。网络政治参与是当下民主发展的一大趋势,研究网络政治参与应当成为国家民主政治发展的重要一环。江苏警官学院黎慈和孟卧杰两位青年学者,敏锐地发现和关注到这一学术趋势,自2013年度成功申报江苏省高校哲学社会科学研究重点项目"微博政治参与的效度及其引导机制研究"以来,历时四年,合作完成《法治视域中网络政治参与的效度研究》一书,问题意识鲜明,课题建构规范,研究基础深厚,全书分为绪论、现实背景、双重效应、域外比较、效度评价指标与影响因素以及效度提升六个部分,以法律学人的思维和视角,对我国当前网络政治参与的效度问题进行了研究和阐述;并且,基于课题设计和研究任务的要求,重点研究网络政治参与的"效度"而不是"热度",主题鲜明,重点突出,也更加契合课题建构的初衷和问题本身的时代意义。

《法治视域中网络政治参与的效度研究》一书,提出的问题很有现实意义和研究价值。网络在一定程度上已经改变了中国传统的政治生活,网络政治参与在对中国政治发展产生广泛且深刻的积极影响的同时,也带来需要警惕和规避的消极影响。该书关注网络政治参与和传统政治参与的共性,也关注其作为信息技术和传统政治参与理论相结合的产物,以及互联网本身所具有的虚拟性、开放性、互动性等特征形成的"网络政治参与热度",但该书把研究的着重点放在网络政治参与的"效度"方面,探寻了"评价指标体系":公民网络政治参与的效能感、对公共决策过程的影响度、对公共决策科学化的增进程度,分析了当前提升网络政治参与效度的制约因素;特别需要指出的是,该书注意到国际国内网络技术发展的不平衡、中国各地网络技术发展和普及程度的差异性,论及网络治理国际合作中存在的网络霸权主义、单边主义导致的协调机构欠缺问题,国内协同治理中存在的单向度思维带来的突出问题,这一系列论述对于提升网络政治参与的效度有较强的现实意义。

即使从政治技术上考察,影响网络政治参与效度的因素不限于上述几端,但上述几端是其中的基本。"既平等又不平等,既彰显理性又暴露出非理性,既是低成本的又是高成本的。"这种双重性特征,可能既是当下网络政治参与的契机,又是一种障碍。因此,正如书中尝试提出的建议:需要政府部门加强对网络政治参与效度的重视,大力发展网络设施,不断开展国民教育,不断完善网络立法;借助网络提供的新兴形式,充分利用网络政治参与群体的壮大这一主体基础,引导网络民意理性聚集;借助网络与传统媒体的共鸣,促进开明的政治制度供给,并以此作为保障,满足广大人民群众不断增长的政治参与的需要。

当下中国,人们已然有了共识:"没有参与,就谈不上政治民主,更谈不上实现国家治理的现代化。"但是,有共识往往难以落实。纵观学术界对网络政治参与的研究,抽象性、描述性内容仍然居多,而本书所讨论的我国公民"网络政治参与的效度"及相关问题已经触及当前政治参与中必须关注的具体问题,让人耳目一新。基于网络政治参与的不确定性和复杂性,仍有诸多问题值得理论界人士进一步深入研究,解决网络政治参与问题的愿景尚在通往理想的途中。对于网络政治参与的主体应当如何描述?网络政治参与是否既包括国家政权系统和重大政治事件的决策表达,又包括社会生活中出现的细小的突出事件？参与形式的直接化和参与手段的技术化,在快速拓展参与范围和参与数量的同时,如何提升参与的效度？那些经济发展不平衡不充分的地区人民日益增长的政治参与需求又如何获得满足？……暂时还没有也不可能一下子找到准确的答案,还有待进一步探讨。

最后,需要指出的是,《法治视域中网络政治参与的效度研究》一书透过网络参与的纷繁喧嚣,冷静观察,重点关注"效度问题",反映了著者难能可贵的务实精神;同时,该书基于法学和政治学相结合的研究视角,紧扣国家治理能力和治理体系现代化的时代主题,与国家法治发展的时代背景相契合,映射出作者关注社会、关注民生、关注社会发展的精神。

是为序。

华中师范大学政治学研究院院长
国务院政府特殊津贴教授

目 录
Contents

导　语 /1

第一章　绪论 /4
 第一节　公民网络政治参与的基本概念辨析 /4
 第二节　公民网络政治参与的研究现状概述 /23
 第三节　公民网络政治参与的理论基础 /30

第二章　公民网络政治参与迅速发展的现实背景 /38
 第一节　公民网络政治参与技术平台的迅速发展 /38
 第二节　公民网络参与的政治环境更为宽松 /44
 第三节　公民政治参与的主体意识与日俱增 /54

第三章　公民网络政治参与的双刃剑效应 /63
 第一节　公民网络政治参与的积极效应 /63
 第二节　非理性网络政治参与的消极效应 /79

第四章　域外网络政治参与有序化发展的保障措施 /88
 第一节　新加坡网络政治参与有序化发展的保障措施 /88
 第二节　日本网络政治参与有序化发展的保障措施 /91
 第三节　美国网络政治参与有序化发展的保障措施 /92
 第四节　国外网络政治参与有序化发展实践对我国的启示 /93

第五章 公民网络政治参与的效度及其发展障碍 / 99

第一节 网络政治参与效度的评价指标体系 / 99

第二节 当前制约网络政治参与效度提升的主要因素 / 103

第六章 法治视域中公民网络政治参与的效度提升 / 119

第一节 强化公民有序从事网络政治参与的理念与能力 / 120

第二节 提升政府部门吸纳网络民意的能力 / 133

第三节 完善公民网络政治参与的制度 / 151

第四节 优化公民网络政治参与的环境 / 162

附　录 / 207

参考文献 / 220

后　记 / 230

导 语

任何一项新技术的应用和普及，都会给人类带来影响。书写技术为人人可做精神漫游开创了可能，纸张的发明降低了跨入知识世界的门槛，印刷术的普遍使用使思想传播摆脱了贵族控制，电讯技术打破了传播的地域界限，网络技术则让每一个人都获得了可以直接面向全体受众发言的可能①。只要拥有一台电脑、一部手机，链接上互联网，人人都可以在网络空间与不特定的他人交流，发表自己的意见和看法。

互联网的迅速发展，不仅改变了我们的经济生活方式、文化生活方式，而且深刻影响着我们的政治生态环境。我国经过近40年改革开放的卓绝努力，大大改善了"人民日益增长的物质文化需要同落后的社会生产力之间的矛盾"这一状况，中国政府发表的《二〇〇〇中国人权事业的进展》白皮书认为：中国贫困人口温饱问题已经基本解决、生活质量得到大幅提高。如同马斯洛需求层次理论所指出的那样，人们从生理需要的控制下解放出来后，就会对更高级的、社会化程度更高的需要产生渴望。相对于生理需要的物质需求，公民试图通过参与国家政治生活，表达自身的利益诉求，从而影响公共决策的愿望，则是处于更高级别的需求层次。当前，我国公民对国家动态、社会热点事件的关注程度达到有史以来的最高水平。互联网所具有的互动性、便捷性，突破了间接民主的诸多局限，让人们在网络公共空间可以近距离地与他人谈论公共事务，与地方政府领导，甚至是中央领导开展政治话题的交流。中国社科院发布的社会蓝皮书《2008年中国互联网舆情分析报告》就曾指出，互联网已经成为中国社会各个阶层表达利益、宣泄情感、碰撞思想的重要舆论渠道之一。人民论坛问卷调查中心2016年5月至6月对中国公众政治参与度的调查报告也指出："网络等新媒体力量的兴起发展，为个体对公共事务的参与提供了一个便捷有效的交流平台，极大程度地汇集各方意见和力

---

① 本刊编辑部.让网络成为民主的工具[J].瞭望东方周刊,2005,(21).

量,使得网络参与成为新媒体时代民意表达的重要渠道。"①可以说,网络已经成为一个最广大的公民参政议政的场所。

自政府积极进入网络世界,利用网络平台收集民意、与民众互动后,我国公民网络政治参与的积极性进一步蓬勃发展。中央和地方党政领导亲自"触网",与网民互动交流,让网民备受鼓舞,感受到领导就在自己身旁,体会到自己的呼声能够直接抵达中央。中央出台《关于进一步加强政府信息公开回应社会关切提升政府公信力的意见》(国办发〔2013〕100号)、《关于在政务公开工作中进一步做好政务舆情回应的通知》(国办发〔2016〕61号)、《关于全面推进政务公开工作的意见》及其实施细则(国办发〔2016〕80号),要求各级政府加强新闻发言人制度和政府网站、政务微博微信等信息公开平台建设,做好公众诉求的回应工作;地方出台相关实施意见,对政府部门信息公开和回应民意工作进行绩效考核,让网民看到了中央和地方政府的亲民形象,激发了网民与政府互动的积极性,他们通过网络平台表达自己的诉求,为公共事务建言献策,对违法违纪官员进行举报,使网络空间呈现出一片政治参与蔚然成风的景象。

然而,如同任何事物的发展一样,公民网络政治参与具有双刃剑的作用。一方面,网络政治参与可以推进社会管理创新,强化现代政府建设,促进公民意识的增长;另一方面,非理性网络政治参与容易导致他人合法权益受损,影响政治体系的正常运作,破坏社会和谐稳定。

为了更好发挥公民网络政治参与的积极作用,我们必须考察和研究网络政治参与的效度问题。公民网络政治参与的效度即"网络政治参与的有效性",是公众参与对政治系统及其公共决策产生实质影响的程度。网络政治参与的效度尽管关键取决于政治参与的效果,但两者不能等价,而应当进行"成本—效益"分析,具体通过政治参与的效果与政治参与成本的比值来反映,用于衡量政治参与取得实际效果的程度。当下,我国面临着提升公民政治参与效度的难题,亟须解决以下问题:公民网络政治参与效度的衡量标准是什么?目前制约公民网络政治参与效度的主要因素有哪些?如何提升公民网络政治参与的效度?上述诸多问题,需要理论界与实务界同心协力、共同探索,这是公民网络政治参与向良性方向发展,以促进公民权益增长、政府治理能力提升、社会和谐发展的重要保障。本课题的研究,是在深入南京、泰

---

① 人民论坛问卷调查中心.中国公众的政治参与观念调查报告(2016)[EB/OL]. http://www.rmlt.com.cn/2016/0709/432322.shtml.

州、扬州、苏州等地党政部门开展调研,了解基层政府部门应对网络舆情方面采取的有益经验和做法的基础上,参考借鉴政治学、法学、社会学等学科领域的相关理论成果,对公民网络政治参与效度提升的主要路径选择所进行的一些思考,期待引发理论界更多关注公民网络政治参与效度问题的研究,也希望能为政府部门进一步完善网络民意吸纳、网络舆情疏导的机制提供些许借鉴。

第一章

绪 论

第一节 公民网络政治参与的基本概念辨析

近年来,网络技术的迅速发展给公民从事政治参与提供了更加广阔的公共领域,激发了学界诸多学者从互联网角度对政治参与开展研究的兴趣,由此也逐渐形成网络政治学这样一个新兴的政治学研究分支。然而,对于"政治参与"这一核心概念的界定,一直是学界争论不休的问题,如同诺曼·H.尼、西德尼·伏巴所说,类似于政治参与这样的术语,"由于意思实在太多,最终倒反失去它们的有效性"[①]。网络政治参与是政治参与的一种特殊形式,故对政治参与概念进行明晰的界定,是我们把握网络政治参与内涵及外延的基础。

一、公民网络政治参与概述

(一)公民网络政治参与的内涵分析

1. 政治参与概念的分歧与厘定

政治参与,是现代政治学中一个核心概念。在学者的研究中,"政治参与"的其他称谓主要有"公民参与""公众参与""大众参与""民众参与""公共参与"等。例如,按照阿尔斯坦(Sherry R. Arnstein)的观点,公民参与"是一种公民权力的运用,是一种权力的再分配,使目前在政治、经济等活动过程中无法掌握权力的民众,其意见在未来能有计划地被列入考虑"[②]。学者李萍认为,"从行政学的公共领域角度看,公民参与是对公民权力的运用,是对权力的重新分配,公民通过各种各样的参与方式,参与管理国家的公共事务并

---

① [美]诺曼·H.尼,西德尼·伏巴.政治参与[M]//格林斯坦,波尔斯比.政治学手册精选.储复耘,译.北京:商务印书馆,1996:290.

② Sherry R A. A ladder of citizen participation[J]. Journal of the American Institute of Planners, 1969:216.

对公共政策的制定产生重要的影响……在社会政策领域,公民参与是对指向政府的决策过程提供意见和施加影响力"①。张金丽认为,"广义上来说,公民参与就是指公民通过选举、对话、讨论、请愿、投书、结社等形式介入公共事务、参与公共管理"②。可见,大多数学者将公民参与和政治参与看作一回事。关于"政治参与"的概念,不同时期、不同地区的学者说法不一。

(1) 国外学者对政治参与概念的界定。伴随着资本主义经济的发展,欧洲的政治参与实践开始的时间较早。诺曼·H. 尼和西德尼·伏巴认为,"19世纪末以来的欧洲政治史,本质上是一部政治参与渠道的发展史,一种方式是'政治参与的权利项目'的逐渐增加,例如选举权、请愿权、结社权等权利的逐一增加。另一种方式是分享政治参与权利的人数逐渐增多,例如选举权的历史便是取消经济条件、教育程度、种族以及性别限制,从而使得享有选举权的人数逐步增多,最终成为全体公民所共享的一个过程"③。基于对政治参与实践的考察,诸多西方学者对政治参与的概念进行过界定,其中被国内大多学者所借鉴或使用的观点主要有:

塞缪尔·亨廷顿、琼·纳尔逊(Joan Nelson)等学者组成研究团队对哥伦比亚、肯尼亚、巴基斯坦、土耳其、越南、墨西哥、保加利亚、印度、澳大利亚、委内瑞拉、智利、巴西、危地马拉、瑞士、南非、墨西哥等国的政治参与实践进行考察后认为,"政治参与是平民试图影响政府决策的活动"。并进一步对政治参与进行了详细的阐释:"(1) 政治参与包括活动而不包括态度;(2) 政治参与是指平民的政治活动,或者更确切地说,是指充当平民角色的那些人的活动;(3) 政治参与只是指试图影响政府决策的活动;(4) 政治参与包括试图影响政府的所有活动,而不管这些活动是否产生实际效果。"④

诺曼·H. 尼和西德尼·伏巴等学者组成团队开展对包括美国、日本、印度、荷兰、奥地利、阿尔及利亚和南非七个国家在内的政治参与实践的调查研究,认为政治参与是公民不同程度影响政府决策或者所采取的行动时为了实现一定目的而进行的合法活动。⑤ 在此基础上,进一步指出:"首先,政治参与是指各种以影响政府人事或决策为其目标的行为,并不包含所谓的仪式性

---

① 李萍. 公民日常行为的道德分析[M]. 北京:人民出版社,2004:111.
② 张金丽. 公民网络参与的问题及对策[J]. 青年文学家,2010,(15).
③ 转引自张利军. 国内外关于政治参与内涵的辨析[J]. 国外理论动态,2014,(2).
④ [美]萨缪尔·P. 亨廷顿,琼·纳尔逊. 难以抉择——发展中国家的政治参与[M]. 汪晓寿,吴志华,项继权,译. 北京:华夏出版社,1989:5-6.
⑤ [美]诺曼·H. 尼,西德尼·伏巴. 政治参与[M]//格林斯坦,波尔斯比. 政治学手册精选(下卷). 储复耘,译. 北京:商务印书馆,1996:290.

的参与,或支持性的参与,或符号性的参与。其次,政治参与仅限于正规而合法的政治管道,并不包含暴动、抗议、暗杀、叛乱以及各种暴力行为。"①

帕特里克·J.孔齐在《政治参与概念如何形成定义》一文中总结了政治参与定义的4种认识:①政治参与是参与国家或重大社会决策的行为;②政治参与是个人在国家或者地方政府决策的过程中自我表达并发挥自我价值的过程;③政治参与是个人或集体对政治事务有意无意地反对、维护或者改变政府决策的结果;④政治参与是个别公民在开展政治活动的过程中直接或者间接影响政治决策的自愿活动。②

日本政治学家浦岛佐夫认为,"政治参与即旨在对政府决策施加影响的普通公民的活动"③。德国曼海姆大学教授简·W.范戴斯(Jan W. van Deth)提出以传统政治参与行为为识别目标的概念谱图。他将政治参与界定为"公民自愿性活动,通常与政治系统、政府或国家相关,或者以解决社区公共问题为目标,或试图改变社会行为系统模式并致力于影响政治系统集体生活或引起重大社会变革"④。

《布莱克维尔政治学大辞典》将政治参与定义为:"参与各项社会重大决策过程并发表个人意见,适合社会上全体公民,不管他出身豪门还是普通阶层,只要他参与了决策过程,就是政治参与行为的具体体现。"⑤

《布莱克维尔政治学百科全书》将"政治参与"定义为:"参与制定、通过或贯彻公共政策的行动,这一宽泛的定义适用于从事这类行动的任何人,无论他是当选的政治家、政府官员或是普通公民,只要他是在政治制度内以任何方式参加政策的形式过程。"⑥

(2)国内学者对政治参与概念的界定。国内学者对政治参与的研究比国外学者要晚,大概从20世纪80年代末才开始出版政治参与方面的著作或发表相关论文,并结合中国政治参与的实际解读政治参与的定义,其中具有代表性的观点有:

第一种观点认为政治参与应当是合法参与。如学者宋定国等人编制的

---

① 转引自张利军.国内外关于政治参与内涵的辨析[J].国外理论动态,2014,(2).
② [美]帕特里克·J.孔齐.政治参与概念如何形成定义[J].国外政治学,1989,(4).
③ [日]蒲岛郁夫.政治参与[M].解莉莉,译.北京:经济日报出版社,1989:4.
④ 转引自黄春莹.公民网络政治参与的内涵界定与行为识别[J].理论导刊,2016,(3).
⑤ [英]戴维·米勒,韦农·波格丹诺.布莱克维尔政治学百科全书[M].北京:中国政法大学出版社,1992:563.
⑥ [英]戴维·米勒,韦农·波格丹诺.布莱克维尔政治学百科全书[M].北京:中国政法大学出版社,1992:563.

《新编政治学》教材中将政治参与界定为:"政治参与就是人民运用法律赋予的权利,直接或间接地影响国家公职人员产生和政府决策过程的行为。"①学者孙福金在《论人民参与》一文中认为,"所谓政治参与,就是通过合法程序直接参与政治决策执行,或者间接影响政治决策之制定与执行的一般公民的政治行为。"②学者王松等人出版的《政治学》教材中指出:"政治参与是指一个国家的公民依法通过一定的方式和程序,直接或间接地对政府政策的制定和执行表达集体或个人的政治意愿的活动。"③政治学家王浦劬在《政治学基础》一书中指出:政治参与是普通公民通过各种合法方式参加政治生活,并且影响政治体系的构成、运行方式、运行规则和政策过程的行为。④学者谢建军在《政治参与简论》一文中认为,"政治参与是指公民为了实现其利益和表达其愿望而参与国家政治生活的合法政治行为"。⑤学者陶东明、陈明明在《当代中国政治参与》一书中认为:"公民参与主要是指公民依据法律所赋予的权利和手段,采取一定的方式和途径,自觉自愿地介入国家社会政治生活,从而影响政府政治决策的政治行为。"⑥作为中国第一部大型综合性百科全书,《中国大百科全书》在其政治学卷中将政治参与界定为"公民自愿地通过各种合法方式参与政治生活的行为"。

第二种观点没有明确政治参与一定是合法参与。如俞可平教授主编的《政治学通论》一书中指出"政治参与是公民为影响政治决策而采取的政治行为"⑦。学者杨光斌在《政治学导论》一书中认为,政治参与是"普通公民通过一定的方式去直接或间接地影响政府的决定或与政府活动相关的公共政治生活的政治行为"⑧。中国社科院发布的《中国政治参与报告(2011)》明确指出,中国语境下的政治参与,是服务中国全面现代化的政治参与,是人民主体能动参与的政治参与,这既是中国现代化发展的必然产物和应然趋势,也是中国执政者、民众和公民的自觉选择和自主要求。⑨

(3)本书对政治参与概念的厘定。国内外学者上述关于政治参与定义

---

① 宋定国.新编政治学[M].北京:中国人民公安大学出版社,1990:129.
② 孙福金.论人民参与[J].社会主义研究,1987,(2).
③ 王松,王帮佐.政治学[M].北京:高等教育出版社,1991:210.
④ 王浦劬.政治学基础[M].北京:北京大学出版社,1995:207.
⑤ 谢建军.政治参与简论[J].探索,1993,(1).
⑥ 陶东明,陈明明.当代中国政治参与[M].杭州:浙江人民出版社,1998:103.
⑦ 俞可平.政治学通论[M].北京:当代世界出版社,2003:204.
⑧ 杨光斌.政治学导论[M].北京:中国人民大学出版社,2004:254.
⑨ 常红.中国政治参与报告:公民政治参与大致经历四个阶段[EB/OL]. http://politics.people.com.cn/GB/30178/15005962.html.

的分歧主要包括：一是政治参与的主体范围是否仅仅指普通公民；二是政治参与是否必须要求具有合法性；三是政治参与是否必须要求主体自觉实施。对此，我们基于理论分析和实际考察，对上述三个分歧的认识是：

其一，政治参与主体的范围应当是广泛的，即应当包括普通公民、公民群体和公民团体。在这方面，本书赞同学者王维国的认识，即"政治参与的主体是普通公民，也就是具有公民资格的自然人，分为公民个体、公民群体和公民团体，但不包括政府官员、政党骨干，以及其他以政治活动为职业的权力精英"①。

其二，政治参与不应当仅仅指合法范围内的参与，也应当包括不合法的非理性的参与，不论其采取正常合法的，还是暴力的、非制度化的方式或手段，只要是其目的在于影响公共决策，就应该归属于政治参与。

其三，政治参与不仅包括自觉参与的，也包括在他人组织和发动下不自觉参与进来的行为。正如亨廷顿等人指出的："所有政治系统的政治参与，实际上都是动员参与和自动参与的混合。""最初作为动员参与的行为，到后来会逐渐地内化为自动的行为。""两种参与都对政治系统产生重大影响。"②《从群众到公民——中国的政治参与》一书也认为："动员和自主都属于政治参与，动员性参与和自主性参与之间存在一种动态关系，动员性参与可以逐渐转化为自主性参与。"③可见，政治参与的自觉与否，往往是很难区分的，而且由不自觉参与到自觉参与之间并没有一条明确的界线。因此，不能以主体的动机是否自觉来划分是否属于政治参与。

2. 网络政治参与概念的分歧与厘定

从现有研究成果来看，学者对网络政治参与概念的界定，一般都是基于传统的政治参与概念，结合网络的属性开展的。如前所述，学界对政治参与的概念存在争议，决定着对网络政治参与的概念界定的意见同样是不统一的。

一是对网络政治参与的主体范围理解不一致。如学者李斌认为，网络政治参与就是"网民及虚拟团体通过网络平台影响和推动政治决策过程的活动"④。学者伍俊斌认为，网络政治参与是指在信息网络时代，社会成员主要

---

① 王维国.公民有序政治参与的途径[M].北京：人民出版社，2007：90.
② [美]塞缪尔·P.亨廷顿，琼·纳尔逊.难以抉择——发展中国家的政治参与[M].汪晓寿，吴志华，项继权，译.北京：华夏出版社，1989：9-10.
③ [德]托马斯·海贝勒，君特·舒耕德.从群众到公民——中国的政治参与[M].张文红，译.北京：中央编译出版社，2009：11.
④ 李斌.网络政治学导论[M].北京：中国社会科学出版社，2006：149.

以网络为运行平台和信息载体,通过虚拟空间和现实世界两个维度实践政治参与、表达政治诉求、监督政治行为、影响政治决策的行为。这里的"社会成员",不仅仅局限于法律意义上的公民,从理论的角度分析,凡是有能力应用网络发表自身见解,表达自身诉求的人都有可能成为网络政治参与的主体。[①] 而学者郭小安在《网络民主的可能及限度》一书中认为,网络政治参与不同于网络民主的地方在于网络政治参与的主体是公民,而网络民主的主体不仅包括广大网民,还包括政治家、政治代表等。[②] 学者葛玮华也认为,网络政治参与的主体应为普通民众,因为政治家、政府官员等职业政治者和普通民众相比,其政治行为并非是"试图影响政府决策"。因此,"网络政治参与是指普通网民(或网络虚拟的个人或团体)凭借互联网这一平台开展的意愿表达、利益诉求等活动,旨在影响公共事务、公共决策的发展或走向"[③]。

二是对网络政治参与的客体范围理解不一致。如学者李斌认为,网络政治参与"主要是指在网络时代,发生在网络空间,目标指向现实社会政治体系,并以网络为载体和途径参与社会政治生活的一切行为"[④]。而学者郭小安认为,网络政治参与包含于网民民主之中,除包括网络政治参与外,还应当包括网络政治交流、电子政务、在线政治、网络选举、网络监督等。[⑤]

三是对网络政治参与的目的理解不一致。即是否以影响政府决策为标准进行界定。如学者李雪彦认为应当以影响政府决策为标准,即网络政治参与是政治参与的一种新形式,它是政治参与在网络时代的延伸,具体指某一国家内的社会成员以虚拟的网络身份通过互联网表达政治主张及政治意愿,以影响和推动政治决策或监督政府行政活动的行为。[⑥] 而学者房正宏认为"并不是所有的网民通过网络参与的目的都是为了影响政府(或某些公共机构)的决策,他们更多是在'谈论'政治及与政治有关的话题",由此将网络政治参与界定为:参与主体以网络为参与平台,通过现实世界和虚拟空间两个向度实现政治参与,并试图影响政府、集体和社会公共机构的决定及其活动的政治行为。[⑦] 学者伍俊斌进一步指出,网络政治参与的主要目标是参与政

---

① 伍俊斌.网络政治参与的内涵、价值与限度分析[J].黑龙江社会科学,2015,(1).
② 郭小安.网络民主的可能及限度[M].北京:中国社会科学出版社,2011:141.
③ 葛玮华.网络政治参与相关问题辨析[J].人民论坛,2016,(14).
④ 李斌.网络参政[M].北京:中国社会科学出版社,2009:33.
⑤ 郭小安.网络民主的可能及限度[M].北京:中国社会科学出版社,2011:141.
⑥ 李雪彦.贫困地区乡村妇女网络政治参与研究[J].云南民族大学学报(哲学社会科学版),2014,(3).
⑦ 房正宏.网络政治参与:内涵与价值探讨[J].江西社会科学,2011,(3).

治生活、表达利益诉求、规范政府行为、影响公共决策,但并不是所有的网络政治参与都有明确的目标。①

四是对网络政治参与的属性理解不一致。主要有两种意见:一种认为网络政治参与必须是合法的。学者黄春莹将公民网络政治参与界定为:普通网络公民通过互联网络参与国家政治生活,直接或间接影响国家政治系统(政治体系/政治过程/政策)的合法性行为或活动。② 另一种意见认为网络政治参与既可以是合法的,也可以是不合法的。学者郭小安认为,"网络政治参与是在公民借助于网络直接或间接地影响政治生活的行为,表现形态非常多样化,只要是参与行为是以网络为中介的,直接或间接地影响到政治生活,如政治交流、政治谣言、政治传播、政治宣泄、政治选举、政治结社等,都可以成为网络政治参与"③。学者葛玮华指出:"网络政治参与行为大部分是合法行为,但不否认非合法行为的存在。"④学者伍俊斌同样认为,网络政治参与"既有合法的政治参与,又充斥着不少非法的政治参与;既有理性的政治参与,又充斥着诸多非理性的政治参与;既有制度化的政治参与,又有不少非制度化的政治参与;既有有序的政治参与,又有无序的政治参与……"⑤

本书认为,网络政治参与是对传统政治参与的发展,是借助网络平台开展的政治参与活动。基于前述对政治参与的界定,网络政治参与的含义也应当从广义上进行理解。即网络政治参与的主体的范围应当是广泛的,应当包括普通公民、公民群体和公民团体;网络政治参与的客体范围应当基于整个政治体系,不仅包括政府的公权力活动,而且应当包括中国共产党组织(包括党的全国代表大会、中央委员会、中央政治局及其常务委员会、中央书记处、中共中央总书记、中央军事委员会、中央纪律检查委员会)、国家机关(包括全国人民代表大会、中华人民共和国主席、中华人民共和国国务院、中华人民共和国中央军事委员会、人民法院、人民检察院、地方机构、自治机关)以及人民政协的公权力活动;网络政治参与的目的不仅是指影响政治决策,只要是与政治有关的话题,就属于网络政治参与的范畴;网络政治参与不限于合法的参与,也包括不合法的参与。综上所述,本书认为:所谓网络政治参与,是指公民个人或组织以网络为媒介,向政治体系中相关组织表达诉求或者对政治

---

① 伍俊斌.网络政治参与的内涵、价值与限度分析[J].黑龙江社会科学,2015,(1).
② 黄春莹.公民网络政治参与的内涵界定与行为识别[J].理论导刊,2016,(3).
③ 郭小安.网络民主的可能及限度[M].北京:中国社会科学出版社,2011:164-165.
④ 葛玮华.网络政治参与相关问题辨析[J].人民论坛,2016,(14).
⑤ 伍俊斌.网络政治参与的内涵、价值与限度分析[J].黑龙江社会科学,2015,(1).

体系中相关组织的行为进行评价而实施的行为。

(二) 公民网络政治参与的构成要件

公民网络政治参与的构成要件与其他行为的构成一样,主要包括:谁实施了这种行为,行为的客体是什么,行为的方式包括哪些。具体而言,也就是公民网络政治参与的构成要件包括:网络政治参与的主体、网络政治参与的客体、网络政治参与的方式。

1. 网络政治参与的主体

如前所述,本书认为网络政治参与的主体范围相当广泛,应当包括普通公民、公民群体和公民团体等。但是基于研究的需要,本书中除特别说明外,所涉网络政治参与的主体是指从事网络政治参与行为的公民,但需要注意的是:

(1) 网络政治参与的主体不是所有公民。所谓公民,根据我国《宪法》第三十三条规定,即凡具有中华人民共和国国籍的人都是中华人民共和国公民。同时,宪法规定任何公民享有宪法和法律规定的权利,也必须履行宪法和法律规定的义务。在公民所享有的具体权利方面,《宪法》第三十四条规定:中华人民共和国年满十八周岁的公民,不分民族、种族、性别、职业、家庭出身、宗教信仰、教育程度、财产状况、居住期限,都有选举权和被选举权;但是依照法律被剥夺政治权利的人除外。第三十五条规定:中华人民共和国公民有言论、出版、集会、结社、游行、示威的自由。上述两条规定的权利不仅仅是法律权利,也是政治权利。本书所述网络政治参与权利,就源于这两条规定。然而,公民是否行使网络政治参与权,毕竟受制于公民参政的意愿、公民的网络表达能力等多方面因素,决定了成为网络政治参与主体的只能是部分公民。

(2) 网络政治参与的主体不是所有网民。何谓"网民"? 网民(Netizens)一词最早由霍本所创造,他认为"网民"的概念包括两种层次,一种是泛指任何一位网络使用者,而不管其使用意图和目的;另一种是指称特定的对广大网络社会(或环境)具有强烈关怀意识,而愿意与其他具有相同网络关怀意识的使用者一起共同合作,以集体努力的方式建构一个对大家都有好处的网络社会的一群网络使用者。维基百科将网民定义为"网民鼓励扩展社会族群的活动,比如传播观点,丰富信息,试图将网络培养为一个知识资源和社会资本的场域,并且为自我整合(self-assembled)的网络社区做出选择……他们利用并知晓网络的一切(use and know about the network of networks),通常具有自我激励(self-imposed)的责任推动网络的发展,并鼓励言论自由和开放阅览"。

据此,学者郑傲认为,必须在个体自我意识、对使用网络的态度、网络活动的特征以及网络活动的行为效果等方面表现出一定特点的网络使用者才可以被称为"网民"。① 笔者认为,上述界定尽管试图对网民进行精准的界定,但基于标准的难于确定,最终会导致网民的范围无法框定。

相比较于上述概念,CNNIC发布的《中国互联网络发展状况统计报告》对网民这一术语进行的界定更为明确。根据报告,所谓网民,指过去半年内使用过互联网的6周岁及以上中国居民;宽带网民,指过去半年使用过宽带接入互联网的网民,但不限于仅使用宽带接入互联网的网民;手机网民,指过去半年通过手机接入并使用互联网,但不限于仅通过手机接入互联网的网民;电脑网民,指过去半年通过电脑接入并使用互联网,但不限于仅通过电脑接入互联网的网民;农村网民,指过去半年主要居住在我国农村地区的网民;城镇网民,指过去半年主要居住在我国城镇地区的网民;青少年网民,指年龄在25周岁以下的我国网民。②

关于网民的规模、结构的统计,我国大陆范围内最权威的数据来自中国互联网络信息中心(即CNNIC)发布的《中国互联网络发展状况统计报告》。如最近的第40次《中国互联网络发展状况统计报告》显示,截至2017年6月,中国网民规模达7.51亿,半年共计新增网民1992万人。互联网普及率为54.3%,较2016年底提升了1.1个百分点。中国手机网民规模达7.24亿,较2016年底增加2830万人。网民中使用手机上网人群占比由2016年底的95.1%提升至96.3%。截至2017年6月,中国网民中农村网民占比26.7%,规模为2.01亿。截至2017年6月,中国网民通过台式电脑和笔记本电脑接入互联网的比例分别为55.0%和36.5%;手机上网使用率为96.3%,较2016年底提高1.2个百分点;平板电脑上网使用率为28.7%;电视上网使用率为26.7%。③

我国网民规模在不断扩大(见图1-1)④,网民在网络空间中的活动方式多种多样。如果某网民上网只是购物,或者与他人进行不具有任何政治属性的社交活动,他没有任何有关网络政治表达、网络政治监督、网络政治议政等

---

① 郑傲.网络互动中的网民自我意识研究[M].成都:电子科技大学出版社,2009:5.
② 腾讯科技.第26次互联网报告第一章:调查介绍[EB/OL].http://tech.qq.com/a/20100715/000356.htm.
③ 中国互联网络信息中心.第40次《中国互联网络发展状况统计报告》[EB/OL].http://www.cnnic.net.cn/hlwfzyj/hlwxzbg/hlwtjbg/201708/t20170803_69444.htm.
④ 中国互联网络信息中心.第40次《中国互联网络发展状况统计报告》[EB/OL].http://www.cnnic.net.cn/hlwfzyj/hlwxzbg/hlwtjbg/201708/t20170803_69444.htm.

政治参与的行为,则不属于网络政治参与的主体。

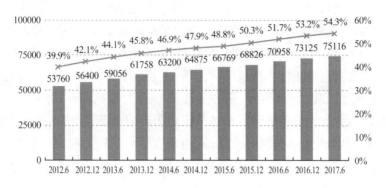

图1-1 中国网民规模的发展趋势

2. 网络政治参与的客体

网络政治参与的客体就是网络政治参与所指向的对象和目标。关于网络政治参与的客体的范围,学界争议较多。第一种意见认为,只要是与公共物品分配有关的行为,就属于"政治参与",至于公共物品,如学校、道路、健身中心等由政府提供,还是其他集体组织提供,则在所不论,于是他们认为,"无须政府同意的社区或村庄通过集体支出所供给的公共物品"也属于政治参与的客体范围。①

第二种意见认为,政治参与必须针对政府活动。如陈振明教授所言,"中国公民政治参与总量,一定程度取决于政府活动范围,中国政治参与须指向政府活动范畴"②。学者郑兴刚认为,"政治参与仅指与政府有关的活动。政治是社会价值的权威性分配,若公民从事的是与政府无关的社会事务,则属于社会参与而非政治参与"③。

第三种意见认为,政治参与的客体只能是政府决策过程。如亨廷顿和纳尔逊在界定政治参与的内涵时指出,"政治参与是平民试图影响政府决策的活动",并进一步明确了政治参与的范围:①政治参与包括活动而不包括态度;②政治参与是指平民的政治活动,或者更确切地说,是指充当平民角色的那些人的活动;③政治参与只是指试图影响政府决策的活动;④政治参与包

---

① 黄春莹,孙萍.公民网络政治参与的内涵界定与行为识别[J].理论导刊,2016,(3).
② 陈振明,李东云."政治参与"概念辨析[J].东南学术,2008,(4).
③ 郑兴刚.网络政治参与概念辨析[J].重庆邮电大学学报(社会科学版),2015,(3).

括试图影响政府的所有活动,而不管这些活动是否产生实际效果。①

本书认为,要界定网络政治参与的客体范围,主要是明确政治的含义和范围。《中国大百科全书·政治学卷》将政治界定为"上层建筑领域中各权力主体维护自身利益的特定行为以及由此结成的特定关系。它是人类历史发展到一定时期产生的一种重要社会现象,在阶级社会中主要表现为阶级之间的斗争;在剥削阶级作为阶级消灭之后,主要表现为调整人民内部关系和管理公共事务。政治对社会生活各方面都有重大影响和作用"②。由此看来,网络政治参与的客体范围既不是只限定为政府的活动,也不能无限扩展至所有集体组织的公共物品分配活动,而应当是与公权力相关的参与活动,主要包括立法权、执法权、司法权的分配和行使过程中的活动。

3. 网络政治参与的方式

公民怎样从事网络政治参与,这是网络政治参与方式需要解决的问题。实践中,公民从事网络政治参与的方式有很多,其中,最为常见的、典型的主要有三种,即网络政治表达、网络政治监督、网络议政。

(1) 网络政治表达。网络政治表达是公民利用网络平台表达自己的政治意愿的行为。公民网络政治表达的目的在于试图引起公权力部门注意并给予回应。中国互联网络信息中心(CNNIC)发布的第40次《中国互联网络发展状况统计报告》显示,截至2017年6月,中国网民规模达到7.51亿,互联网普及率为54.3%,超过全球平均水平4.6个百分点。我国手机网民规模达7.24亿,占比达96.3%,而且手机上网比例持续提升。基于上网的便利,公民在网络空间进行政治表达已经成为其参与政治的一种常见方式。从参与主体上看,网络政治表达的形式主要包括网民个人表达和网民集体表达。

一是网民个人表达。随着近年来网络信息技术飞速发展,自媒体时代已经到来。"自媒体时代是以个人传播为主的媒介时代,每个人都是记录者和信息传播者,人们借助微博、微信、博客等移动终端进行自我观点的表述与传播。自媒体拥有的交互性和自主性,使得信息自由度显著提高,传媒圈发生了前所未有的转变。"③

公民通过网络平台向相关领导提出建议、反映自身的诉求、请求政府机

---

① 张利军. 国内外关于政治参与内涵的辨析[J]. 国外理论动态, 2014, (2).
② 中国大百科全书总编辑委员会. 中国大百科全书·政治学卷[M]. 北京:中国大百科全书出版社, 1992:481.
③ 杨晓春. 自媒体时代的来临必将影响社会进程[EB/OL]. http://www.sohu.com/a/7621633_118340.

关解决有关问题的情形已经成为一种常态的网络政治参与形式。值得注意的是,单个的网络政治表达往往容易被忽视,只有通过汇集成一种集体效应,使政府明确感受到某种利益要求和支持意向,才更有可能影响到政府的决策过程。

二是网民集体表达。网民集体表达往往又被称作网络舆论,容易导致网络群体性事件的发生。如在"广东茂名 PX 项目事件"中,30%的网友"反对化工项目开发",其中网友"独行侠"认为:茂名的环境问题已经是老大难问题了,化工企业日益增多,空气日益恶劣。茂名那么美,谁能忍心她被雾霾笼罩!15%的网友"要求对项目背后潜在利益进行核实",其中网友"连环炮"对此发表自己的看法:茂名需要发展,更需要青山绿水,PX 项目上马,其中难免有以权谋私的事情发生,强烈要求对背后的交易进行审查。15%的网友认为"政府需完善重大项目决策机制",其中网友"驾鹤西游"的看法是:政府事前的决策随意粗糙,上什么项目,主要领导拍板说了算,在民众表达反对意见后,不能充分听取,从而致使矛盾激化,最后导致事情不可收拾。①

正如英国学者史蒂文·拉克斯所言:"一个政府如果拒绝人民对表达工具的接近权——普遍地不论在社区、在工作场所还是在社会——就拒绝了要发挥民主作用这个最基本的要求。因特网不应被电子商务所主宰。在民主化社会,不管实际上有多少困难,因特网必须坚持强化参与性的志向。"②面对人们网络政治表达热情的高涨,政府应当努力完善网络政治表达的渠道,并且积极回应,这样才能在网络时代肩负起管理社会、服务公众、塑造自身形象的重任。

(2)网络议政。关于何谓"网络议政",学者们大多从广义上予以理解,如学者梁卓认为,"网络议政是特定国家的成员通过网络对于国家政治制度、政府行为和官员德行提出建议和进行监督的活动"③。学者张弛认为,"网络议政主要指网民通过互联网参与政治生活,表达个人或集体的意愿的行为"④。学者周琼认为,网络议政是指"网络公民以 BBS 论坛、聊天室、QQ、MSN、博客、微博、电子邮箱为载体,通过网络投票、网络调查、网络访谈、网络直播等形式,把公共事件作为关注对象,用网络的力量发表自己的立场、意愿

---

① 朱明刚.广东茂名 PX 项目事件舆情分析[EB/OL]. http://yuqing.people.com.cn/n/2014/0605/c210114-25108215.html.
② [英]史蒂文·拉克斯.尴尬的接近权:网络社会的敏感话题[M].禹建强,王海,译.北京:新华出版社,2004:130-131.
③ 梁卓.网络议政的伦理审思[D].长沙:湖南师范大学,2015.
④ 张弛.中国网络议政现象初探[D].广州:暨南大学,2008.

和态度"①。可见,学者们所理解的网络议政实际上与网络政治参与的内涵相当,其涵盖的范围相当广泛。本研究为区分网络政治参与的各种方式,从狭义上对网络议政进行理解,即与前述网络政治监督、网络政治表达并列,作为网络政治参与的一种典型方式加以看待。实践中,公民参与网络议政的渠道多种多样,比较典型的有参与网络听证会、参与人大代表微博议政、参与网络投票等。

以网络听证会为例,我们可以感受到公民网络议政的热情和力量。网络听证会逐渐成为许多政务部门做出重大决策事项前征求民意的一种方式。公民通过网络平台,发表自己的看法,甚至可以与政府进行对话,政府在收集民意的基础上,对重大决策事项的修改与否、出台与否做出判断。基于网络听证会具有的优势,一些地方政府以地方立法的形式加以确认,如《江西省重大行政决策事项听证办法》提出,听证会一般以现场会议形式举行,也可以通过视频、网络等形式举行。听证组织机关应当通过新闻发布会、报刊、广播、电视、网络、手机短信等方式对听证事项进行广泛宣传,鼓励公众积极参与,并于每月30日前在本机关门户网站、本地主要报刊、广播电视上发布听证公告。②

实践中,一些地方政府尝试网络听证会模式,取得良好的社会效果。如2015年重庆市政府法制办举行了全国首次网上立法听证会,该次立法听证会针对网上公示的《重庆市政府关于坚持以人为本创新行政执法的决定(听证稿)》和《创新和规范行政执法需要听证的十大问题》进行,听证涉及的10个问题是"当前行政执法机关和行政执法人员在执法中存在的突出问题有哪些""当前有哪些行政执法用语、着装、标志及执法方式引起群众的反感""行政执法过程中应如何保护违法行为人及相关人员应有的合法权益,特别是如何更进一步保障人权""广大群众如何有效参与对行政执法的评议和监督"等。本次听证会获得8万人次的网民点击参与,在线建议达300多条,访问地区遍及北京、上海及港澳台地区。其听证形式之新、公众参与范围之广,在全国尚属首次。③

(3)网络政治监督。"一切有权力的人都很容易滥用权力;这是万古不易的一条经验。"④为了防止权力的滥用,自然法学派主张"三权分立",希望

---

① 周琼.公共领域视角下的网络议政初探[D].杭州:浙江工业大学,2011.
② 黄辉.听证可采用网络形式[N].法制日报,2014-09-22.
③ 崔佳.重庆举行全国首次网上立法听证会问计公众[N].人民日报,2005-11-11.
④ [法]孟德斯鸠.论法的精神(上册)[M].张雁深,译.上海:商务印书馆,1982:154.

通过权力制约权力的方式求得解决。然而,这种以权力制约权力的制度设计有个致命缺陷,即一旦掌权者进行权权交易,就会出现"官官相护"的局面。这时,人们将视线转移到网络空间,对网络政治监督寄予厚望。这是因为,网络政治监督具有公开、广泛、及时性,尽管它是一种非权力性的监督,但是有着"曝光"这个"杀手锏"。网络政治监督往往在很短时间里,就能迅速引起社会公众和有关部门的普遍关注,使被监督者或被监督的对象受到威慑,有利于职能部门顺势依法介入,促进问题的解决或事态的改善,有效防止权力的滥用和腐败。"湖北巴东烈女案"就是一个典型的例子。该案发生后,经过各大网络新闻媒体的报道,立即引起了社会公众尤其是广大网友的热议,同时也引起有关部门的普遍关注,2009年5月18日,巴东县公安局发布案件情况通报,接着在5月20日,县政法委书记、县公安局局长杨立勇接受媒体专访,随后巴东县人民政府在媒体面前正式表态,"绝不包庇、袒护任何人","不隐瞒、不偏袒、客观公正、严格依法办理案件"①。

所谓网络政治监督,是指公民通过网络平台,对国家机关及其公务人员的行为进行监督的一种政治参与方式。网络政治监督的兴起,得益于官方对网络反腐的积极态度以及反腐网站的设立。早在2005年,中共中央颁布的《建立健全教育、制度、监督并重的惩治和预防腐败体系实施纲要》中就强调:"加强反腐倡廉网络宣传教育,开设反腐倡廉网页、专栏,正确引导网上舆论。"随后,各部门纷纷建立反腐网站,或在网站上设置互动栏目,充分发挥网络反腐的功能。如最高人民检察院"12309"举报平台自2009年6月开通以来,截至2012年底,全国检察机关已有27个省级检察院、308个州市级检察院和1106个县级检察院开通了网上举报平台,配置专人接受群众举报、控告。② 中央纪委监察部于2009年10月28日统一开通全国纪检监察举报网站(http://www.12388.gov.cn/),举报网站受理群众对党员、党组织和行政监察对象违反党纪政纪行为的检举控告,以及对党风廉政建设和反腐败工作的意见建议。③

公民利用网络技术带来的便利,积极从事网络政治监督。中国青年报社调中心委托腾讯网所做调查结果显示,网民选择的举报方式依次为:网络曝光(35.8%)、传统媒体曝光(31.3%)、向纪委举报(17.2%)、向检察院举报

---

① 王芳.尽快透明地依法处理邓玉娇案[N].法制日报,2009-05-28.
② 徐盈雁.全国1441个检察院开通"12309"举报平台[N].检察日报,2013-06-25.
③ 谭浩.中央纪委监察部开通全国纪检监察举报网站[J].共产党员,2009,(11).

(11.4%)、向上级政府机关举报(3.3%)、向公安部门举报(0.5%)。① 可见,在多种举报路径中,互联网具有的便捷高效性备受青睐,网民更愿意选择网络进行举报。

2008年被称为"中国网络反腐年",这一年的主要网络政治监督事件有:徐州泉山区董锋书记演绎荒唐"一夫二妻制";深圳海事局党组书记林嘉祥猥亵11岁女童事件;南京江宁房产管理局局长周久耕"天价烟"事件;陕西省"周老虎事件";等等。上述网络反腐事件成效明显,由此成为中国网络监督的标志年。

2009年网络政治监督更加密集,湖北巴东邓玉娇案、云南"躲猫猫"案、上海"钓鱼执法"事件、新疆建设兵团"最牛团长夫人"敦煌打人事件、"替党说话还是替老百姓说话"事件、重庆高考加分作弊案等由网民在网上发帖、引发网络舆论,引起党政部门关注。尤其是6月30日中共中央办公厅、国务院办公厅印发《关于实行党政领导干部问责的暂行规定》后,相关责任人员被问责、相关网络舆论的当事人被处理。如发生在10月7日的新疆建设兵团"最牛团长夫人"敦煌打人事件,在被天涯社区曝光后,兵团领导批示进行调查,兵团新闻办立即向天涯社区发出回应,12日相关人员便被免职。由于互联网在反腐败中的作用得到中国执政者的认可,中央党校出版社10月出版发行的《中共党建辞典》收录了"网络反腐"的词条。

2010年网络政治监督继续发展壮大。宜黄强拆自焚事件、李刚之子校园撞人致死事件在网络上引发讨论和谴责,而各地发生的暴力拆迁和征地补偿问题,更是成为网络舆论的热点,如四川峨眉山村民集体自焚事件、河南睢县乡长因征地问题拘留农民事件、河北邢台铲车碾压拆迁户事件、辽宁庄河市千名村民因征地补偿和村干部涉嫌腐败问题到市政府大楼前集体下跪事件等,引起中央和地方对拆迁补偿问题的高度重视。

2011年的山东聊城医院院长"艳照门"事件,2012年的雷政富"不雅视频"事件、广州"房叔"事件、陕西安监局局长成"表哥"事件、广西厅官"床照"事件、山西县委书记女儿"空饷门"事件,2013年的"房姐"龚爱爱事件、上海法官集体嫖娼被曝光事件,等等,将网络政治监督推向高潮,党政部门在回应过程中积累了丰富的经验。自2014年起网络反腐进入了官方主导时代,摆脱过去"网络爆料—纪委介入"这种舆论的被动状态,转而形成"纪委公布—

---

① 薛世君.网络举报为何屡战屡胜?[N].广州日报,2009-05-06.

舆论热议"模式,官方牢牢把握住了舆论话语权。①

二、公民网络政治参与效度概述

（一）公民网络政治参与效度的内涵分析

根据百度百科收集的词条,效度是测量的有效性程度,即测量工具确能测出其所要测量特质的程度,或者简单地说,是指一个测验的准确性、有用性。在政治学研究领域,我国学者从不同角度对政治参与效度的概念进行过解读。

学者魏海青在《当前影响我国公民政治参与效度的因素分析》一文中认为,"政治参与的效度就是对政治参与过程及其效果的评价,它一般涉及公民对政府的满意度、政府对公民需求的回应度及公民政治参与的热情度（或冷漠度）等几方面"。他进一步阐释政治参与效度的概念,即政治参与效度高表征着公民政治参与的热情高、参政能力强;政府能有效地治理国家和整合社会;国家与社会力量相互支持度高,协调性强;政治体系的政策输出更能代表民意,合法性程度高,政治体系在不断优化中能得到社会公众的普遍认同和增量支持。②

马海龙、张钦朋在《论政治参与的度》一文中指出,政治参与的效度是指社会成员的政治参与行为对政治体系和政治运行所产生影响的有效性程度,也是社会成员通过政治参与进行自我实现的程度。③

史成虎在《从政策网络视角分析新阶层政治参与的效度问题》一文中认为,"效度"主要是指有效性程度的意义。他在对"新阶层政治参与的效度"进行界定时指出:所谓新阶层政治参与的效度,是指他们在政治参与过程中,对政治参与作用的对象（政府）施加某种影响而产生效果的程度。因此,分析新阶层政治参与的效度,就是分析其政治参与有效性的程度。同时,他从是否有利于社会和群体（新阶层）发展的双重角度出发,认为"新阶层政治参与的效度"的评价标准应为是否有利于本阶层的发展壮大,是否有利于社会的公平,是否有利于民主政治的发展,是否有利于政府执政能力的提高。④

学者崔晓波在《古村落旅游发展中社区参与效度研究》一文中,在界定

---

① 张璐.反腐舆情进入官方主导模式[N].北京晨报,2014-12-26.
② 魏海青.当前影响我国公民政治参与效度的因素分析[J].江苏开放大学学报,2009,(1).
③ 马海龙,张钦朋.论政治参与的度[J].长白学刊,2009,(4).
④ 史成虎.从政策网络视角分析新阶层政治参与的效度问题[J].河南理工大学学报（社会科学版）,2011,(4).

"古村落旅游中社区参与效度"时认为,古村落旅游中社区参与效度是指在古村落旅游中,社区居民在参与旅游的决策、开发、规划、管理、监督、服务和利益分配的过程中的同时,对于自身、古村落旅游以及社区发展效果的促进程度。

王春福、束顺民、司亚丽等学者则对"私营企业主政治参与效度"进行过界定。王春福认为:"私营企业家政治参与的效度,就是其在政治参与过程中对政府公共政策影响的有效性程度。内容效度、方式效度和结构效度构成私营企业家政治参与效度的主要内容。"[①]束顺民认为:我国私营企业家政治参与的效度既不是纯粹经济学中的帕累托最优也不是纯粹伦理学中的最优道德状态,而是政治学、社会学意义上的最优状态,它应该是一个由政治参与效率和政治参与效果所组成的有机整体。同时,他认为,效率指标主要考评私营企业主政治参与的能力和未来潜力,包括业主的素养、政治参与能力和政治参与渠道。私营企业主政治参与效果主要包括其政治参与对我国政治稳定、社会公平和经济发展所产生的积极影响。[②]司亚丽认为:私营企业主政治参与效度,就是其在政治参与过程中对政府公共政策的制定和执行施加影响的作用性质和有效性程度。她进一步指出,私营企业主政治参与效度以是否对社会有益为前提,即以是否有利于市场公平、社会经济发展、政府职能转变、民主政治建设作为评判的标准,而不是看私营企业主自己是否在政治参与中获得了利益。[③]

在研究政治参与这一问题方面,有的学者没有明确研究"政治参与的效度",而是研究"政治参与的有效性"。如学者罗维在《扩大与有序的勾连——政治参与有效性的征得》一文中认为,"政治参与的有效性是指在确保政治系统正常运转的前提下,政治参与对政治决策产生影响的程度"[④]。学者晏东认为,"政治参与有效性是指公民通过各种方式影响公共政策或政治运行以实现其自身利益的实际效果"[⑤]。学者高振岗认为,"政治参与的有效性指的是政治参与活动产生的积极效果"[⑥]。学者陶建钟认为,政治参与的

---

① 王春福.私营企业家政治参与的效度分析——基于政策网络视角的研究[J].学术交流,2007,(2).
② 束顺民.关于我国民营企业家政治参与效度评估的几个问题[J].广东行政学院学报,2005,(6).
③ 司亚丽.我国私营企业主政治参与效度研究[D].武汉:湖北工业大学,2010.
④ 罗维.扩大与有序的勾连——政治参与有效性的征得[J].江汉论坛,2009,(7).
⑤ 晏东.政治现代化视阈下的公民政治参与有效性建设[J].广西社会科学,2013,(6).
⑥ 高振岗.论公民政治参与的有序性及有效性[J].理论导刊,2008,(9).

有效性是指公民的政治参与能否以及能在多大程度上改变政治体系的运转状态,这种改变应该体现在制度的创制目标、制度的创制规则及制度的创制结果上。①

上述学者对政治参与效度的界定,实质上就是"政治参与的有效性",是公众参与对政治系统及其公共决策产生实质影响。本书认为,政治参与的效度尽管关键取决于政治参与的效果,但不能等价,而应当进行"成本—效益"分析,具体通过政治参与的效果与政治参与成本的比值加以反映,用于衡量政治参与取得实际效果的程度。

(二)公民网络政治参与效度与相关概念辨析

除公民网络政治参与效度外,公民网络参与政治的广度和深度,也是衡量一个国家政治现代化和政治民主化的重要尺度。为了阐述公民网络政治参与效度的概念,我们有必要对公民网络政治参与广度、深度的概念进行简单的辨析,以便把握三者之间的关系。

1. 网络政治参与的广度

所谓公民政治参与的广度,是指政治参与的广泛性问题,即政治参与横向面的大小问题,它涉及参与主体的广泛性、参与领域的广泛性、参与途径的广泛性等方面。②

其一,公民政治参与的广度首先体现为参与主体的广泛性。正如美国学者科恩所说,"民主的广度是数量问题,决定于受政策影响的社会成员中实际或可能参与决策的比率"③。对此,美国学者塞缪尔·P. 亨廷顿和琼·纳尔逊也认为,政治参与的广度应当是"从事某种政治参与活动的人的比例"④。我国《宪法》和法律对公民政治参与的广泛性进行了规定。如对于具有公民政治参与标志性意义的选举权与被选举权,我国《宪法》第三十四条规定:"中华人民共和国年满十八周岁的公民,不分民族、种族、性别、职业、家庭出身、宗教信仰、教育程度、财产状况、居住期限,都有选举权和被选举权;但是依照法律被剥夺政治权利的人除外。"同时,为保障妇女在这方面的权益,《宪法》第四十八条进一步规定:"中华人民共和国妇女在政治的、经济的、文化的、社会的和家庭的生活等各方面享有同男子平等的权利。"其二,公民政治

---

① 陶建钟.网络政治参与的有效性分析[J].中共浙江省委党校学报,2007,(6).
② 马海龙,张钦朋.论政治参与的度[J].长白学刊,2009,(4).
③ [美]科恩.论民主[M].聂崇信,朱秀贤,译.北京:商务印书馆,1988:12.
④ [美]塞缪尔·P. 亨廷顿,琼·纳尔逊.难以抉择——发展中国家的政治参与[M].汪晓寿,吴志华,项继权,译.北京:华夏出版社,1989:12.

参与的广度体现在参与领域的广泛性。在我国,公民参与政治的领域是广泛的。如《宪法》第二条就明确规定:"人民依照法律规定,通过各种途径和形式,管理国家事务,管理经济和文化事业,管理社会事务。"其三,公民政治参与的广度体现在参与途径的广泛性。依据我国宪法和法律,公民参与政治的途径非常广泛,包括选举、信访、行政复议、行政诉讼、听证、民主评议等多种途径。

网络技术的发展,进一步拓展了公民政治参与的广度。第40次《中国互联网络发展状况统计报告》显示,截至2017年6月,我国网民规模达到7.51亿,互联网普及率为54.3%。随着网民的不断增加,我国公民政治参与主体的广泛性必将逐步提高;随着政府对网络政治参与的重视,我国公民政治参与领域的广泛性必将拓展;随着网络论坛、微博、微信等网络技术平台的增加与发展,我国公民政治参与途径的广泛性也将会增长。

2. 网络政治参与的深度

所谓网络政治参与的深度,是指公民通过网络参与政治的行为对政治系统的影响深度。如果政治参与所需信息的透明度不高,政治机构想方设法阻挠公民政治参与,则这样的政治参与不可能是深度的。同时,政治参与是否能影响到公共决策的出台、修改与废止等,也是反映公民政治参与深度的评价标准。正如美国学者科恩在《论民主》一文中所说,"理想的民主不应仅仅是让公民们在汤姆和哈里之间(或没有竞争对手的亨利)选择一人就算是参与了管理,而应该让他们在力所能及的范围内识别问题,提出建议,权衡各方面的证据与论点,表明信念并阐明立场"①。只有这样的政治参与,才具有深度。在我国,执政党和政府一直为强化公民政治参与的深度做出各种努力,当前,"广大人民依法直接行使各种民主权利,对所在基层组织的公共事务和公益事业实行民主自治,已经成为当代中国最直接、最广泛的民主实践"②。

3. 网络政治参与效度与广度、深度的关系

网络政治参与的效度与广度、深度是既有联系又有区别的概念。一方面,网络政治参与的效度与广度、深度之间存在客观联系。网络政治参与影响力的强弱是评价网络政治参与效度的一个重要标准,其衡量标准包括两个方面:影响范围的大小、影响的持续性。其中,影响范围的大小,即影响范围问题,属于网络政治参与的广度问题;影响的持续性则是一个时间概念,它属

---

① [美]科恩. 论民主[M]. 聂崇信,朱秀贤,译. 北京:商务印书馆,1988:22.
② 李有军. 中国公民政治参与度越来越高[N]. 人民日报(海外版),2006-04-08.

于网络政治参与深度的一个方面。① 也就是说,网络政治参与的效度受政治参与的广度、深度的影响,政治参与的广度、深度往往是衡量政治参与效度的重要标准。

另一方面,网络政治参与的效度与广度、深度之间存在区别。其一,网络政治参与的广度评价标准具有客观性,而网络政治参与的效度的评价标准既是客观的,也是主观的。其中,评价网络政治参与广度的参与主体人数、参与领域、参与方式是客观感知的;而网络政治参与的效度评价标准不仅包括政治参与对公共决策的影响力大小这一客观标准,同时还包括网络政治参与主体的政治效能感这一主观认知标准。其二,网络政治参与的效度与广度、深度不同,政治参与的效度往往需要进行成本分析,即以一定的成本(包括政治参与主体所付出的时间、精力,政治机构为吸纳民意付出的人力、物力、财力等)取得的成果越多,则表明效度越高;反之,则效度越低。

第二节 公民网络政治参与的研究现状概述

关于网络政治参与研究现状这一问题,已有少数学者对此专门进行过研究,主要表现在公开发表的《网络政治参与研究综述》《国内外网络政治参与研究述评》《国外网络政治研究现状》以及《国外网络政治参与研究述评》等学术论文中。

学者田作高在《国外网络政治研究现状》(2002)一文中分析了国外网络政治研究现状,并认为国外学者主要探讨了两大主题:一是网络对政治的影响,包括网络对政治制度和政治过程的影响、对政治参与的影响、对国际政治的影响等。二是网络空间的政治问题,如网络空间的政治性质、网络空间的权力、网络管理等。②

学者陈强、徐晓林在《国外网络政治参与研究述评》(2012)一文中梳理了国外学者对网络政治参与的研究,通过对文献的梳理描绘出网络政治参与的主体,并从社会资本、政治效能和政治兴趣三个方面,系统归纳西方学者对网络政治参与影响因素的研究。③

学者宋超在《网络政治参与研究综述》(2012)一文中认为,当前网络政治参与的研究成果主要涉及网络政治参与的概念、特征、背景和条件,以及网

---

① 马海龙,张钦朋.论政治参与的度[J].长白学刊,2009,(4).
② 田作高.国外网络政治研究现状[J].上海社会科学院学术季刊,2002,(1).
③ 陈强,徐晓林.国外网络政治参与研究述评[J].情报杂志,2012,(5).

络政治参与的形式、类型、影响、困境和发展趋势等方面。①

学者孙萍、黄春莹在《国内外网络政治参与研究述评》(2013)一文中分别对国外、国内关于网络政治参与研究的现状进行了分析。该文指出,国外网络政治参与研究始于20世纪70年代,相关研究聚焦在网络对政治参与的双重影响、影响网络政治参与发展的因素、网络政治参与的方式和途径、网络参与和传统政治参与的对比与融合四个方面;国内网络政治参与研究较之国外起步较晚,大多基于网络的特性或网络政治参与的现象观察而进行理论推演,集中于公民网络政治参与的基本理论、现状、影响因素和规制对策的探讨。②

从上述研究来看,当前学者们主要从宏观上对国内外网络政治参与的研究现状进行了分析、总结和归纳,研究成果相当丰富。本书在研究过程中发现,当前有关网络政治参与的研究,在类型化研究方面具有鲜明的特点,以《中国互联网络发展状况统计报告》对网民结构的统计为依据,主要从以下方面开展研究:其一,以性别为标准,注重女性网络政治参与研究;其二,以年龄为标准,注重青年网络政治参与研究;其三,以学历为标准,注重大学生网络政治参与研究;其四,以职业为标准,注重农民网络政治参与研究。

一、以性别为标准:注重女性网络政治参与研究

第40次《中国互联网络发展状况统计报告》显示,截至2017年6月,中国网民男女比例为52.4:47.6,同期全国人口男女比例为51.2:48.8,网民性别结构趋向均衡,且与人口性别比例基本一致(见图1-2)。③ 但是,经济发展落后的农村、少数民族地区的妇女受政治、经济、文化水平的限制,在享有网络政治参与权方面还有一些不完善的地方,因而引发许多学者的思考和研究,其研究成果包括:《贫困地区乡村妇女网络政治参与研究》《边远山区少数民族妇女网络政治参与的滞顿性现象研究》《农村妇女网络政治参与的机遇与挑战》《贫困地区乡村妇女网络政治参与的滞后与提速研究》等。

---

① 宋超.网络政治参与研究综述[J].理论导刊,2012,(6).
② 孙萍,黄春莹.国内外网络政治参与研究述评[J].中州学刊,2013,(10).
③ 中国互联网络信息中心.第40次《中国互联网络发展状况统计报告》[EB/OL].http://www.cnnic.net.cn/hlwfzyj/hlwxzbg/hlwtjbg/201708/t20170803_69444.htm.

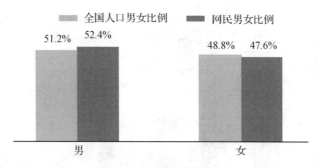

图1-2 中国网民性别结构

李雪彦在《贫困地区乡村妇女网络政治参与研究》一文指出,目前越来越多的人利用网络来表达自己的政治愿望、维护自身的利益。但是,在这一浪潮中,贫困地区的乡村妇女被边缘化了。她们没有网络政治参与的期望,也不具备参与的能力和客观条件。这既阻碍了乡村妇女作为人的个体的发展,也不利于她们各种权利和利益的维护,将引发新一轮的政治不平等,应通过心理维度、能力建设、客观设备支持等途经来改善与促进贫困地区乡村妇女的网络政治参与。① 孙玉娟在《农村妇女网络政治参与的机遇与挑战》一文中指出,农村妇女网络政治参与的机遇包括网络参政拓宽参政渠道、网络参政实现平等参政、网络参政改善地域限制、网络参政提高参政互动性等方面;同时指出农村妇女网络参政面临的挑战,包括自身素质的制约、经济水平的制约、网络平台建设滞后的制约、网络虚假信息泛滥的制约。在此基础上,她提出了改善农村妇女网络参政状况、实现网络政治参与有序化的对策:加大农村妇女教育投入,提升农村妇女综合素质;加速农村经济发展,提高妇女经济地位;完善网络政治参与平台,优化农村妇女网络政治参与成效;制定网络政治参与相关法律法规,规范农村妇女网络政治参与行为。②

二、以年龄为标准:注重青年网络政治参与研究

第40次《中国互联网络发展状况统计报告》显示,截至2017年6月,我国网民仍以10—39岁群体为主,占整体的72.1%;其中,20—29岁年龄段的网民占比最高,达29.7%,10—19岁、30—39岁群体占比分别为19.4%、

---

① 李雪彦.贫困地区乡村妇女网络政治参与研究[J].云南民族大学学报(哲学社会科学版),2014,(3).
② 孙玉娟.农村妇女网络政治参与的机遇与挑战[J].世纪桥,2016,(8).

23.0%(见图1-3)。① 学者们注意到青年作为网络政治参与主体的可能性、重要性,对于这一年龄阶段的公民网络政治参与问题给予了较多关注。

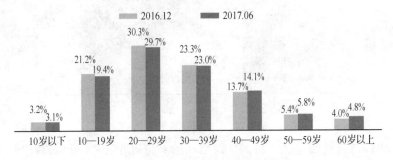

图1-3 中国网民年龄结构

学者孙凌寒在《多元而积极向上的青年网络政治参与动机》一文中,采取配额抽样的方法,在全国青年各层(类)中进行了抽样调查,其研究结果为:青年网络政治参与动机多元,但正面的动机占主流,兴趣动机是最重要的内在动机;其参与的从众动机、社交动机具有普遍性,个人提升获得认可的动机十分强烈;同时,青年网络政治参与行为的利益动机超过从众动机和社交动机;在安全动机之下,青年参与网络政治行为需要确保自身安全和内心的平静。他强调,青年对国家和社会发展的成就动机十分显著,仅次于个人的提升和兴趣动机,这一动机和其他很多动机具有明显的相关性,当代青年网络政治参与的总体动机是积极向上的。②

中国青年政治学院陆士桢教授在全国范围内对当代中国青年网络政治参与基本状况开展了基础调查,研究结果表明:青年上网目的的多样化与聚焦性并存,而获取政治信息排名第一;青年网络参与的政治内容比较丰富,民生和主权问题是青年参与度最高的领域;国际政治是青年网络参与的重点之一,尤其重视国家主权利益;青年网络政治参与的意识虽然较强,但参与层次不高,在参加网络投票、民意测验以及组织网民关注某事件这三项典型的网络政治参与上,青年的参与度呈递减趋势。③

学者卢涛指出,互联网的发展对青年政治参与产生了一系列积极影响。但是,青年网络政治参与中也出现了一些非理性现象,容易导致极端行为、盲

---

① 中国互联网络信息中心.第40次《中国互联网络发展状况统计报告》[EB/OL].http://www.cnnic.net.cn/hlwfzyj/hlwxzbg/hlwtjbg/201708/t20170803_69444.htm.
② 孙凌寒.多元而积极向上的青年网络政治参与动机[J].青年探索,2014,(6).
③ 陆士桢.当代中国青年网络政治参与基本状况研究报告——全国范围内的基础调查[J].中国青年社会科学,2015,(1).

从行为和网络投机行为的发生,诱发"群体极化",甚至还有可能为国内外别有用心的群体或个人所利用。对此,应该着力提升青年群体的政治参与素养和政治责任感;建设畅通、规范、制度化的网络政治参与机制;积极推进青年网络政治参与法治建设;着力提高广大青年网络政治参与的伦理水平;加强网络监管的"人防+技防"协同防控机制等。①

三、以学历为标准:注重大学生网络政治参与研究

第40次《中国互联网络发展状况统计报告》显示,截至2017年6月,我国网民依然以中等学历群体为主,初中、高中/中专/中职学历的网民占比分别为37.9%、25.5%,大专、大学本科及以上总占比为20.7%(见图1-4)。②学者们注重大学生这一群体网络政治参与的特点,从网民学历角度对公民政治参与问题进行了大量研究。

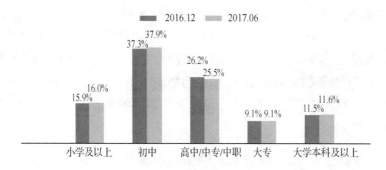

图1-4 中国网民学历结构

一是注重关于大学生网络政治参与的现状研究。目前有两种不同的看法,一种观点认为,大学生能积极实施网络政治参与行为。如王云彪对大学生网络政治参与现状进行调查后认为,绝大部分大学生有过网络政治参与行为,其中"通过网络向政府部门或社会公共组织提意见或建议"选择经常和偶尔的为48.6%。③另一种观点认为,总体来看,网络政治参与相对积极的群体占比相对较少,更多的学生选择了较少参与或从不参与,说明当前大学生在一定程度上存在政治冷漠现象,即使在表达相对自由的网络环境中亦是如此。④

---

① 卢涛.青年网络政治参与的作用与发展[J].中国青年社会科学,2016,(6).
② 中国互联网络信息中心.第40次《中国互联网络发展状况统计报告》[EB/OL].http://www.cnnic.net.cn/hlwfzyj/hlwxzbg/hlwtjbg/201708/t20170803_69444.htm.
③ 王云彪.大学生网络政治参与现状分析[J].学校党建与思想教育,2014,(22).
④ 齐杏发.大学生网络政治参与状况实证研究[J].理论与改革,2011,(1).

二是注重关于影响大学生网络政治参与因素的研究。如学者黄鑫将大学生网络政治参与的阻碍因素分为四种情形。其一是层次的阻碍:围观式政治参与难以融入。即大学生的围观式政治参与多停留在问题的表面,靠一时热情关注个案,围观不持续,缺乏对政治问题和实践的深入跟踪和分析能力。其二是动机的阻碍:以责任为导向,利益介入带来盲目性。即受转型时期压力的大学生更容易选择利用网络表达自身的利益诉求,同时容易忽视道德、法律的规范,从而导致网络政治参与过程的随意性与无序性。其三是行为的阻碍:参与热情高,非理性无序参与。即大学生在网络上的一些行为,如网络道德审判、人肉搜索、任意公布个人隐私等,呈现出非理性化的特点。其四是期望的阻碍:内外政治效能期望错位。即大学生的内在政治效能期望高于外在政治效能期望[①],内外效能期望的相互抵消使得大学生网络政治参与热情被迫"冷却",从而导致大学生网络政治参与的异化,使得大学生转向政治冷漠,甚至折向激进的反面,发展成非理性的政治参与。[②]

三是注重关于大学生网络政治参与的引导和教育的研究。如学者房正宏认为,规范、加强对网络参与的引导和教育,需要党和政府主导、学校重点引导、全社会共同努力,具体包括:加强网络立法工作;引导大学生自觉提升政治素质,实现网络自律;加强主流政治文化的灌输和教育;拓宽参与渠道,提供政治实践机会。[③]

四、以职业为标准:注重农民网络政治参与研究

第40次《中国互联网络发展状况统计报告》显示,截至2017年6月,中国网民中学生群体占比仍然最高,为24.8%;其次为个体户/自由职业者,比例为20.9%;企业/公司的管理人员和一般职员占比合计达到15.1%,而农民群体占比较低,包括农村外出务工人员在内仅占9.2%(见图1-5)。[④] 学者们注意到农村当前互联网普及度、农民的经济和文化水平较低等现状,专门针对农民群体的网络政治参与问题开展了相关研究。

---

① 内在政治效能期望是个体对自身参与政治过程的理性认知与思考,主要指个体对自身发展以及方向问题的解答;外在政治效能期望是指个体对政府、官员的政治期望以及对政府职能背景下社会现实性的信念。
② 黄鑫.大学生网络政治参与:阻碍因素、形成机理与引导对策[J].当代青年研究,2014,(6).
③ 房正宏.大学生网络政治参与——现状分析与探讨[J].中国青年研究,2011,(3).
④ 中国互联网络信息中心.第40次《中国互联网络发展状况统计报告》[EB/OL].http://www.cnnic.net.cn/hlwfzyj/hlwxzbg/hlwtjbg/201708/t20170803_69444.htm.

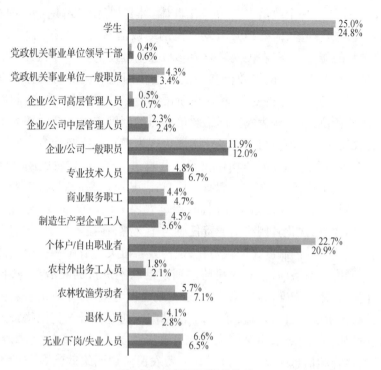

图 1-5　中国网民职业结构

一是注重关于我国农民网络政治参与存在边缘化现象的分析与应对的研究。[①] 学者李雪彦认为,我国农民网络政治参与存在边缘化现象。其原因和表现主要包括:(1)从农民网络政治参与的愿望维度上看,受封建专制制度的影响、特定历史时期国家中心工作任务的导向、网络政治参与行为回报率低等因素影响,我国绝大部分农民对网络政治参与形成了一种强烈的冷漠心理,并且,在这种心理的驱使下,他们既缺乏了解网络政治的兴趣,也没有通过网络实现政治参与的愿望,大大降低了农民在网络政治中充当角色主体的可能性。(2)从农民网络政治参与的能力维度上看,我国农民是一个网络政治参与能力贫困群体,主要表现在:第一,网络政治参与的成本支付能力低下,农民无力承担网络政治参与所产生的费用;第二,网络政治参与的认知能力贫乏,即农民对网络政治参与缺乏认识的本领;第三,网络政治参与的技能低下,即农民缺少运用网络的技术。(3)从网络政治参与的基础设施维度上看,我国乡村地区网络基础设施建设的滞后增加了农民网络政治参与的成

---

① 李雪彦.我国农民网络政治参与边缘化现象剖析[J].长白学刊,2013,(1).

本,妨碍了农民对网络政治的认知与使用,客观上阻碍了网络政治在农村的发展,使农民成为一个政治参与边缘化群体。同时指出,要减少农民网络政治参与的边缘化现象,需要提升激发农民网络政治参与的愿望,提升农民网络政治参与的能力,完善农民网络政治参与的基础设施。

二是注重关于农民网络政治参与的制度化困境与应对的研究。学者刘娟以制度本身为核心分析变量,将农民阶层的网络政治参与纳入新制度主义政治学的分析范式中,认为农民网络政治参与的制度需求包括内部需求和外在需求;农民网络政治参与的制度化困境表现为现有网络政治参与制度供给匮乏、网络政治参与制度的非均衡供给。并且进一步指出,农民网络政治参与制度化的基本路径是,在完善现有村民自治、基层选举的同时,创新农民网络政治的参与机制。在政治文化层面,促进农民形成适度的政治热情、政治意识和政治素养,强化其网络道德责任感与正义感;在技术层面,政府要推动农民网络政治参与的制度化与规范化,建构公共机关与农民平等协商的技术平台。在制度创新层面,针对农民阶层通过互联网进行的政治参与,特别需要有专门的法律和制度保障;第一,应以宪政建设为重点,加快依法治国的进程,维护农民阶层的合法权益;第二,立法部门应通过积极拓宽网络渠道来收集农民阶层的政治意见,由全国人大或其常务委员会进行专门立法,实现阶层利益的聚合和信息的反馈;第三,要开发农民阶层网络政治参与的沟通渠道,并健全参与机制。①

第三节 公民网络政治参与的理论基础

一、治理理论

从词源上看,"治理"一词来源于古希腊文与拉丁文,具有掌舵、引导、操纵的意思。自从世界银行于1989年首次使用"治理危机"一词后,许多学者开始关注政治、经济、教育、社会发展、企业管理等领域的治理问题,并且对治理在各领域的内涵进行了界定,概括了治理的特征,探讨了治理的种类。了解国内外学者对治理理论的研究,我们发现,治理理论为公民网络政治参与的必要性和可行性提供了很好的理论支撑。

（一）西方学者对治理理论的研究

美国乔治·华盛顿大学教授詹姆斯·罗西瑙在其代表作《没有政府统治

---

① 刘娟.农民网络政治参与的制度化路径探析[J].山西师范大学学报(社会科学版),2015,(3).

的治理》一书中认为,治理与政府统治不是同义语,两者的区别在于,政府统治意味着由正式权力和警察力量支持的活动,以保证其适时制定的政策能够得到执行,而治理则既包括政府机制,同时也包含非正式、非政府的机制。随着治理范围的扩大,各色人等和各类组织得以借助这些机制满足各自的需要,并实现各自的愿望。① 随后,他将治理进一步阐释为:治理更依赖于主体间的同意,是一个只有被多数人接受(或者至少被它所影响的那些最有权势的人接受)才会生效的规则体系。②

英国纽卡斯尔大学罗茨教授认为,治理主要有6种类型,第一种是作为最小国家的治理,即重新界定公共干预的范围和形式,利用市场或准市场的方法提供公共服务;第二种是作为公司治理的治理,即指导和控制组织的体制;第三种是作为新公共管理的治理,即强调更小的政府,更大的市场;第四种是作为"善治"的治理,即有效率、开放的公共服务体系,多元化的制度安排,用以鼓励竞争和市场的发展;第五种是作为社会—控制系统的治理,即政府与民间、公共部门与私人部门之间的相互合作管理公共事务;第六种是作为自组织网络的治理,即由政府、私人部门和自愿组织等协同合作提供公共服务。③ 同时,罗茨将治理的主要特征概况为四个方面:第一,组织间的相互依赖;第二,网络成员之间的持续性互动;第三,博弈性互动;第四,治理网络具有不受国家权力控制的高度自主权。④

美国学者詹·库伊曼认为,"治理可以被看作一种在社会政治体系中出现的模式或结构,它是所有被涉及的行为者互动式参与努力的'共同'结果或者后果。这种模式不能被简化为一个行为者或者一个特殊的行为者团体"⑤。同时,库伊曼将治理划分为12种:最小化治理、公司治理、新公共管理、善治、社会动态系统治理、自组织网络、政府作为掌舵角色、全球治理、经济或经济部门治理、治理与治理意识、多层次治理、参与治理。⑥

---

① [美]詹姆斯·N.罗西瑙.没有政府的治理[M].张胜军,刘小林,等,译.南昌:江西人民出版社,2001:4.
② [美]詹姆斯·N.罗西瑙.没有政府的治理[M].张胜军,刘小林,等,译.南昌:江西人民出版社,2001:4.
③ R. A. W. Rhodes. The new governance: governing without government[J]. Political studies,1996: 652-667.转引自李超雅.公共治理理论的研究综述[J].南京财经大学学报,2015,(2).
④ 转引自田凯,黄金.国外治理理论研究:进程与争鸣[J].政治学研究,2015,(6).
⑤ J. Kooiman. Modern governance: new government-society interactions[M]. London: Sage Press,1993:64.转引自翁士洪.治理理论:一种调适的新自由主义理论[J].南京社会科学,2013,(7).
⑥ J. Kooiman. Modern governance: new government-society interactions[M]. London: Sage Press,1993:35-48.转引自翁士洪.治理理论:一种调适的新自由主义理论[J].南京社会科学,2013,(7).

英国学者格里·斯托克在整合其他学者治理理论的基础上指出:"治理是统治方式的一种新发展……治理的本质在于,它所偏重的统治机制并不依靠政府的权威或制裁。"①同时,他概括了治理的五个论点:其一,治理的主体包括政府、社会机构、团体组织;其二,治理主体的各个社会公共机构之间存在着权力依赖;其三,治理主体间存在网络的自主自治;其四,政府治理能力不在于政府的权力,也不在于政府下命令或运用其权威;其五,社会和经济领域中的治理缺陷是在该领域中寻求解决方案的过程总是存在着界限与责任之间的模糊性。②

全球治理委员会在《我们的全球伙伴关系》一书中指出,治理是各种公共的或私人的个人和机构管理其共同事务的诸多方式的总和。治理的基本特征是:其一,治理不是一整套规则,也不是一种活动,而是一个过程;其二,治理过程的基础不是控制,而是协调;其三,治理既涉及公共部门,也包括私人部门;其四,治理不是一种正式的制度,而是持续的互动。③

(二) 国内学者对治理理论的研究

俞可平教授认为,"治理一词的基本含义是指在一个既定的范围内运用权威维持秩序,满足公众的需要。治理的目的是在各种不同的制度关系中运用权力去引导、控制和规范公民的各种活动,以最大限度地增进公共利益"④。他进一步指出,治理的目标是善治。善治就是"使公共利益最大化的公共管理过程。善治的本质特征,就在于它是政府与公民对公共生活的合作管理,是政治国家与市民社会的一种新颖关系,是两者的最佳状态"⑤。衡量善治的标准主要有六个:其一,具有合法性,强调现代政府的治理应当获得社会的高度认同;其二,具有透明性,强调涉及公共利益的相关政务信息都需要让民众知晓,保障民众的知情权;其三,具有责任性,强调政府应当是责任政府,政府公务人员应当具有责任意识,保障公权力不被滥用,不得侵害公共利益;其四,具有回应性,强调政府对民众的诉求应当及时且有效回应;其五,具有参与性,强调要正确引导公民参与公共决策制定的全过程,以使公共决策获得公众的认可和支持。其六,具有有效性,强调政府实施社会治理过程中,

---

① [英]格里·斯托克.作为理论的治理:五个论点[J].华夏风,编译.国际社会科学杂志(中文版),1999,(1).
② 翁士洪.治理理论:一种调适的新自由主义理论[J].南京社会科学,2013,(7).
③ 全球治理委员会.我们的全球伙伴关系[M].香港:牛津大学出版社,1995:11.
④ 俞可平.治理与善治[M].北京:社会科学文献出版社,2000:5.
⑤ 俞可平.治理与善治[M].北京:社会科学文献出版社,2000:9.

应当进行成本效益分析,促进社会管理效益的最大化。①

学者孙涛对"治理"与"统治"进行了比较,并认为"治理"一词更符合现代社会的需求。他在《现代治理理论与实践及国内借鉴》中指出,两者之间的区别表现为:治理所需要的权威并不一定来自政府机关,但是统治的权威来源必须是政府;在统治行动中,权力运行是自上而下的,在治理行动中,权力运行是自上而下和自下而上的结合;治理所涵盖的范围要大于统治;统治的权威主要来自政府的行政命令,治理的权威来自于公民的认同和共识。②

郑杭生教授分析了国家治理与社会治理的关系:"(1)二者的真实关系(而非概念关系)能够反映中国治理的模式与结构,进而能够看出治理层面上国家—市场—社会的关系结构;(2)避免了'大前提推出小命题'的逻辑问题,而是以国家治理与社会治理的关系结构推出西方引入的治理理论的适用性;(3)国家治理与社会治理的关系能够在不同层次(如地方治理、城市治理、区域治理、次国家治理乃至全球治理)的治理研究中进行细化,根据不同的研究层次做出针对性的衡量标准;(4)国家治理与社会治理的关系实则是话语权的关系,国家治理和社会治理在中国话语权的变化更是一个动态的过程,能够动态考察治理理论的适用性。"③

(三)网络政治参与符合治理理论的要求

国内外学者从不同的角度对治理理论进行了研究,尽管所得结论的表述有较大差异,但是,他们又存在一些共同的思想:其一,治理主体不只是政府,还应当包括社会组织以及公民个人;其二,治理的方式应当是政府与社会进行合作,合作各方的地位是平等的;其三,治理过程中政府应当吸纳民意,强调公众参与;其四,治理强调政府对公众诉求进行有效回应。

网络政治参与符合治理理论的要求。一是网络政治参与有助于实现公民积极与政府间进行合作。网络的便利性、匿名性等属性,促进了公民政治参与的积极性,可以说,网络政治参与是一种积极参与,这种积极参与"是一种以与政府合作为基础的关系,在这种关系中,公民积极地从事对政策制定过程和政策制定内容的界定"④。二是网络政治参与更加强调公民在社会治

---

① 俞可平.治理与善治[M].北京:社会科学文献出版社,2000:9.
② 孙涛.现代治理理论与实践及国内借鉴[J].理论学习,2016,(11).
③ 郑杭生,邵占鹏.治理理论的适用性、本土化与国际化[J].社会学评论,2015,(2).
④ [美]珍妮特·登哈特,罗伯特·登哈特.新公共服务:服务而不是掌舵[M].丁煌,译.北京:中国人民大学出版社,2010:71.

理中的作用。网络技术的发展,使得政治参与具有了这样的特征——"参与方法最重要的特征就是要明确把社会利益融入治理之中,参与模式的出现强化了公民的作用"①。三是网络政治参与对政治机构回应民众诉求提出了更高的要求。如果政府不予回应、回应不及时,网民可以通过网络平台提出质疑,进行举报,甚至发起网络舆论,促成政治机构履行回应网民诉求的义务。

二、协商民主理论

民主的出现,最早可以追溯至古希腊时期的雅典民主。古希腊哲学家柏拉图描述的雅典民主是:"穷人处死或流放他们的反对派,将同等的社会权利赋予其他所有人,每一个人都有机会在政府中担任职务,从而开始实行由多数人统治的民主制。"②雅典古典民主的主要特色是公民通过公民大会、500人会议、陪审法庭等机构直接参与政治生活,但这种民主存在两个方面的局限性:其一,当时所讲的"公民"仅指占总人口十分之一的成年男性公民,奴隶、妇女、儿童、外邦人都是被排斥在外的;其二,这种直接民主是很难实现的,正如卢梭所说:"除非是城邦非常之小,否则,主权者今后便不可能在我们中间继续行使他自己的权利。"正是基于直接民主的局限性,随着国家规模的扩大,17世纪西方资产阶级革命后建立的民主制度选择了一种代议制民主。这是因为,"一个小规模的政治体制中公民大会式的民主确实显得更为优越,但是,如果我们希望的是使它有最大的空间来有效处理与公民密切相关的各种问题,那么,一个范围更大、有必要实行代议制的单位往往效果更佳,这就是在公民参与和体制效率之间的两难"③。然而,随着代议制民主实践的推进,学者们发现了代议制民主的局限性,即"代议制民主"往往只是局限于选举,而且逐渐沦为"精英主义"的民主,容易导致公共决策因个人主义、部门主义作祟从而忽视公共利益。正如卢梭所说:"英国人民自以为是自由的,他们大错特错了。他们只有在选举国会议员的期间,才是自由的;议员一旦选出之后,他们就是奴隶,他们就等于零了。"④于是,学者们转向崇尚"协商民主",认为协商民主优越于代议制民主:"协商民主不是把自由选举看作民主的唯一标志,而是把决策过程的大众参与作为民主的价值追求,强调决策过

---

① [美]盖伊·彼得斯.政府未来的治理模式[M].吴爱明,夏宏图,译.北京:中国人民大学出版社,2001:77.
② 邹浩.雅典的兴衰和古希腊的反民主思想[J].青年论坛,2005,(2).
③ 转引自陈炳辉,韩斯疆.当代参与式民主理论的复兴[J].厦门大学学报(哲学社会科学版),2008,(6).
④ [法]卢梭.社会契约论[M].何兆武,译.北京:商务印书馆,2003:121.

程的开放性和参与性以及不同利益群体在决策过程中的平等协商,这扩展了我们对民主的认识,让我们不再把目光紧紧盯在自由选举的环节。"①尤其自20世纪90年代以来,国内外学者热衷于对协商民主进行研究,从不同角度对协商民主进行界定,形成了较为成熟的协商民主理论。

(一)西方学者对协商民主理论的研究

西方学者自20世纪后期开始,对协商民主理论研究颇为关注。他们从不同的角度对协商民主的定义进行了阐述,大致可以分为3种类型②:

第一种类型是从民主治理的角度研究协商民主。如古特曼和汤普森认为的商议民主即协商民主"可促使自由而平等的公民(及其代表们),提出互相能够接受且普遍可以相信的理由,来为各种决定辩护,其目的在于达成对当前全体公民具有约束力,但未来仍可接受挑战的各种结论"③。乔治·M.瓦拉德兹在分析协商民主时指出:"协商民主是一种具有巨大潜能的民主治理形式,它能够有效响应文化间对话和多元文化社会认知的某些核心问题。它尤其强调对于公共利益的责任、促进政治话语的相互理解、辨别所有政治意愿,以及支持那些重视所有人的需求与利益的具有集体约束力的政策。"④

第二种类型从政府和社团组织的角度对协商民主进行界定。如,库克认为:"协商民主指的是为政治生活中的理性讨论提供基本空间的民主政府。"⑤乔舒亚·科恩认为:"协商民主意味着一种事务受其成员的公共协商所支配的社团。这种社团的价值将民主本身视为一种基本的政治理想,而不仅仅是可以根据某方面的平等或公正价值来解释的衍生性理想。"⑥科恩进一步归纳了协商民主的5个特征:协商民主是一个正在形成的、独立的社团;协商民主是一种多元联合;成员们共享这样的观念:恰当的联合条件为他们的协商提供基本框架,同时,这些联合条款也是这种协商的结果;成员将协商程序看成是合法性的来源;社团成员承认其他人的协商能力。⑦

第三种类型从决策机制角度审视协商民主。如戴维·米勒认为:"当决

---

① 燕继荣.协商民主的价值和意义[J].科学社会主义,2006,(6).
② 陈家刚.协商民主:概念、要素与价值[J].中共天津市委党校学报,2005,(3).
③ [美]艾米·古特曼,丹尼斯·汤普森.商议民主[M].台北:智胜文化事业有限公司,2006:7.
④ [美]乔治·M.瓦拉德兹.协商民主[J].何莉,译.马克思主义与现实,2004,(3).
⑤ [英]梅维·库克.协商民主的五个观点[M]//陈家刚.协商民主.上海:三联书店,2004:43.
⑥ [美]乔舒亚·科恩.协商与民主合法性[M]//詹姆斯·博曼,威廉·雷吉.协商民主:论理性与政治.陈家刚,等,译.北京:中央编译出版社,2006:50.
⑦ [美]乔舒亚·科恩.审议与民主的合法性[M]//谈火生.审议民主.南京:江苏人民出版社,2007:176-177.

策是通过公开讨论过程而达成,其中所有参与者都能自由发表意见并愿意平等听取和考虑不同意见时,这个民主体制就是协商性质的。"①

(二) 国内学者对协商民主理论的研究

国内学者在借鉴西方学者协商民主理论的基础上,对我国的民主制度进行了分析,而且随着我国协商民主实践的发展,协商民主理论渐进成熟。陈剩勇教授在《协商民主理论与中国》一文中指出,"建构公共协商机制,通过各方平等、自由的对话、协调两者的价值讨论、辩论和协商的过程,达致利益表达、利益协调与利益实现,应是当前中国民主政治发展的首选价值"②。陈家刚教授认为,协商民主是"平等、自由的公民在公共协商过程中,提出各种相关理由,尊重并理解他人的偏好,在广泛考虑公共利益的基础上,利用公开审议过程的理性指导协商,从而赋予立法和决策以政治合法性"③。在此基础上,陈家刚教授概括了协商民主的价值,表现为:促进合法决策;培养公民精神;矫正自由民主的不足;制约行政权的膨胀。④ 俞可平教授认为,"协商民主,简单地说,就是公民通过自由而平等的对话、讨论、审议等方式,参与公共决策和政治生活"⑤。何包钢教授进一步指出,协商民主"要求公民通过自由平等理性的对话、讨论、审议等方式,以公共利益为取向,积极参与公共政策和政治生活"⑥。

(三) 网络政治参与符合协商民主理论的要求

"协商民主的引入有助于维护公共政策议程建构的公共性、合法性、民主性和有效性,有助于为公共政策议程建构机制提供新的思路,有助于规避公共政策议程建构中的'隐蔽'、'垄断'和'不决策'等问题,从而不断提升公共政策品质并促使其得到顺利贯彻。"⑦互联网技术的发展,为协商民主政治属性的充分实现提供了很好的公共领域,而协商民主理论则能为网络政治参与的发展提供理论指导。

一是网络政治参与符合协商民主理论中平等协商的要求。协商民主理论强调协商各方主体是自由而平等的公民或公民代表,这是协商民主合法性

---

① 转引自[南非]毛里西奥·帕瑟琳·登特里维斯.作为公共协商的民主:新的视角[M].王英津,等,译.北京:中央编译出版社,2006:139.
② 陈剩勇.协商民主理论与中国[J].浙江社会科学,2005,(1).
③ 陈家刚.协商民主:概念、要素与价值[J].中共天津市委党校学报,2005,(3).
④ 陈家刚.协商民主:概念、要素与价值[J].中共天津市委党校学报,2005,(3).
⑤ 俞可平.协商民主:当代西方民主理论和实践的最新发展[N].学习时报,2006-11-06.
⑥ 何包钢.协商民主:理论、方法和实践[M].北京:社会科学出版社,2008:19.
⑦ 李强彬.论协商民主与公共政策议程建构[J].求实,2008,(1).

的基础。"协商过程的政治合法性不仅仅出于多数的意愿,而且还基于集体的理性反思结果,这种反思是通过在政治上平等参与,尊重所有公民道德和实践关怀的政策确定活动而完成的。"①网络空间隐匿了网民的年龄、职业、民族等身份信息,为公民平等参与创造了条件,符合民主协商理论中平等协商的要求。

二是网络政治参与符合协商民主理论中普遍协商的要求。协商民主强调公共决策的主体应当是广大公民,决策的出台不是简单地根据少数服从多数原则做出的,而是在既满足大多数人利益,又照顾到少数人合理诉求的基础上做出的。② 以法律这种公共决策为例,"对分歧意见比较大的法律草案,不急于交付表决,不简单地以少数服从多数来决定问题,而是耐心地进行充分的研究论证,与各方面反复协商、权衡利弊,着眼于用合理的解决方案来统一大家的思想认识,在各方面基本取得共识以后,再启动表决程序"③。网民数量的不断增加,为普遍性参与提供了前提条件,也为决策机关吸纳广大公民的意见提供了便捷的平台。

三是网络政治参与符合协商民主理论中公开协商的要求。民主协商是一种公开协商,"没有公开性来谈民主是很可笑的"④。为保障民主的公开性,公共决策所涉及的信息应当是公开的;公共决策的过程应当是公开的;公共决策的出台应是公开的。网络传播的迅速广泛,为信息公开提供了前所未有的便利;网络论坛、政务微博、政务微信等技术平台,有助于网民之间、网民与政府之间公开进行协商对话,并且为公共决策结果的公布提供了有效渠道。

四是网络政治参与符合协商民主理论中直接协商的要求。协商民主强调直接协商,"应当是所有公民的直接的、充分参与公共事务的决策的民主,从政策议程的设定到政策的执行,都应该有公民的参与。只有在大众普遍参与的氛围中,才有可能实践民主所欲实行的基本价值,如负责、妥协、个体的自由发展、人类的平等等"⑤。网络技术的发展,为公民与政府直接协商创造了条件。通过网络空间,网民可以与政府直接对话,表明自己对公共决策的要求和建议;可以直接对政治机构及其公务人员进行批评和举报,突破了在现实空间实现政治权利的层级限制。

---

① 转引自杜英歌.西方协商民主理论述评[J].国家行政学院学报,2010,(5).
② 姬静静.协商民主理论视角下的公众参与立法问题研究[D].杭州:浙江理工大学,2012.
③ 中共中央文献研究室.十六大以来重要文献选编(上)[M].北京:中央文献出版社,2008:562.
④ 列宁.列宁全集(第5卷)[M].北京:人民出版社,1986:448.
⑤ [美]卡罗尔·佩特曼.参与和民主理论[M].陈尧,译.上海:上海人民出版社,2006:8.

第二章
公民网络政治参与迅速发展的现实背景

第一节 公民网络政治参与技术平台的迅速发展

中国人民大学比较政治研究所杨光斌主任指出:"技术一直影响和改变着政治,过去的报纸、电视和今天的互联网都改变着政治生活。"[①]互联网的快速发展为公民政治参与奠定了坚实的技术基础。基于网络自身具有的快捷性、便捷性和隐蔽性等特点,公民往往更愿意通过网络来发表言论、表达意见、反映问题。尤其是网络论坛、政务微博、政务微信等社交网络的迅速发展和成熟,为公民网络政治参与提供了良好的网络技术平台。

一、网络论坛

网络论坛是一个和网络技术有关的网上交流场所,也就是人们口语中常说的BBS。国内第一个BBS站始于1991年,由于计算机及其外设的价格较高,直到1995年后BBS才逐渐被人们所认识。BBS最初有两种性质,一种是类似于新华龙讯网的商业BBS站,另一种则是类似于天堂资讯站的业余BBS站。后来,随着网络论坛的政治意义日益显现,中央和地方政府媒体机构主办的政治性BBS站,如人民网的"强国论坛"、新华网的"发展论坛""统一论坛"等,成为第三种类型的BBS站。网络论坛为网民提供了交流的平台,有助于网民与政府之间互动。网友通过发帖,发表对国家建设、社会建设的看法,许多有益的观点被政务部门吸收采纳,对国家和政府的重大决策的出台起到很好的参考作用。

网络论坛受到中央和地方政府领导人的重视,成为政府与公众交流的重要平台。以"人民网"的"强国论坛"为例,该论坛创办于1999年5月9日,起初是为表达广大网友对以北约为首的美国袭击中国驻南斯拉夫大使馆的野

---
① 韩风.走进网络时代开拓问政新风[M].北京:电子商务出版社.2014:11.

蛮行径的强烈愤慨,开通了"强烈抗议北约暴行 BBS 论坛",开通一个多月即在海内外产生了重大影响,同年 6 月 19 日更名为"强国论坛"。"强国论坛"成为新闻网站中最早开办的时政论坛。2008 年 6 月 20 日,胡锦涛总书记在人民网"强国论坛"兴致勃勃地同网友们在线交流,在回答网友提问时指出:"虽然我平时的工作比较忙,不可能每天都上网,但是,我还是争取抽时间尽量上网。我特别要讲的就是人民网强国论坛也是我经常上网必选的网站之一。""平时我上网,一是想看一看国内外新闻;二是想从网上了解网民朋友们关心什么问题、有些什么看法;三是希望从网上了解网民朋友们对党和国家工作有些什么意见和建议。"随后,中央和地方领导也到人民网"强国论坛"与网友交流。截至 2012 年 6 月,全国共有 30 个省区市 51 位省委书记、省长,近千位市县领导公开回应网友留言,有 19 个省区市针对网友留言办理工作出台文件,建立固定的办理工作机制。仅 2011 年,就有 4.5 万项网友反映的问题得到各级领导的回复并得以解决。它已成为广大网友沟通领导、传递民意的重要渠道,成为中国互联网上最受瞩目的官民互动平台。截至 2015 年,已有约 210 位副部级及以上高端嘉宾做客"强国论坛",对社会热点问题进行探讨和解读。① 广大网民也在"强国论坛"上畅谈国是、建言献策。如今,该论坛已成为党和政府联系广大网民的桥梁,成为反映社情民意的重要平台。

  网络论坛获得网民的高度关注,成为广大网民发表意见的重要平台。2002 年 11 月 16 日,呙中校以"我为伊狂"为网名,分别在人民网"强国论坛"和新华网"发展论坛"上贴出了长达 1.8 万字的《深圳,你被谁抛弃》,从民间视角出发,通过资讯的收集与分析,发出了深圳面临衰落的"盛世危言",把一个人人有所觉察、但大家都不便言明的"潜话题"推至前台。该文发表后,立即成为点击率和转贴率双高网文,甚至引起了当时的深圳市长于幼军的注意。随后,深圳市长于幼军与"我为伊狂"做了长达两个多小时的平等对话,充分交换了对深圳现状及前景的看法,其后,国务院调研组再次约见"我为伊狂",认真听取真正来自民间的意见与呼声。②

  2013 年,"强国论坛"发表了针对"车轮上的腐败"的议题,立即引起广大网民的高度关注。在短短十几天内,帖子回复量就达到了几千条,关注度达到了十几万。在"强国论坛"上,网民们对"车轮上的腐败"造成的危害发表

---

  ① 邓志慧,殷娅珩.两会期间数十位省部级领导将走进人民网议国是听民声[EB/OL]. http://www.people.com.cn/n1/2016/0301/c32306-28160540.html.
  ② 李欣玉.《深圳你被谁抛弃》及作者与深圳市长的对话[EB/OL]. http://www.people.com.cn/GB/jingji/1932150.html.

了自己的看法,同时对如何治理"车轮上的腐败"提出了自己的建议。随着"车轮上的腐败"被社会关注的持续升温,中共中央办公厅、国务院办公厅于2014年7月印发了《关于全面推进公务用车制度改革的指导意见》和《中央和国家机关公务用车制度改革方案》,并向社会公布。①

随着网络技术的不断完善,我国有影响力的政治性网络论坛日益增多,除人民网的"强国论坛"外,新华网的"发展论坛"、中国政府网的"政务互动"、外交部网站的"外交论坛"等,为网民的政治参与提供了有效的平台,为政府了解民意提供了渠道。当前,网络论坛已经成为公民网络政治参与的一个重要的技术平台,促进了我国民主建设的不断推进。

二、政务微博

微博,即微型博客,是一种通过关注机制分享简短实时信息的广播式社交网络平台。与传统的博客不同,微博更能表达出每时每刻的思想和最新动态,并实现即时分享。2009年8月新浪推出"新浪微博"内测版,成为第一家提供微博服务的中国门户网站,微博由此正式进入中文上网主流人群的视野。第29次《中国互联网络发展状况统计报告》显示,截至2011年12月底,我国微博用户数达到2.5亿,较上一年底增长了296.0%,网民使用率为48.7%。第31次《中国互联网络发展状况统计报告》显示,截至2012年12月底,我国微博用户规模为3.09亿,较2011年底增长了5873万,网民中的微博用户比例较上年底提升了6个百分点,达到54.7%。第32次《中国互联网络发展状况统计报告》显示,截至2013年6月底,我国微博网民规模为3.31亿,较2012年底增长了2216万,增长率为7.2%,网民中微博使用率达到了56%,较上年底增加了1.3个百分点。第33次《中国互联网络发展状况统计报告》显示,2013年微博、社交网站及论坛等互联网应用使用率均呈下降趋势,微博用户规模较2012年底减少2783万。随后微博的用户使用率持续走低,但第40次《中国互联网络发展状况统计报告》显示,截至2017年6月底,微博的用户使用率持续回升,达38.7%,较2016年12月上升1.6个百分点。《2016微博用户发展报告》显示,从用户特征来看,当前微博用户整体呈现高学历、低年龄趋势,拥有大学以上高等学历的用户占比高达77.8%,30岁以下青年群体在微博用户中占比达到80%以上。②

---

① 赵越.公民网络参与公共决策案例研究[D].大连:大连理工大学,2015.
② 微博数据中心.2016微博用户发展报告[EB/OL]. http://www.useit.com.cn/thread-14392-1-1.html.

我国政务微博发展势头强劲，为公民网络政治参与打造了良好的互动平台。《2016年人民日报·政务指数微博影响力报告》显示，截至2016年底，新浪微博平台认证的政务微博达到164522个。其中，政务机构官方微博125098个，比前一年增长9%；公务人员微博39424个，比前一年增长5%。[1]为增强感染力，政务微博突破140字纯文本的做法，在发布形式上采用漫画、动画、沙画、短视频、互动游戏、移动直播、VR等技法，更能灵活运用多种传播手段提升宣传效果。

政务微博主要承担着信息发布和了解民意的双重任务。一方面，政务微博承担着公开政务信息的任务。如公安系统政务微博发挥大规模矩阵直播的效用，自2016年8月9日到9月9日，@公安部交通安全微发布牵头组织全国100多个城市参与"全国交警直播月"活动，多地公安交管部门通过官方微博进行了29场执法直播，视频观看量达1255万，点赞量达1042万，互动量达20万，话题"执法直播台"阅读量超过1.7亿。[2] "全国交警直播月"对执法过程的公开，有助于提升执法公信力，赢得人民群众的理解和支持，最终做到"以公开促进公正、以公开促进规范"。另一方面，政务微博承担着了解、吸纳民意的任务。如2016年9月，有网友向@国家林业局举报有人非法捕鸟，@国家林业局迅速反应，通报森林公安部门，并连续发博10条征求线索、通报进展，最终成功抓获犯罪嫌疑人。

政务微博通过强化互动性回应公民网络政治参与。其一，政务微博之间互动性增强，积极引导公民网络政治参与。如在南海主权问题上，@国资小新、@中国维和警察和@国防部发布等权威官博肩负责任意识与引导意识，主动发声、引导舆论，纷纷表明对非法裁决的坚定态度。广大网民也积极响应，表明立场，捍卫主权，潮涌般加入新浪微博互动话题。"不接受南海仲裁案""南海仲裁案"和"中国一点都不能少"的讨论中，互动话题共计产生近百亿的阅读量和过千万的讨论量，舆论场凝聚出最大共识，同频共振，正能量爆棚。[3] 其二，政务微博之间互动性增强，积极回应公民网络政治参与。如"徐玉玉被电信诈骗案"。2016年8月19日，山东高考录取新生徐玉玉被不法分子冒充教育、财政部门工作人员诈骗9900元，导致猝死。此案背后的"黑色毒瘤"——电信诈骗引起了社会各界口诛笔伐。仅仅在微博平台就出现了电

---

[1] 人民网.《2016年人民日报·政务指数微博影响力报告》发布[EB/OL]. http://news.cbg.cn/gndjj/2017/0120/6529461.shtml.
[2] 张志安.微博、微信和直播，新闻发布怎样运用社交媒体？[N].河南日报，2017-05-31.
[3] 柴逸扉.不接受，不承认——网友热议"南海仲裁案"[N].人民日报(海外版)，2016-07-15.

信诈骗、剑指诈骗和围剿电信诈骗等多个微博话题,且阅读量均高达上亿。民意的声讨、社会的追问,引起了各部委的高度重视。公安部积极指挥、协调山东警方,@公安部刑侦局发布 A 级通缉令,犯罪嫌疑人迅速落网;教育部@微言教育、@中国大学生在线迅速反应,对"徐玉玉案"保持高度关注,除了积极转发扩散,关注侦破进度,更是以短视频、九宫格和图解新闻的形式连发多条与"电信诈骗"相关的内容,以帮助大学生树立牢固的防骗意识;工信部@工信微报召开会议部署加强"防范打击通讯信息诈骗"技术手段建设……9月,@公安部刑侦局重拳频发:9 月 23 日,会同最高人民法院、最高人民检察院和中国银行业监督管理委员会等六部门联合发布了《防范和打击电信网络诈骗犯罪的通告》;9 月 26 日,发布 A 级通缉令公开通缉 10 名特大电信网络诈骗犯罪嫌疑人;9 月 27 日,与央行、工信部等多部门联合发布 ATM 转账时效限制等新规;9 月 30 日,与最高检联合下发通知,对 21 起涉案人员众多、涉案金额巨大、社会影响恶劣的电信网络诈骗犯罪案件进行挂牌督办。各部委对电信诈骗案的高度重视,以及多项新规的快速出台,无一不体现出近年来部委、监管部门的反应机制进一步完善,"又快又狠又有效"的处理举措让人们安全感渐渐回升,网民对这一系列措施表示肯定。①

总之,政务微博在促进政府信息公开、提高政府服务水平、提升公民社会参与度等方面发挥了积极作用,基于其迅速快捷、互动性强的特点,已经成为公民网络政治参与的一种常见的技术平台。

三、政务微信

微信是腾讯公司于 2011 年 1 月 21 日推出的一个为智能终端提供即时通讯服务的免费应用程序。② 第 40 次《中国互联网络发展状况统计报告》显示,截至 2017 年 6 月,微信的用户使用率为 84.3%,已经超过了 QQ(用户使用率为 65.8%)、微博(用户使用率为 38.7%)两大社交应用平台。

政务微信蓬勃发展。截至 2014 年 7 月,政务微信已覆盖中国大陆 31 个省和香港、澳门特别行政区。2016 年 1 月,我国政务微信公众号已逾 10 万,政务新媒体实现了突飞猛进的发展。《2016 政务微信发展报告》显示,共产党员、上海发布、中国政府网占据 2016 年政务微信传播影响力排行榜前三

---

① 李静,朱明刚.2016 第三季度《人民日报·政务指数微博影响力报告》发布[EB/OL]. http://yuqing.people.com.cn/n1/2016/1109/c209043 – 28847914.html.
② 吕婉婷,陈怡含.微信公众平台使用对比研究——基于人民日报、央视新闻、新京报微信公众平台的对比[EB/OL]. http://media.people.com.cn/n/2015/0316/c150615 – 26701346.html.

甲;而在级别分布上,地市级账号表现抢眼,其中,浙江省上榜微信数量最多;各类别微信账号特色鲜明,公安、宣传、团委类微信活跃度较高。同时,一些地区政务微信集群化趋势愈发明显,如成都市已建立了市、区(市)县和市级部门、街道(乡镇)和区(市)县部门、村(社区)的四级政务新媒体集群体系,4000余个政务微博(微信)一网覆盖、互联互通,网民诉求可面向全市各类政务服务新媒体责任主体直接派发,极大减少了中间转办环节,缩短了办理时间。① 此外,相对于政务微博,政务微信实现了文字、图片、表情 GIF、图表、音频、H5等的有效结合,如 2017 年 3 月 12 日,最高人民法院发布微信《VR、H5 带您看 2017 全国"两会"最高人民法院工作报告》,直接扫二维码即可进入报告现场,除提供大数据的图表总结外,还借鉴 VR 技术来发布院长周强的工作报告,符合移动用户尤其是年轻网民对视觉化、沉浸式内容的浏览偏好,有助于公民更好理解政务部门公共决策的意图,从而提升公民网络政治参与的积极性。②

政务微信的发展为公民网络政治参与提供了很好的技术平台。其一,政府运用政务微信引导网民参与社会治理。如长兴县公安局 SASA 微信平台(举报平台)正式上线后,网友可通过这个平台提供破案线索,警方根据线索价值大小给予适当奖励。"这个平台目前主要由'请举报''他是谁''抓逃犯''我的积分''平台介绍''举报范围'等模块构成。"其中,"请举报"用于网友报告发现的违法犯罪线索或者重大公共安全隐患;"他是谁"通过视频截图,向网友公开征集案发现场身份不明嫌疑人等相关线索;"抓逃犯"向网友公开征集网上在逃人员的追逃线索。③ 2016 年 1 月 4 日,"海淀公安"微信创新举措,上线"海淀网友"互动平台,凝聚群众力量,共同维护社会治安。网民可通过文字、照片或视频,提供犯罪线索,并在线与警方实时沟通。据统计,该平台接到网民举报从而收到的警务类线索数量已达数千条,"海淀网友"骨干力量已超 17 万人。④

其二,运用政务微信解决民生问题。如 2017 年 1 月 14 日,上海市浦东新区高桥镇人民政府"潮涌高桥"就 11 日发生的一起交通事故,发文《关心凌桥交通的你,有一份告居民书》回应社会关切,并表示将迅速采取四大措施,

---

① 刘鹏飞,齐思慧,叶德恒,刘思忱.政务微信发展报告[J].人民周刊,2017,(7).
② 张志安.微博、微信和直播,新闻发布怎样运用社交媒体?[N].河南日报,2017 – 05 – 31.
③ 徐娅莉.长兴公安创建 SASA 微信平台 动动手指可参与破案[EB/OL].http://www.hz66.com/2016/1229/266945.shtml.
④ 刘鹏飞,齐思慧,叶德恒,刘思忱.政务微信发展报告[J].人民周刊,2017,(7).

展开集中整治,促进交通的明显改善。这份告居民书,既是一份告知,更是一份呼吁,"潮涌高桥"希望以此连通民众、团结协作,共同配合好并落实好整治行为。该文传播效果较好,得到了市民的普遍支持,阅读量突破6万,点赞量600余次。有网友留言表示"感谢政府关心。政府的行动,百姓都看在眼里。相信大家都会理性对待,我们要的只是安全"①。

总之,政务微信为政府和公众之间的交流搭建了很好的沟通平台。政府微信已经成为政府部门用于收集意见、倾听民意、发布信息、服务大众的官方网络互动平台,也成为公民获取政府信息、参与社会治理的重要路径。

第二节 公民网络参与的政治环境更为宽松

党和国家对公民政治参与给予高度重视,并不断拓宽政治参与的通道,营造了一个相对宽松的政治环境。党的十七大报告明确提出:"坚持国家一切权力属于人民,从各个层次、各个领域扩大公民有序政治参与,最广泛地动员和组织人民依法管理国家事务和社会事务、管理经济和文化事业。"党的十八大报告指出,加快推进社会主义民主政治制度化、规范化、程序化,从各层次各领域扩大公民有序政治参与,实现国家各项工作法制化。党的十八届三中全会通过的《中共中央关于全面深化改革若干重大问题的决定》进一步提出,发展社会主义民主政治,必须以保证人民当家作主为根本,坚持和完善人民代表大会制度、中国共产党领导的多党合作和政治协商制度、民族区域自治制度以及基层群众自治制度,更加注重健全民主制度、丰富民主形式,从各层次各领域扩大公民有序政治参与,充分发挥我国社会主义政治制度优越性。中共十八届四中全会针对公民参与法治建设做出了明确的规定:在立法方面,要深入推进科学立法、民主立法,完善立法项目征集和论证制度,健全立法机关主导、社会各方有序参与立法的途径和方式,拓宽公民有序参与立法途径;在重大行政决策方面,要健全依法决策机制,把公众参与、专家论证、风险评估、合法性审查、集体讨论决定确定为重大行政决策法定程序,建立行政机关内部重大决策合法性审查机制,建立重大决策终身责任追究制度及责任倒查机制;在司法方面,要保障人民群众参与司法,在司法调解、司法听证、涉诉信访等司法活动中保障人民群众参与,完善人民陪审员制度,构建开放、

---

① 王男.江苏公安齐推微文 为身负重伤警官加油[EB/OL]. http://yuqing2.jschina.com.cn/system/2017/01/18/030464522.shtml.

动态、透明、便民的阳光司法机制。十八届五中全会仍然强调了公众参与的地位,即提出要"动员人民群众团结奋斗,贯彻党的群众路线,提高宣传和组织群众能力,加强经济社会发展重大问题和涉及群众切身利益问题的协商,依法保障人民各项权益,激发各族人民建设祖国的主人翁意识。加强思想政治工作,创新群众工作体制机制和方式方法,最大限度凝聚全社会推进改革发展、维护社会和谐稳定的共识和力量"。中央的上述重要决策阐述中,明确了公民政治参与的地位、范围、方式等,充分展示了中央对公民参与的重视,也预示着我国公民政治参与的政治环境在逐步走向宽松。

一、中央党政部门高度重视公民网络政治参与

（一）中央党政部门领导高度重视

2003 年的"非典"期间,胡锦涛总书记与广东参与防治 SARS 的医疗专家座谈时,当广东省中医院院长吕玉波对总书记说"希望在非典型肺炎的治疗方案上采用中西医结合的方法"时,总书记亲切地握着吕玉波的手说:"你的建议非常好,我在网上已经看到了,世界卫生组织非常肯定你们的工作。中医是我们祖国的伟大宝库,应该在非典型肺炎的治疗中发挥作用。"[①]2004年,胡锦涛总书记主持下通过的《中共中央关于加强党的执政能力建设的决定》就确认了以下任务:"高度重视互联网等新型传媒对社会舆论的影响,加快建立法律规范、行政监管、行业自律、技术保障相结合的管理体制,加强互联网宣传队伍建设,形成网上正面舆论的强势。"

温家宝总理在 2005 年"两会"记者招待会上一开始就说:"昨天我浏览了一下新华网,他们(网民)知道我今天开记者招待会,给我提出了几百个问题。他们对国事的关心,深深感动了我。他们许多建议和意见是值得我和我们政府认真考虑的……"总理的这一开场白使中国网民欢欣鼓舞,一位新华社记者在提问前激动地说:"首先请允许我代表全体新华社记者,感谢总理在百忙之中登录新华网……"记者招待会后的短短几个小时内,温家宝总理所浏览过的新华网发展论坛上便出现了数以千计的为此欢呼的帖子,网民们在这个论坛上还继续向总理提出了另外 1000 多个问题,而这些问题的点击率数以万计。一时间,关于总理"触网"的讨论成为最热门的话题。[②]

2008 年 6 月 20 日上午,中共中央总书记、国家主席、中央军委主席胡锦

[①] 廖怀凌. 我们都想把心里话告诉总书记[N]. 羊城晚报,2003 - 04 - 20.
[②] 本刊编辑部. 让网络成为民主的工具[J]. 瞭望东方周刊,2005,(12).

涛来到人民日报社,通过人民网强国论坛(bbs. people. com. cn)同网友们在线交流。以下是访谈全文:①

【强国论坛】:各位网友,告诉大家一个好消息,胡锦涛总书记今天来到人民日报社了。过一会儿,他将通过强国论坛同网友们在线交流。

【主持人】:胡锦涛总书记,您好! 我们知道您非常关心互联网的发展,关心人民网的发展。今天您亲自来到强国论坛,我们版主和网友都非常激动,深感荣幸。请您跟我们的网友说几句话吧。

【胡锦涛总书记】:朋友们,大家好! 今天有机会在网上和大家交流,我感到非常高兴。首先,我要借此机会,向网民朋友们表示诚挚的问候和良好的祝愿。

【主持人】:感谢胡锦涛总书记对广大网友的问候。网友得知您来到强国论坛,他们纷纷上帖,有的网友向胡锦涛总书记表示感谢,还有的给您提了一些问题,我挑几个问题给您念念,请您和网友做个交流。有个叫大好河山美如画的网友问:总书记,您平时上网吗?

【胡锦涛总书记】:虽然我平时工作比较忙,不可能每天都上网,但我还是抽时间尽量上网。我特别要讲的是,人民网强国论坛是我经常上网必选的网站之一。

【主持人】:还有一个叫快活三的网友问您:总书记,平时您上网都看些什么内容?

【胡锦涛总书记】:平时我上网,一是想看一看国内外新闻,二是想从网上了解网民朋友们关心些什么问题、有些什么看法,三是希望从网上了解网民朋友们对党和国家工作有些什么意见和建议。

【主持人】:还有一个叫小火龙的网友问:总书记,网友们在网上提了不少意见和建议,您能看到吗?

【胡锦涛总书记】:网友们提出的一些建议、意见,我们是非常关注的。我们强调以人为本、执政为民,因此想问题、做决策、办事情,都需要广泛听取人民群众的意见,集中人民群众的智慧。通过互联网来了解民情、汇聚民智,也是一个重要的渠道。

【主持人】:谢谢总书记。各位网友,因为胡锦涛总书记接下来还有

---

① 强国论坛.胡锦涛总书记同人民网强国论坛网友在线交流[EB/OL]. http://www.people.com.cn/GB/32306/54155/57487/7406717.html.

其他活动,在强国论坛同大家的交流就到这里。

【胡锦涛总书记】:因为时间关系,今天不可能和网友们做更多的交流。但是网友们在网上发给我的一些帖子,我会认真地去阅读、去研究。最后,我要借这个机会,祝愿网友们身体健康、工作顺利、阖家幸福!谢谢。

【主持人】:代表网友,谢谢您!

【主持人】:各位网友,网上视频直播到此结束,谢谢总书记,谢谢各位网友的参与。

网友对胡锦涛总书记亲临强国论坛非常惊喜,认为是"中国网民最幸福的时刻",很多网友纷纷留言参与并高度评价:"做到与民众直接沟通,了解民心民意,胡锦涛总书记做得好,我们热烈欢迎!""总书记和我们大家拉近了距离,我感觉到胡锦涛总书记就在身边。""网民的呼声终于能直接进中央了!百姓有福,国家有福!""总书记能够应用互联网体察民情民意与广大网民交流,展现了政府的亲民形象,这是一个令人鼓舞的进步,我对我们的祖国充满信心。"……

习近平总书记2016年4月19日在网络安全和信息化工作座谈会上的讲话集中体现了中央领导集体对网络政治参与的关怀。一是强调领导干部要通过网络联系群众:"网民来自老百姓,老百姓上了网,民意也就上了网。群众在哪儿,我们的领导干部就要到哪儿去,不然怎么联系群众呢?"二是强调领导干部要学会通过网络走群众路线:"各级党政机关和领导干部要学会通过网络走群众路线,经常上网看看,潜潜水、聊聊天、发发声,了解群众所思所愿,收集好想法好建议,积极回应网民关切,解疑释惑。善于运用网络了解民意、开展工作,是新形势下领导干部做好工作的基本功。各级干部特别是领导干部一定要不断提高这项本领。"三是强调领导干部要正确对待网络政治参与:"网民大多数是普通群众,来自四面八方,各自经历不同,观点和想法肯定是五花八门的,不能要求他们对所有问题都看得那么准、说得那么对。要多一些包容和耐心,对建设性意见要及时吸纳,对困难要及时帮助,对不了解情况的要及时宣介,对模糊认识要及时廓清,对怨气怨言要及时化解,对错误看法要及时引导和纠正,让互联网成为我们同群众交流沟通的新平台,成为了解群众、贴近群众、为群众排忧解难的新途径,成为发扬人民民主、接受人民监督的新渠道。"

李克强总理重视有关政府工作的网络热议。如对2015年被网友们热议的"证明我妈是我妈"事件,李克强总理专门做了批示,指出此事很典型,一些类似的荒唐事群众反映强烈,要求下力气减掉不必要的程序,打破不合理的规矩,使公权力真正发挥方便群众办事创业的作用。①

(二)中央党政部门出台规定保障

国务院办公厅发布的《关于进一步加强政府信息公开回应社会关切提升政府公信力的意见》(以下简称《意见》,国办发〔2013〕100号)提出,为进一步做好政府信息公开工作,增强公开实效,提升政府公信力,政府部门应当落实:(1)要进一步加强平台建设,具体包括进一步加强新闻发言人制度建设、充分发挥政府网站在信息公开中的平台作用、着力建设基于新媒体的政务信息发布和与公众互动交流新渠道。《意见》要求,涉及群众切身利益的重要决策,要在政府网站公开征求意见;重要政策法规出台后,要针对公众关切,及时通过政府网站发布政策法规解读信息,加强解疑释惑;对涉及政务活动的重要舆情和公众关注的社会热点问题,要积极予以回应,及时通过政府网站发布权威信息,讲清事实真相、有关政策措施以及处理结果等,地方政府和部门负责同志应主动到政府网站接受在线访谈。《意见》还进一步要求,各地区各部门应积极探索利用政务微博、微信等新媒体,及时发布各类权威政务信息,尤其是涉及公众重大关切的公共事件和政策法规方面的信息,并充分利用新媒体的互动功能,以及时、便捷的方式与公众进行互动交流。(2)加强机制建设。《意见》要求,要健全舆情收集和回应机制;完善主动发布机制;建立专家解读机制;建立沟通协调机制。(3)完善保障措施。《意见》要求,要加强组织领导;加强业务培训;加强督查指导。

国务院办公厅印发的《关于在政务公开工作中进一步做好政务舆情回应的通知》(以下简称《政务舆情回应通知》,国办发〔2016〕61号)指出,近年来,随着互联网的迅猛发展,新型传播方式不断涌现,政府的施政环境发生深刻变化,舆情事件频发多发,加强政务公开、做好政务舆情回应日益成为政府提升治理能力的内在要求。《政务舆情回应通知》明确了政务舆情回应的主要事项:(1)政务舆情回应的责任主体。涉及国务院重大政策、重要决策部署的政务舆情:国务院相关部门是第一责任主体。涉及地方的政务舆情:按照属地管理、分级负责、谁主管谁负责的原则进行回应,涉事责任部门是第一责任主体,本级政府办公厅(室)会同宣传部门做好组织协调工作;涉事责任部

---

① 李之南.李克强痛斥某些办事机构:办个事儿咋就这么难?[EB/OL]. http://www.gov.cn/xinwen/2015-05/06/content_2857717.htm.

门实行垂直管理的,上级部门办公厅(室)会同宣传部门做好组织协调工作。涉及多个地方的政务舆情:上级政府主管部门是舆情回应的第一责任主体,相关地方按照属地管理原则进行回应。涉及多个部门的政务舆情:相关部门按照职责分工做好回应工作,确保回应的信息准确一致,本级政府办公厅(室)会同宣传部门做好组织协调、督促指导工作;对特别重大的政务舆情,本级政府主要负责同志要指导、协调、督促相关部门做好舆情回应工作。(2)政务舆情中重点回应的事项。具体包括:对政府及其部门重大政策措施存在误解误读的;涉及公众切身利益且产生较大影响的;涉及民生领域严重冲击社会道德底线的;涉及突发事件处置和自然灾害应对的;上级政府要求下级政府主动回应的政务舆情等。(3)政务舆情回应的时间。对涉及特别重大、重大突发事件的政务舆情,最迟应在24小时内举行新闻发布会,对其他政务舆情应在48小时内予以回应,并根据工作进展情况,持续发布权威信息。

  2016年11月,国务院办公厅印发《〈关于全面推进政务公开工作的意见〉实施细则》(以下简称《实施细则》,国办发〔2016〕80号)进一步要求及时研判处置,做好政务舆情的回应工作。对群众反映的实际困难和重大问题,研究解决或调查处置情况要及时公布。对涉及特别重大、重大突发事件的政务舆情,要快速反应,最迟在5小时内发布权威信息,在24小时内举行新闻发布会,持续发布权威信息,有关地方和部门主要负责人要带头主动发声。同时,《实施细则》要求扩大公众参与,对于涉及重大公共利益和公众权益的重要决策,除依法应当保密的外,须通过征求意见、听证座谈、咨询协商、列席会议等方式扩大公众参与。①

  (三)中央党政部门注重利用网络平台收集民意

  2012年1月中央纪委全体会议通过的全会公报提出:健全网上舆论引导机制,发挥互联网等新兴媒体在促进反腐倡廉建设中的积极作用。当前,中国纪检部门利用互联网开展反腐倡廉工作的主要形式有两种:一是在网络论坛、微博等开放平台上获取线索;二是建立互联网信访举报系统平台收集信息。2013年4月19日,中央纪委监察部和有关部门、各大网站联合,在各大新闻网站、商业网站开设了"网络监督专区",截至8月底,人民群众向中央纪委监察部举报网站提交的网络举报数量日均为300件左右;2013年9月2日中央纪委监察部网站(http://www.ccdi.gov.cn/)正式开通上线,网站首页显著位置设置了"我要举报"专栏,网络开通后20天内统计的网络举报数量达

---

① 沙璐.国办:重大突发事件最迟5小时内发布权威信息[N].新京报,2016-11-16.

15253件,日均超过760件。①

2017年两会前,中国政府网联合27家网络媒体,开展"我向总理说句话"网民建言征集活动。截至3月3日,共收到31.64万条留言,其中1500多条优秀建言被送交起草组。此外,还有近200万网民通过其他新媒体、微博、论坛等建言献策。②

二、地方党政部门更加重视公民网络政治参与

(一)地方党政部门领导更加重视

地方党政部门领导对待公民网络政治参与的态度,由过去的忽视发展到今天的积极应对经历了一个过程。起初,一些地方党政部门领导认为网络发展与自己没有多大关系,而当公民网络政治参与形成巨大的网络舆情力量,影响政府形象时,他们采取"删网帖""封信息""堵民意"的办法,但发现这样做的结果不仅是"捂不住""堵不了",而且政府形象受到更大损害,社会稳定受到更大威胁。随后,一些地方政府领导开始重视公民网络政治参与,积极引导网络舆情,取得了较好的社会效果,政府形象也得到了很好的修复。基于示范效应,尤其是在中央下达相关文件要求地方政府正确对待网络民意后,越来越多的地方党政部门更加重视公民网络政治参与,经常上网了解民意,引导网民参政议政。

例如,原湖南省株洲市委常委、纪委书记杨平被称为"中国网络反腐第一人",他在任期间,株洲市纪委于2008年8月13日出台了国内第一个关于网络反腐的官方文件《关于建立网络反腐倡廉工作机制的暂行办法》。随后,纪委书记杨平在自己的"杨平个人专博(湖南杨平.blog http://blog.people.com.cn/u/1219273.html)"转发该暂行办法:"各位博友:为将'实名上网'由我的个人行为转变为纪委的集体行动,促进'网络反腐'步入规范化、程序化、长期化的轨道,8月13日,株洲市纪委监察局正式出台了《关于建立网络反腐倡廉工作机制的暂行办法》。此项工作因无前例可循,纰漏和不足之处在所难免,今日将此文转发,恳请各位博友批评,并提出宝贵意见。"根据该暂行办法,株洲纪检监察部门在网上实名登记"株洲纪检监察",利用网络平台,听取网民对党风廉政建设和反腐败工作的意见、建议,接受、处理和反馈网民的信访举报及有关损害经济发展环境方面的投诉等。同时,株洲市纪委、市监

---

① 纪玉.中纪委网站日均760件举报评论称公众热情不可负[N].合肥晚报,2013-09-27.
② 李欢.政府工作报告起草背后:修改几十次借网络了解民意[EB/OL]. http://www.chinanews.com/gn/2017/03-17/8176290.shtml.

察局还在网上设立举报信箱,信访室明确一名工作人员为网络信访员,负责查阅举报信箱,收集整理网络信访举报件;株洲市优化办负责"优化效能投诉"子项目中网民所投文帖的收集、处理、答复工作。又如,2009年2月云南发生"躲猫猫"事件后,原云南省委宣传部副部长伍皓开创性地组织"网民调查委员会",对"躲猫猫"事件真相进行调查。随后,伍皓以宣传部官员的身份,现身凯迪网络"猫眼看人"论坛,就昆明"小学生卖淫案"亲自上网回帖,回应网民的质疑,并提出宣传部门的"捂盖子"思维应当转变为"揭盖子"思维:"一壶已经烧开的水,如果还使劲捂着盖子,结果只能是连壶底都被烧穿;而盖子一揭,尽管有可能会烫着自己的手,但沸腾的民意也就会变为蒸汽慢慢消散。"2009年底,伍皓以个人身份开通了微博,成为国内首位实名开微博的厅级高官,他亲自上网评论国内外大事,一时粉丝云集,其微博成为最热门的官员微博。

(二)地方党政部门出台规定保障

一是出台加强政府信息公开回应社会关切的规定。如贵州省人民政府办公厅发布《省人民政府办公厅关于进一步加强政府信息公开回应社会关切提升政府公信力的实施意见》(黔府办发〔2013〕57号),其内容主要包括:建立完善"四项制度",即建立完善新闻发言人团队服务制度、完善政府信息定期发布制度、完善社会热点问题回应制度、完善新闻发言人评估制度;实施"四项工程",即实施政府信息公开提升工程、咨询互动推进工程、在线服务拓展工程、公共信息资源整合工程;建设"三个平台",即建设全省政务微博矩阵、政务微博发布厅、"微直播"平台;畅通"三个渠道",即畅通政府与公众互联网直通交流渠道、民意诉求受理渠道、热线电话诉求渠道;健全"四个机制",即健全舆情收集和回应机制、主动发布机制、专家解读机制、沟通协调机制;强化"三项保障",即强化组织领导、业务培训、督查指导。[①]

二是出台强化政务舆情回应的规定。一些地方政府为深入贯彻落实《国务院办公厅关于在政务工作中进一步做好政务舆情回应的通知》(国办发〔2016〕61号),出台具体的实施意见,如《山西省人民政府办公厅关于在政务公开工作中进一步加强政务舆情回应的实施意见》《大同市人民政府关于在政务公开工作中进一步加强政务舆情回应的实施意见》等,这些实施意见进一步规定政务舆情回应的工作要求:明确回应责任主体;把握重点舆情标准;

---

① 贵州省人民政府办公厅.省人民政府办公厅关于进一步加强政府信息公开回应社会关切提升政府公信力的实施意见[EB/OL]. http://www.gzcz.gov.cn/xxgk/xxgkxgzd/201604/t20160422_269771.html.

严守时限要求;提高回应实效;建立联动机制。江苏省政府发布的《省政府关于深入推进依法行政加快建设法治政府的意见》(苏政发〔2015〕1号)明确提出:"更加注重接受社会舆论和人民群众的监督,确保群众监督渠道畅通有效;完善群众举报投诉制度,及时依法处理群众举报和媒体反映的问题。重视网络监督,全面提升应对网络舆情的能力。"[1]

三是出台加强政务微博微信建设的规定。如安徽省人民政府办公厅发布《关于进一步加强政务微博微信建设的通知》(皖政办秘〔2016〕136号),其主要内容包括:其一是明确目标任务,即2016年底前各市、县政府及省政府各部门开通政务微博微信;2017年底前建成以"安徽省人民政府发布"为龙头,市、县两级政府及省政府各部门微博微信为支撑,反应灵敏、响应迅速的全省政务微博微信矩阵。其二是明确加强内容建设,即发布政府信息、强化政策解读、正面引导舆论、加强互动回应、探索便民服务。其三是规范工作流程,即规定政务微博微信采集、编辑、审核、发布的程序及其各环节的要求。尤其是在严格监督考核方面,明确"对15天以上未更新的'僵尸''睡眠'微博微信,在重大舆情事件发生时失声失语、未能发挥舆论引导作用,信息发布不准确造成不良社会影响,运维管理不规范出现突发安全事故的微博微信,通报整改;整改不到位的,坚决予以关停"[2]。

(三)地方党政部门注重利用网络平台回应舆情

2011年11月,北京市建立全国首个省级政务微博群,即"北京微博发布厅",自上线运行至2014年1月的两年多时间内,就拥有全市各区县、委办局及新闻发言人共81个一级成员,二级成员超过2000个,新浪、腾讯、人民网三网总粉丝量超过7000万,发布信息达到36万条,为网民解决问题上万件。2014年1月14日,又开通政务微信平台,由此形成北京市政务新媒体集群平台"北京政务微博微信发布厅",在全国率先实现政务"双微服务",通过微博、微信,及时为市民提供咨询和服务。[3]

2017年6月15日下午4点48分,江苏省徐州市丰县发生一起爆炸案件。从15日17时开始,微博、朋友圈陆陆续续出现丰县爆炸"现场图""实拍视频",真假难辨。当日18时35分,徐州市公安局官微@平安徐州的一条微

---

[1] 江苏省人民政府.省政府关于深入推进依法行政加快建设法治政府的意见[EB/OL].http://www.jiangsu.gov.cn/jsgov/tj/bgt/201501/t20150115468346.html.
[2] 安徽省人民政府办公厅.关于进一步加强政务微博微信建设的通知[EB/OL].http://xxgk.ah.gov.cn/UserData/DocHtml/731/2016/8/19/188889855228.html.
[3] 孙宏阳.北京市开通国内首个政务微博微信发布厅[N].北京日报,2014-01-15.

博,成为此次事件中的首次官方发声。随后@ 江苏网警、@ 情义丰县、@ 徐州官方微博至少又有 6 次回应,加上两场新闻发布会,本次事件至少有 9 次官方回应(见表 2-1)。① 由于徐州、丰县官方在此次事件中能积极运用政务微博,及时回应民众最为关注的实质性问题,做到了公开透明,在第一时间将网络不实信息加以遏制,没有造成网络不实信息、网络谣言的升级发酵,取得了很好的社会效果。

表 2-1　江苏省丰县爆炸案件中官方的 9 次回应

序号	回应时间	回应平台	回应内容	回应目的
第 1 次	18 时 35 分	@平安徐州	确认爆炸事件发生,并通报丰县警方已和相关部门赶到现场开展救援勘察。	回应舆论最关心的事:"到底有没有这回事"。
第 2 次	19 时 17 分	@江苏网警	发声辟谣网民转发爆炸视频:该视频实为今年 4 月份,河北保定市华北电力大学保定二校区一起爆炸事件,与本次爆炸无关,证据充分。	针对网上流传视频发布辟谣通报。
第 3 次	19 时 35 分	@情义丰县	通报初步调查结果:数十人受伤;负责人赶往现场;受伤人员受到救治;原因及更具体伤亡情况调查核实中。	回应"多严重""现在怎么样了"。
第 4 次	20 时 39 分	@情义丰县	通报经初步核实,该幼儿园正在上课,师生无人伤亡;截至当晚 19 点 45 分,事故造成 7 人死亡(其中 2 人现场死亡,5 人经抢救无效死亡),66 人受伤(其中 9 人重伤)。	就群众最关心的具体伤亡数字,回应"多少人";针对网民切焦点,回应幼儿园师生无伤亡,防止次生谣言。
第 5 次	23 时 11 分	@徐州	通报爆炸事故已致 7 死 66 伤,其中 9 人重伤。事件原因调查及善后工作正在紧张进行。	市级官微通报,确认丰县上述通报,与前呼应联动。
第 6 次	6 月 16 日凌晨 2 时 06 分	徐州丰县"6.15"爆炸事件首场新闻发布会	官方将此次事件定性为刑事案件,并发布通报称,事故已造成 8 人死亡,65 人受伤(其中 8 人重伤)。	及时更新伤亡数字、公布"刑事案件"这一最新信息点。
第 7 次	6 月 16 日凌晨 2 时 53 分	@情义丰县	跟进事件最新进展:经公安部门现场勘查、走访、调取相关资料,此次事件初步判定为刑事案件,已初步锁定嫌疑人,公安部门正在组织精干力量全力侦查。	通报伤亡人数、救助具体进展;回应"怎么回事";表明态度,回应"怎么办"。

---

① 人民网.从丰县爆炸案看突发事件舆情应对的时、度、效[EB/OL]. http://news.jsinfo.net/newscontent/2017/6/1043290.shtml.

续表

序号	回应时间	回应平台	回应内容	回应目的
第8次	6月16日凌晨3时15分	@徐州	丰县"6·15"爆炸事件初步判定为刑事案件。下一步,江苏省及徐州市将全力救治伤员,全力做好处置工作,本着认真负责、公开透明的原则,及时向公众和媒体发布最新进展情况。	补充信息,多平台发声。
第9次	6月16日14时许	徐州丰县"6·15"爆炸事件第二场新闻发布会	公安部工作组会同当地公安机关,经现场勘查、调查走访、视频监控调取、物证检验和DNA核对等工作后查明,犯罪嫌疑人为许某,并公布嫌疑人详细情况。	通报群众最关心的问题;公布嫌疑人信息。

(注:@徐州:徐州市人民政府新闻办公室官方微博;@平安徐州:徐州市公安局官方微博;@情义丰县:徐州市丰县人民政府官方微博)

第三节 公民政治参与的主体意识与日俱增

随着我国民主法治建设进程的推进,公众的公民意识得到了增强,公民的权利与责任意识得到了强化,公民更加关注政治,并以实际行动参与到政治活动中。《中国政治参与报告(2011)》对2004年以来中国公民的政治参与水平进行评估,选举参与、人民团体与群众自治组织参与、政策参与、接触式参与、参与意识和参与满意度5个一级指标的得分分别是:0.529分、0.452分、0.503分、0.078分、0.553分。其中,得分最高的是"政治参与意识"[1]。《中国公众的政治参与观念调查报告(2016)》显示,由人民论坛问卷调查中心编制的政治参与量表对公众的政治参与意识进行测评的结果是,我国公众的政治参与得分为57.5分[2],说明我国公众已经具有较强的政治参与意识。《中国公众的政治参与观念调查报告(2016)》调查也显示,49.4%的受访者表示,"我非常了解中国的政治制度(如人民代表大会制度、选举制度等)";53.6%的受访者表示,"我对国家和社会最近发生的大事均比较了解";55.9%的受访者表示,"只要政府部门或相关机构就有关事项征求民意,我就会积极表达想法";52.3%的受访者表示,"如果(村)干部/领导做了有损大家的事,我会坚决反对";38.7%的受访者表示,"为了有效监督公共政策的执行,我会在平时多参与公共事务";36.5%

---

[1] 常红.中国政治参与报告:公民政治参与大致经历四个阶段[EB/OL].http://politics.people.com.cn/GB/30178/15005962.html.

[2] 该政治参与量表的测评分值在0—100分之间,50分为临界点,高于50分,则可认为公众对政治参与意识较强,低于50分则相反。参见石晶.中国公众的政治参与观念调查报告(2016)[J].国家治理,2016,(23).

的受访者表示,"如果发现政府部门及其工作人员有违法或贪污腐败行为,我会向相关部门检举、揭发"。上述数据表明,中国大多数公众具备了一般的政治生活常识,能够积极主动参与到公共社会生活中,这既是传统政治参与的基本前提,也为网络政治参与的兴起提供了坚实的基础。公民政治参与主体意识的增强,主要来自以下因素。

一、政治参与实践经历对公民参政意识的培育

中国社科院发布的《中国政治参与报告(2011)》将我国改革开放以来的政治参与实践分为四个发展阶段①:

第一阶段为1979—1981年的转折期,其鲜明特点是中国共产党坚决果断地放弃了"以阶级斗争为纲"的政策,扭转"文化大革命"盲目政治热情下政治运动式的政治参与,逐步走上"以经济建设为中心"的理性化、制度化的政治参与正轨。这一阶段,复查和平反了各项政治运动造成的冤假错案,许多公民由此重新获得了政治参与权利,人大代表选举得到了全面恢复。

第二阶段为1982—1994年的"路径选择"时期。在席卷全球的"第三波民主化浪潮"中,中国的政治参与面临三种路径的抉择:第一种路径是以大规模的群众示威、游行等参与形式,向党和政府施压,要求政治体制改革,并且有一部分人明确要求在中国发展西方式民主。第二种路径是认真摸索适应中国国情的政治参与方式,并且使公民广泛的政治参与符合坚持社会主义道路、坚持人民民主专政、坚持共产党的领导、坚持马克思列宁主义、毛泽东思想四项基本原则。第三种路径是全面限制政治参与的发展,以此来抵御"资产阶级自由化"的影响。中国共产党领导人民选择了第二种政治参与的发展路径,促进了中国经济社会平稳、健康发展。这一阶段,积极发展基层群众自治作为代表性事件,有效促进公民政治参与意识的增长。

第三阶段为1995—2003年的"创新"期。这一阶段,在县乡人大代表选举、村民委员会选举、社区居民委员会选举、党内选举以及县、乡国家机关领导人员选举中,都出现了创新选举方式的试点。如四川省遂宁市市中区步云乡1998年12月采取村民直接投票方式,选出了乡长,被称为"中国大陆直选第一乡";2001年12月,该乡根据宪法和地方政府组织法,对直接选举乡长的方式进行了调整,全乡选民直接选举产生唯一的乡长候选人,然后交乡人

---

① 常红. 中国政治参与报告:公民政治参与大致经历四个阶段[EB/OL]. http://politics.people.com.cn/GB/30178/15005962.html.

代会进行等额选举,成功进行了乡长换届选举。通过直接选举,村民清楚地认识到自己的民主权利,熟悉了选举程序,坚定了对直接选举的信心以及对政府的认同感。①

第四阶段为2004年以来的"制度化"和"法治化"发展时期。中国公民政治参与在科学发展观的引领下,在选举参与、人民团体与群众自治组织参与、政策参与、接触式参与等参与领域,都逐步建立起比较完善的相关制度。中国公民政治参与有了制度保障,有序化的政治参与能促进公民政治参与意识的持续增长。

二、政治参与渠道扩展对公民参政意识的促进

美国政治学家罗伯特·达尔指出:"政治体系所能提供的参与渠道越来越通畅,政治参与就越加便利,相应的参与也就越多,只要克服较少的障碍,便于行动,人们就去参与;遇到的障碍越大,人们就越不大会介入政治。"②随着我国经济和政治的发展,制度化政治参与的主要途径包括选举参与,基层自治组织中的政治参与,通过人大代表、政协委员参政议政,通过听证会等征求意见制度进行政治参与,通过上访进行政治参与,通过申请行政诉讼和行政复议进行政治参与,通过组建社团组织进行政治参与。此外,公民还可以通过大众传媒、网络参与政治。③公民参与政治渠道的不断扩展,促进了公民政治参与意识的持续上涨。下面,我们主要以选举方式参与、信访方式参与、行政复议和行政诉讼方式参与为例,考察政治参与渠道拓展对公民参政意识的促进作用。

（一）选举方式参与政治

正如马克思所说,"选举是市民社会对政治国家的直接的、不是单纯想象的而是实际存在的关系。因为显而易见:选举构成了真正市民社会最重要的政治利益。由于有了无限制的选举权和被选举权,市民社会才……上升到最为自己真正的、普遍的、本质的存在的政治存在"④。选举是公民参与政治的最突出最主要的方式。我国《宪法》第三十四条对公民享有的选举权给予确定,即该条规定:"中华人民共和国年满十八周岁的公民,不分民族、种族、性

---

① 韩福国,瞿帅伟,吕晓健.中国地方政府创新持续力研究[J].公共行政评论,2009,(2).
② [美]罗伯特·A.达尔.现代政治分析[M].王沪宁,陈峰,译.上海:上海译文出版社,1990:162.
③ 石晶.中国公众的政治参与观念调查报告(2016)[J].国家治理,2016,(23).
④ 中共中央马克思恩格斯列宁斯大林著作编译局.马克思恩格斯全集(第1卷)[M].北京:人民出版社,1957:396.

别、职业、家庭出身、宗教信仰、教育程度、财产状况、居住期限,都有选举权和被选举权;但是依照法律被剥夺政治权利的人除外。"为了保障选举活动的顺利实施,我国制定了专门的《选举法》①,《选举法》的主要内容包括:选举机构、地方各级人民代表大会代表名额、全国人民代表大会代表名额、各少数民族的选举、选区划分、选民登记、代表候选人的提出、选举程序、对代表的监督和罢免辞职补选、对破坏选举的制裁等。我国《选举法》的实施,让广大人民群众通过参政议政真正体会当家作主,提高了公民参与政治的积极性。

《中国公众的政治参与观念调查报告(2016)》显示,大多数受访公众珍视自己的投票权,只有21.7%的受访者表示"把选票投给谁都一样",只有34.7%的受访者认为,"公开选举没有实质意义,只是一种形式",42.2%的受访者对"干部人选由上级决定更为稳妥"这一观点持反对意见,一半以上的受访者表示"在进行公开选举时,我会详细了解每个候选人的为人和能力"②。这些数据表明,几十年的选举活动参与政治,对于公民政治参与意识的培育发挥了重要作用。

(二) 信访方式参与政治

信访是公民政治参与的一种常见方式。《信访条例》第二条规定,本条例所称信访,是指公民、法人或者其他组织采用书信、电子邮件、传真、电话、走访等形式,向各级人民政府、县级以上人民政府工作部门反映情况,提出建议、意见或者投诉请求,依法由有关行政机关处理的活动。

中央对公众的信访十分重视。2016年4月21日,习近平主席就信访工作做出重要指示并强调:"当前群众通过信访渠道反映出来的信访突出问题,既有新动向,也有老难题,但都事关群众切身利益,事关社会和谐稳定。各地各部门要高度重视,强化责任担当,综合运用法律、政策、经济、行政等手段和教育、调解、疏导等办法,把群众合理合法的利益诉求解决好。"中共中央政治局常委、国务院总理李克强也做出批示,要求有关部门有针对性地完善解决思路和措施,认真处理信访反映的突出问题,同时注意完善体制机制,努力化解矛盾,维护群众合法权益。③ 2017年7月,习近平主席在第八次全国信访工作会议上再次强调:"各级党委、政府和领导干部要坚持把信访工作作为了

---

① 《选举法》的全称为《中华人民共和国全国人民代表大会和地方各级人民代表大会选举法》,1979年7月4日颁布,1980年1月1日实施,其后经过1982年、1986年、1995年、2004年、2010年、2015年6次修改。

② 石晶.中国公众的政治参与观念调查报告(2016)[J].国家治理,2016,(23).

③ 新华社.习近平就信访工作作出重要指示[EB/OL].http://news.xinhuanet.com/politics/2016-04/21/c_1118698018.htm.

解民情、集中民智、维护民利、凝聚民心的一项重要工作,千方百计为群众排忧解难。要切实依法及时就地解决群众合理诉求,注重源头预防,夯实基层基础,加强法治建设,健全化解机制,不断增强工作的前瞻性、系统性、针对性,真正把解决信访问题的过程作为践行党的群众路线、做好群众工作的过程。"①

一些部门注重创新便民的接访方式。如最高法院2014年5月制定出台了《最高人民法院远程视频接访规则》,指导全国法院开展远程视频接访工作。通过远程视频接访,申诉信访人员可以在申诉信访案件的一审法院或者申诉信访人员住所地的基层人民法院,通过远程视频接访的方式向最高人民法院表达诉求。国家信访局从2013年7月1日起,全面开放网上投诉。公众访问"国家信访信息系统"(http://www.gjxfj.gov.cn/wsxf/),填写姓名和证件号码注册和登录,就可以进行投诉、提出建议、随时查询处理过程和结果,并做出满意度评价。2014年,国家信访局通过网络渠道受理的信访量占全部受理量的39.1%,分别超过群众来信及来访量,网上信访逐渐成为信访工作的主渠道。②

随着信访制度的完善,信访参与得到各级领导的重视,公众积极通过信访表达自己的诉求,对国家机关及其工作人员进行监督。如2013年1至10月份,全国信访总量604万件(次)。③国务院发表的《2014年中国人权事业的进展》白皮书指出,全国纪检监察机关共受信访举报272万件(次),立案22.6万件,结案21.8万件,给予党纪政纪处分23.2万人,涉嫌犯罪被移送司法机关处理1.2万人;共查处违反中央八项规定精神问题53085起,处理71748人,其中给予党纪政纪处分23646人。加大国际追逃追赃力度,追逃500多人,追赃30多亿元。④

(三)行政复议与行政诉讼方式参与政治

1. 行政复议方式参与政治

根据《行政复议法》第二条规定,行政复议是指公民、法人或者其他组织认为行政机关、法律法规授权的组织所做的具体行政行为违法或不当侵犯其合法权益,依法向行政复议机关提出复查该具体行政行为的申请,由行政复

---

① 张璁.千方百计为群众排忧解难——习近平总书记对信访工作重要指示引发热烈反响[N].人民日报,2017-07-21.
② 朱基钗,罗沙.国家信访局:2014年网上信访量分别超过群众来信、来访量[EB/OL].http://news.xinhuanet.com/politics/2015-01/30/c_1114200150.htm.
③ 仝宗莉,唐述权.国家信访局:前10月全国信访总量604万件(人)次同比降2.1%[EB/OL].http://politics.people.com.cn/n/2013/1128/c1001-23683864.html.
④ 王晓易.中国人权白皮书发布去年检方接信访举报272万件[N].新京报,2015-06-08.

议机关依照法定程序对被申请的具体行政行为进行合法性、适当性审查,并做出行政复议决定的一种法律制度。尽管公民申请行政复议的目的是实现自身的利益,但客观上对行政机关的具体行政行为起到了监督作用。同时,根据《行政复议法》第七条的规定,公民、法人或者其他组织认为行政机关的具体行政行为所依据的国务院部门、县级以上地方各级人民政府及其工作部门、乡镇人民政府的规定不合法,在对具体行政行为申请行政复议时,可以一并向行政复议机关提出对该规定的审查申请,这说明公民对行政机关制定的行政规范性文件的合法性也可以通过行政复议的方式进行监督。

国务院法制办公室公布的数据显示,全国近5年的行政复议申请案件数量分别是:2012年为110543件;2013年为130537件;2014年为152714件;2015年为148396件;2016年为164909件。[①] 从行政复议案件的数量发展上看,基本处于上升趋势。以2016年为例,行政复议案件主要涉及公安、土地房屋征补(拆迁)、劳动和社会保障、工商、食品药品、城乡规划等领域(见表2-2);行政复议案件涉及的事项主要包括:行政处罚、政府信息公开、举报投诉处理、行政征收、行政不作为、行政确认、行政强制措施、行政确权、行政许可等(见表2-3)。以上数据表明,公民积极通过行政复议的方式对行政机关行使行政权的行为进行监督,以维护自身的合法权益。

表2-2 行政复议案件涉及的领域(按数量降序排列)

领域	公安	土地	房屋征补（拆迁）	劳动和社会保障	工商	食品药品	城乡规划	其他	总计
数量	60983	20170	11519	10441	9964	8804	6243	36785	164909
百分比	36.98%	12.23%	6.99%	6.33%	6.04%	5.34%	3.79%	22.31%	100%

表2-3 行政复议案件涉及的事项(按数量降序排列)

事项	行政处罚	政府信息公开	举报投诉处理	行政征收	行政不作为	行政确认	行政强制措施	行政确权	行政许可	其他	总计
数量	63953	22803	15809	11784	10897	9872	8647	7968	4032	9044	164909
百分比	38.78%	13.83%	9.59%	7.15%	6.61%	5.99%	5.24%	4.83%	2.44%	5.54%	100%

2. 行政诉讼方式参与政治

行政诉讼是公民、法人或其他组织认为行政机关以及法律法规授权的组织做出的行政行为侵犯其合法权益而向法院提起的诉讼。与行政复议一样,

---

① 上述数据参见:国务院法制办公室,复议工作[EB/OL]. http://www.chinalaw.gov.cn/col/col21/index.html.

公民提起行政诉讼的目的尽管是为了自身的利益,但客观上对行政机关的具体行政行为起到了监督作用。同时,根据《行政诉讼法》第五十三条规定,公民、法人或者其他组织认为行政行为所依据的国务院部门和地方人民政府及其部门制定的规范性文件不合法,在对行政行为提起诉讼时,可以一并请求对该规范性文件进行审查,这说明公民对行政机关制定的行政规范性文件的合法性也可以通过行政诉讼的方式进行监督。

近年来,行政诉讼案件数量处于持续增长的态势(见图2-1)。① 尤其是新《行政诉讼法》实施后,2016年同比修法前,受理案件增加了60%—70%。② 2016年全国各级法院共受理一审、二审和再审行政案件331549件,同比上升10.6%;审结各类行政案件327429件,同比上升20%。其中,最高人民法院行政审判庭2016年新收案件2841件(不含旧存),是2015年的3倍多、2014年的近9倍。从裁判结果来看,全国各级法院审结的一审行政案件行政机关败诉率为14.62%,同比上升0.84个百分点。③ 以上数据表明,公民积极通过行政诉讼的方式对行政机关行使行政权的行为进行监督,以维护自身的合法权益。

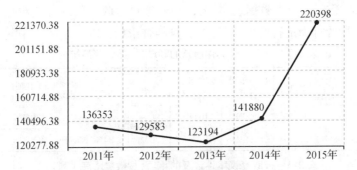

图2-1　2011-2015年人民法院审理行政一审案件收案数

三、物质生活水平提高对公民参政意识的增进

马克思主义认为:"物质生活的生产方式制约着整个社会生活、政治生活和精神生活的过程。"④美国政治学家亨廷顿在对发展中国家政治参与的研

---

① 国家统计局. 人民法院审理行政一审案件收案数[EB/OL]. http://data.stats.gov.cn/easyquery.htm? cn = C01.
② 海南省依法行政研究会. 法学专家:2016年世界行政诉讼受理案件激增六成多[EB/OL]. http://www.hnyfxzw.com/tongzhigonggao/2017/0730/1924.html.
③ 靳昊,梁熙明. 2016年最高法行政案件受理数创历史最高[N]. 光明日报,2017-06-14.
④ 马克思,恩格斯. 马克思恩格斯选集(第2卷)[M]. 北京:人民出版社,1972:82.

究后,同样认为:"高水平的政治参与总是与更高水平的发展相伴随,而且社会和经济更发达的社会,也趋向于赋予政治参与总是更高的价值"。① 公民政治参与必须以一定的物资生活资料为基础,如果连温饱问题都没有解决,则无暇顾及政治生活。

改革开放以来,我国加快经济建设的发展,直接促进我国人民的物质生活水平的逐步改善,从而使得公民在政治参与方面的物质基础得以保障。国家统计局统计的数字显示,农村居民家庭平均每人纯收入(见图2-2)②、城镇居民人均总收入(见图2-3)③、居民人均可支配收入(见图2-4)④都在逐年上升。随着我国公民物质生活水平的提高,大多数人逐渐摆脱了为温饱和生计而奔波的生活局面,有助于他们将注意力更多地转移到国家的政治生活和社会公共生活层面上,积极进行政治表达,促进了公民参政意识的增长。尤其是社会主义市场经济的发展,进一步解放了人们的思想,促进了公民个体利益意识的不断觉醒,也促进了公民自由、平等、竞争的政治意识的提升,对参与国家和社会事务管理的愿望大大增强。

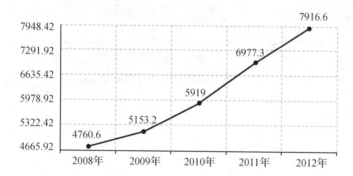

图2-2　2008—2012年农村居民家庭平均每人纯收入(元)⑤

---

① [美]塞缪尔·P.亨廷顿,琼·纳尔逊.难以抉择——发展中国家的政治参与[M].汪晓寿,吴志华,项继权,译.北京:华夏出版社,1989:174.
② 国家统计局.农村居民家庭平均每人纯收入[EB/OL]. http://data.stats.gov.cn/easyquery.htm? cn = C01.
③ 国家统计局.城镇居民人均总收入[EB/OL]. http://data.stats.gov.cn/easyquery.htm? cn = C01.
④ 国家统计局.居民人均可支配收入[EB/OL]. http://data.stats.gov.cn/easyquery.htm? cn = C01.
⑤ 纯收入指农村住户当年从各个来源得到的总收入相应地扣除所发生的费用后的收入总和。计算方法:纯收入 = 总收入 – 家庭经营费用支出 – 税费支出 – 生产性固定资产折旧 – 调查补贴 – 赠送农村内部亲友支出。纯收入主要用于再生产投入和当年生活消费支出,也可用于储蓄和各种非义务性支出。"农民人均纯收入"按人口平均的纯收入水平,反映的是一个地区或一个农户农村居民的平均收入水平。参见国家统计局.农村居民家庭平均每人纯收入[EB/OL]. http://data.stats.gov.cn/easyquery.htm? cn = C01.

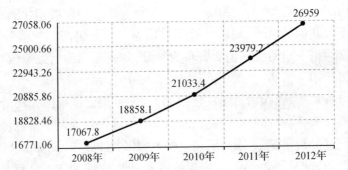

图 2-3 2008—2012 年城镇居民人均总收入(元)①

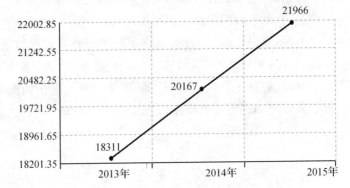

图 2-4 2013—2015 年居民人均可支配收入(元)

---

① 城镇居民人均总收入是家庭总收入除以家庭人数的结果。家庭总收入指调查户中生活在一起的所有家庭成员在调查期得到的工资性收入、经营净收入、财产性收入、转移性收入的总和,不包括出售财物和借贷收入。收入的统计标准以实际发生的数额为准,无论收入是补发还是预发,只要是调查期得到的都应如实计算,原则上不做分摊。参见国家统计局.城镇居民人均总收入[EB/OL].http://data.stats.gov.cn/easyquery.htm? cn = C01.

第三章 公民网络政治参与的双刃剑效应

公民政治参与的实质在于实现政府和公民在政治生活、经济生活、文化生活等各个层面进行建设性合作,是评价民主治理的重要标准之一。随着网络时代的到来,虚拟网络空间具有的方便、快捷、廉价等优越性,激发了公民参与的热情。尤其是微博、微信等新媒体工具的出现,基于其使用门槛低、发布随意、传播快速、交互性强等特点,使新媒体用户迅猛增长,公民在新媒体平台上可以尽情地发表自己对政府的看法,对政府的公共决策提出建议,并试图影响政府的活动,这就是新媒体时代公民政治参与的具体体现。诚如学者们所言,公民网络政治参与是一柄双刃剑,一方面,网络拓展了公民政治参与的广度和深度,聚合的强大公民力量传导至现实生活,推动了网络民主的快速发展;另一方面,网络营造的虚拟空间,容易导致公民自律意识削弱,加之互联网运作管理的制度缺失,诱发了网络失范行为大量产生,影响网络政治参与有效性的发挥,甚至容易危及我国政治秩序的稳定。

第一节 公民网络政治参与的积极效应

《中共中央关于全面深化改革若干重大问题的决定》(以下简称《决定》)中明确提出:"全面深化改革的总目标是完善和发展中国特色社会主义制度,推进国家治理体系和治理能力现代化。"这是我们党在中国处于社会转型期提出的未来政治规划,是遵循科学发展观选择的实现民族复兴"中国梦"的必由之路。何谓"治理现代化"?如何"实现治理现代化"?自从这一概念被提出,学界进行了极其热烈的讨论。尽管学者们说法各异,但其中都诠释了治理现代化的核心要素之一,即促进公民参与,并强调公民参与是治理现代化实现的有效保障。这是对《决定》精神的准确释解,即紧紧围绕坚持党的领导、人民当家作主、依法治国有机统一深化政治体制改革,加快推进社会主义民主政治制度化、规范化、程序化,建设社会主义法治国家,发展更加广泛、更加充分、更加健全的人民民主。

继党的十八届三中全会《决定》首次提出"国家治理体系和治理能力现代化"这一治理现代化目标后，习近平总书记在省部级主要领导干部专题研讨班上系统阐述了这一现代政治的核心理念，他强调："必须适应国家现代化总进程，提高党科学执政、民主执政、依法执政水平，提高国家机构履职能力，提高人民群众依法管理国家事务、经济社会文化事务、自身事务的能力，实现党、国家、社会各项事务治理制度化、规范化、程序化，不断提高运用中国特色社会主义制度有效治理国家的能力。"①可见，国家治理现代化的实现，除了需要科学化的社会管理制度、具有高超治理能力的党政部门、高素质的干部队伍外，还需要参与能力强的人民群众。

公民参与社会管理，具体是指公民通过一定的程序或途径参与社会管理的决策活动，以使该项公共决策符合广大公民的切身利益。公民参与强调的是政府（决策者）与公民（受决策影响的利益相关人）之间的双向沟通和协商对话，既有利于政府社会管理决策实现在民主基础上的科学化水平提升，促进政府"善治"，又有利于改善政府与公民之间由来已久的紧张关系，促进政府与社会的良性互动，推动和谐社会建设的进程。可以说，公民参与是政府创新社会管理的有效保障。

国家治理现代化离不开其赖以生存和发展的环境，在自媒体高度发展的今天，新兴网络媒体的迅速发展，在党政部门与人民群众之间构架了一个相对理性与价值观多元的公共空间和交流平台，并以其特有的作用方式影响着人们的政治生活及党政部门的政治决策。在政治参与的充分性、政治参与的直接性、参与目标的实现性方面，微博、微信等新媒体可以直接提升公民政治参与行为的充分、持续，强化了公民政治参与的深度，优化了整个社会的政治生态环境。②

一、推进社会管理创新

（一）促进地方政府治理能力的有效提升

在深化政治体制改革的语境下，政府承担了绝大部分的国家治理任务，是国家治理的主导性力量，决定了政府治理必然是国家治理的核心问题和中心任务。某种意义上可以说，国家治理体系的现代化就是要实现政府治理的现代化，其核心要旨在于以现代治理理念重构公共权力，实现国家治理模式

---

① 景艳玲.习近平在省部级主要领导干部学习贯彻十八届三中全会精神全面深化改革专题研讨班开班式上发表重要讲话[N].兵团日报，2014-02-18.
② 曾建国，陶立坚.微博新媒介优化政治生态的意义[J].学术界，2014，(3).

的转换,直接目标则是提升政府的治理能力。政府治理能力主要是指政府处理国家公共事务和进行社会公共管理的能力。从内容的视角分析,政府治理能力包括政府对政治、经济、文化、社会和生态等的治理能力;从职能的视角分析,政府治理能力包括宏观调控、公共服务、市场监管、社会管理、环境保护等职责;从过程的视角分析,政府治理能力包括决策、执行、监督能力。[①] 当前,政府改革的主要目的就是"进一步理顺政府和市场、政府和社会、中央和地方的关系,更好地发挥市场、社会的作用,更好地调动中央和地方两个积极性,推动政府全面正确地履行职能,加快现代政府建设,努力促进经济持续健康发展、社会不断进步,不断满足人民群众的新期待、新要求。"[②]这场改革的成败,考验的是政府的治理能力。只有提升政府的治理能力,才能实现政府"善治"。善治要求政府管理具有合法性(legitimacy)、责任性(accountability)、透明性(transparency)、回应性(responsiveness)以及有效性(effectiveness)等。[③] 可见,善治的本质就在于它是"政府与公民对公共生活的合作管理",要求国家的权力向社会回归,是政治国家与公民社会良性互动的最佳结合。[④] 这种"合作"与"互动"离不开有效的公众参与。可见,当下中国政府治理面临的主要问题在于如何正确面对和吸纳公众参与,推动政府与公众进行有效互动,这是衡量地方政府治理能力的重要标准之一。

1. 网络政治参与推动政府与公众的有效互动

随着新媒体时代的到来,公民对政府治理提出了更高的要求,将更多关注眼光投射到政府在公共治理过程中听取民意、与公民展开积极的互动方面。网络具有的开放性、即时性、便捷性、互动性和平等性,为这种互动提供了优质平台,有助于形成"政府网络问政、公民网络参政"的局面,使政府通过与民互动,实现为民办事的执政目标。以全国高速小客车免费期间停止发卡的决策为例,2012年交通运输部宣布,在"中秋"和"国庆"假期,小型客车免费通行高速公路。但全国高速小客车免费通行首日,全国各地相当多的高速公路成了"停车场"。9月30日上午8点左右,在京港澳高速出京方向发生多起交通事故,车辆排队达到25千米;浙江上海交界处,枫泾路段堵成"停车场";杭州绕城高速,车辆排成近60千米的长队,几乎绕城一圈。上述现象出

---

① 伍俊斌.网络政治参与的内涵、价值与限度分析[J].黑龙江社会科学,2015,(1).
② 李克强.上下联动,做好政府改革这篇大文章——在地方政府职能转变和机构改革工作电视电话会议上的讲话[N].人民日报,2013-11-08.
③ 俞可平.治理与善治[M].北京:社会科学文献出版社,2000:9-11.
④ 汪志强.论和谐社会的整合机制——以政府治理为表述对象[J].中国浦东干部学院学报,2009,(6).

现后,先是网友抱怨:"再也不想占这种便宜了。堵在路上,油钱恐怕比过路费还要贵。"①接着,又有网友支招:"免费和传统的经济学原理相违背,应该是高峰的时候收费,低谷的时候免费,对免费时段进一步科学审视并加以调整。"②也有网友分析堵车的原因:"长假八天都免费,第一天上路就不应该发卡,发卡才是堵车的原因。"③最终,交通运输部决定,从10月4日零时起,对符合节假日免费通行政策的七座及以下小型客车不再采取发卡措施,各收费站对免费车辆应抬杆放行,待免费期限结束后,恢复正常管理程序和收费模式。交通运输部取消免费日对小型客车的发卡措施,体现了公民网络参与过程中"网友热议""决策机构回应"的互动状态。

2. 网络政治参与抑制政府不合理的自利性

由于政府的经济法人属性,在社会管理过程中,由于自身部门的利益倾向,也会产生"只有在他认为这样做有助于加强自己的地位的情况下,他才会去支持别人的利益"④的问题,从而导致其社会管理职能的缺位。在这种境况下,更需要社会公众自下而上式的参与和监督,以严格控制政府不合理的自利性,促进政府社会管理职能的良性运作。同时,公民网络政治参与对政府权力的行使形成有效的监督,有助于政府及时调整修改公共政策,防止政策执行的"走样",使其与社会发展需要更加契合,在强化政府回应能力的同时,推动地方政府治理能力不断提升。

3. 网络政治参与倒逼干部队伍素质的提升

毛泽东同志说过,"政治路线确定以后,干部是决定因素"。国家治理现代化的实现,需要有适应现代化要求的高素质干部队伍。借助于网络具有的及时性、草根性、互动性等传播特性,网络政治参与可以使公民方便地使用网络,安全自由地表达自己对社会某一事务的看法,对政府官员行为予以关注,并且形成一种虚拟的利益共同群体,以影响政府及其官员。《人民论坛》杂志开展问卷调查的结果显示:70%的受调查者认为当代中国官员患有"网络恐惧"症;60%的受调查者表示"担心工作疏漏等不良现象被曝光,影响前途"⑤。网络加剧了传播主体从原先单一的媒介组织向普通公众的扩散,尤其是以"微笑表哥""房叔""房婶"为标志的网络反腐势头迅猛,彰显出网络

---

① 新民晚报编辑部."免费大餐"如何吃得又快又好?[N].新民晚报,2012-10-01.
② 东莞时报编辑部.今天12时起走高速小型客车不用再领卡[N].东莞时报,2012-10-04.
③ 顾炜.免费车上高速不再发卡[N].现代快报,2012-10-04.
④ [荷]斯宾诺莎.政治论[M].冯炳昆,译.北京:商务印书馆,1999:65.
⑤ 人民论坛"特别策划"组.中国官员的"网络恐惧"[J].人民论坛,2010,(13).

政治参与成为监督官员的有效路径。事实表明,公民网络参与对官员而言未必是坏事,反而有助于监督官员更加谦虚谨慎、廉洁自律,心中时刻牢记勤政为民,把更多的注意力放在全心全意为人民服务上,不断提升自身政治素质、法律素养和执政水平。① 如在开通官员微博后,南京市消费者协会副秘书长钱立根常有"寝食难安"之感:"我们只有加倍工作,才能不辜负网友对食品、消费安全的期望。"房产局长郭宏定更是忧心忡忡:"房价调控的形势如此严峻,我这个身份实在不知道跟网友说什么好,只有恳请包涵理解。"② 可见,官员开微博是必要的,但"怎样开才是有效的"是一个复杂的问题,它需要官员摒弃官僚思想,增强自身的执政素养、沟通能力和亲民能力,利用网络践行"从群众中来、到群众中去"的群众路线。

(二)强化政府公共决策的科学性、有效性

社会管理的领域涉及许多层面,从宏观上说,就包括社会公共安全管理、生态环境管理、就业管理、食品药品管理、人口管理、社会保障体系管理、社会组织的管理、公共交通管理等方方面面。面对愈来愈纷繁复杂的社会事务,政府如果再陷入过于琐碎具体的管理事务而不能自拔,必定导致低效能运作,同时,"政府并非全知全能的智者——能够把握现状并预知未来,并在此基础上做出理性安排"③,而公民参与是社会活动力和创造力的源泉,可以集中民众智慧,吸收不同领域知识,并为政府管理者提供及时有效的信息,从而为政府制定科学的公共决策奠定基础。同时,经济的发展、科技的进步以及人们生产生活方面的需求变化,亟须社会管理制度不断创新,实现制度科学化水平的提升。传统的制度形成,需要依次经过"发现问题""演变为公共问题""进入议程设置""出台制度"等阶段,这个过程少则几年,多则几十年。结果往往是耗费了大量的人力、物力、财力,制度最后是出台了,但已时过境迁,不能适用社会的发展需要,尤其是其前瞻性的缺失,使得制度的科学性大打折扣。

网络的发展,为政府收集民意提供了很好的平台。胡锦涛同志曾在与网友的在线交流中就指出:"网友们提出的一些建议、意见,我们是非常关注的。我们强调以人为本、执政为民,因此做事情、做决策,都需要广泛听取人民群众的意见,集中人民群众的智慧。通过互联网来了解民情、汇聚民智,也是一

---

① 华中领,等.官员心声:在网络中的担忧与坦然[J].人民论坛,2010,(12).
② 林培.66个官员微博的"微言大义"[N].新华日报,2011-04-14.
③ 王锡锌.专家、大众与知识的运用——行政规则制定过程的一个分析框架[J].中国社会科学,2003,(3).

个重要的渠道。"①社会管理的每一个环节都会涉及公众的自身利益,他们具有参与社会管理的天然优势,一方面他们对社会管理迫切需要解决的各种利益诉求了解得更真切,另一方面他们对每一个管理决策带给自身现实生活的影响感受更深刻。因此,通过公示、听证等制度,让人民群众参与决策过程,充分表达决策意愿,在此基础上,将群众的观点进行整合、升华,进而形成社会管理的法律、法规和政策。然后,将这些社会管理的法律、法规和政策实施到具体的社会管理活动中,接受实践和群众的检验,并依据检验的结果进行修改和调适。政府推进社会管理的决策只有通过这样一个不断收集意见—做出决策—收集意见的无限反复的过程,才能保证其科学性、实效性。

1. 网络政治参与有助于提升公共决策的科学性

当社会公共问题通过网络发布后,容易引发用户即时关注,在不断转发后,形成热点话题,推动政府在强大的舆论压力下,快速做出反应,实现设置议程的目标,从而使公共政策和制度能尽快出台,尽早实现对社会公共事务的治理。与此同时,"明智的决策一定是某种去中心化过程的产物,能够合并多人的智慧,因为一个人持有的信息是有限的"②,因此,赫伯特·西蒙认为,公共决策必须把人的因素放在首要位置,特别要重视人性方面的问题,满足人的身心需要,公共决策要以公民的广泛支持和拥护为标准,使其真正集中反映民意,这是衡量公共决策正确与否的重要内容。③ 普遍的民意认同是制度科学化水平提升的有效保障,这就要求政府在出台相关政策和制度前,应当广泛听取民意,了解民众的诉求。另一方面,对政府主动出台制度而言,网络技术带来的点对面传播方式,裂变式的传播效果,有助于政府通过网络传达制定某种制度的意向,也有利于民众在及时了解基础上做出"赞成"或"反对"的回应,从而使政府预测到该制度出台后的社会效果,以便政府及时做出调整,在获得民众认同的基础上增强制度的科学性;而对于民意诉求制度,网络技术既能使民意聚集,同时又能冲破传统政府层级的阻碍,与政府决策层进行直接交流,以促成制度的最终形成。

2. 网络政治参与有助于提升公共决策的有效性

为了保证公共决策的有效性,避免出现重大的决策失误,党的十八大报

---

① 唐维红,刘海梅.胡锦涛总书记通过人民网强国论坛同网友在线交流[EB/OL]. http://politics.people.com.cn/GB/7406621.html.
② 毕竞悦.通过网络的协商民主——评桑斯坦的《网络共和国》与《信息乌托邦》[J].清华法治论衡,2009,(2).
③ 钱再见.论公共决策系统的活动特质及其风险[J].长春市委党校学报,2003,(4).

告强调:"要坚持科学决策、民主决策、依法决策,健全决策机制和程序,建立健全我国权力运行制约和监督体系。"公共决策是否具有有效性,以及其有效性程度,受到多方面因素的影响,但其中关键性因素主要有两个:一个是公共决策的质量,另一个则是公共决策获得社会的认可度。而且,公共决策是否具有有效性与公共决策的质量、公共决策获得社会的认可度成正比例的关系,也就是说,公共决策的质量越高、公共决策获得社会的认可度越高,公共决策的有效性程度就会越高。正如约翰·克莱顿·托马斯所说,"公民参与可以促进决策的有效性,并会带来决策的有效信息增多、决策质量提高、公民对决策的接受程度提高、公共部门服务的效率和效益提高、减轻人们对政府机构的批评等诸多好处,更加有力的公民参与促进了公民对政府决策的可接受性,这就为政府提供了合法性基础"[1]。同时,托马斯认为大部分公共决策的有效施行都需要公民参与,"根据有效决策模型……案例再分析表明,有91%的问题都需要公民广泛地参与"[2]。

网络政治参与不仅有助于公共决策质量的提高,而且有助于公民对决策的公众接受程度提高,从而促进公共决策的有效性提升。其一,网络政治参与有助于公共决策机构全面地了解信息。网络政治参与是公共决策所需信息的重要来源渠道,能让公众与决策机构之间进行直接、及时和多方位的信息沟通,与官方公共决策信息通道形成互补,从而有助于决策机关在全面掌握相关信息的基础上做出高质量的决策。其二,网络政治参与有助于帮助公共决策机构解决专业疑难问题。公共决策机构在决策做出过程中,难免会遇上一些专业性强的疑难问题,如果通过网络平台发布相关信息,能广泛发动该领域的专业人才献出良策,共同论证,从而提升公共决策的专业化水平。其三,网络政治参与有助于提高公众对公共决策的认可度。公民通过网络参与公共决策的过程,使公民改变了被动接受公共决策的地位,成为公共决策制定的参与者,他们通过发表自己的看法,提出自己的建议,甚或以投票的方式决定公共决策的出台与否。由于他们了解公共决策的制定过程,理解决策产生的原因以及实施的目的,因此减少了他们对公共决策合法性和合理性的疑虑,强化了他们对公共决策的认可程度。

总之,公民网络政治参与能使公众与政府间逐步形成沟通理性并在自由

---

[1] [美]约翰·克莱顿·托马斯.公共决策中的公民参与:公共管理者的新技能与新策略[M].孙柏英,译.北京:中国人民大学出版社,2005:61-74.

[2] [美]约翰·克莱顿·托马斯.公共决策中的公民参与:公共管理者的新技能与新策略[M].孙柏英,译.北京:中国人民大学出版社,2005:50.

平等对话的氛围和环境中进行讨论、沟通,以和平理性的方式达成共识,从而促进公共决策建立在多数人的意见基础之上,最大限度地减少公共决策的失误和错误,尽可能保证公共决策的客观性、公正性和正确性,提升公共决策的质量。

(三) 促进社会管理创新环境的和谐稳定

胡锦涛主席在省部级主要领导干部专题研讨班说:"我们加强和创新社会管理,根本目的是维护社会秩序、促进社会和谐、保障人民安居乐业,为党和国家事业发展营造良好社会环境。"当前,我国正处于社会转型期,社会转型期的突出特点是矛盾凸显,这些矛盾主要源于社会利益的多元化,而基于这种多元化社会利益,公民诉求多元化的趋势越来越明显。"广泛、有序的公民参与不仅可以提高公共决策质量,还可以促进公民理解、支持政府的决策,极大提高政策的执行力。"① 在社会管理中吸纳公众参与,有利于最大限度地满足人民群众的利益诉求,化解社会矛盾,维护社会稳定。

一是网络政治参与有利于改善政府与公众的关系。作为民主政治的重要方式,公民网络政治参与这种现代新兴的民主形式,普遍被现代民主国家采用,在克服代议制民主官员"为民做主"缺陷的同时,有效地改善了政府与公众的关系,增强了社会和谐。二是网络政治参与有利于促进政权与公民权的平衡发展。近几年因城市规划、旧城改造、拆迁安置等引发的矛盾急剧增多,其中不乏行政权被滥用这一重要因素。对于行政权的规制,仅仅依靠立法权和司法权是远远不够的,只有公民个体的权利及其权利的集合,才是有效制约行政权的最重要力量。从这种意义上说,公民网络政治参与社会事务的管理,有利于实现行政权与公民权利(权利集合)之间形成一种平衡的态势,促进和谐社会的形成。三是网络政治参与有利于促进社会公平正义的实现。分析当前凸显的一系列社会问题,不难发现,其根本原因之一则是公众普遍感觉没有受到公平对待,于是出现了面临房屋拆迁时爬上屋顶"誓死抵抗""宁信访不信法"等极度影响社会稳定的矛盾和冲突。通过网络政治参与,让公众通过有效平台表达自己的诉求,同时通过交流平台,让公众知晓政府当前要解决的问题和实现社会管理的目标,以获取公众的理解和支持。实践表明,经过协商程序做出的决策,是公平正义的化身,在执行过程中必定能使社会矛盾降到最低程度。

---

① [美]约翰·克莱顿·托马斯.公共决策中的公民参与:公共管理者的新技能与新策略[M]. 孙柏英,译.北京:中国人民大学出版社,2005:35.

二、强化现代政府建设

2013年3月17日,习近平同志在第十二届全国人大一次会议上讲话强调,要"建设服务政府、责任政府、法治政府、廉洁政府"。同日,国务院总理李克强在记者会上,又具体提出了民生政府、创新政府、廉洁政府、法治政府和简朴政府的概念,从而体系化地构成了现代政府的完整内涵,充分诠释了现代政府的主要特质,全面覆盖了现代政府的基本维度。① 2016年2月,李克强总理在国务院常务会议上进一步指出,"'现代政府',一个很重要的标志,就是要及时回应人民群众的期盼和关切。各部门要主动释放公众期待的信息,积极回应舆论关切,坚定社会信心,给市场一个明确的预期!"②

(一) 网络政治参与促进服务政府建设

所谓服务型政府,就是要求各级政府及其公务人员必须树立"民本位、社会本位、权利本位"的思想,即政府应当以人民利益为工作重心,以为人民服务为天职,保护好财产权利和公民权利,建立起完善的社会福利体系和健全的社会保障制度,落实好关乎群众利益的教育、医疗、卫生、环境保护、公共事业和社会保障等社会性服务工作。公民网络政治参与能促进服务性政府建设,主要表现为:

其一,公民网络政治参与有助于实现政府管制职能向服务职能的转变。受封建传统思想的影响,中国传统的政府模式突出强调管制职能,忽视服务职能。管制型政府运行模式的特点是,政府权力边界是无限的,从而导致政治权力的高度集中,以至于公民权利往往被忽视。随着公民网络政治参与的发展,网民更加关注自己的政治身份和政治地位,他们要求亲自参加社会政治事务和公共管理事务,与政府开展对话协商及交流互动活动。可以说,网络政治参与成为民众实现当家作主的最佳平台和有效渠道。③ 公民在网络平台上可以自由地表达自己的诉求,要求政府提供更好的公共服务,政府必须做出积极回应,完善公共服务体系,满足人们日益增长的物质文化生活需要。

其二,公民网络政治参与有助于实现公务人员"官本位"思维向"民本位"思维的转变。"官本位"思维制约着服务性政府的建设,其基本内涵包

---

① 谭怡.致力建设中国现代政府——访北京师范大学教授、博士生导师施雪华[N].辽宁日报,2013-03-26.
② 倪洋军.李克强为何强调"现代政府"的重要标志?[EB/OL].http://pinglun.eastday.com/p/20160219/u1ai9224498.html.
③ 王法硕.公民网络参与公共政策过程研究[M].上海:上海交通大学出版社,2013:184-185.

括:一是政治系统的设计和公共权力的运行以"官"的利益和意志为最根本的出发点和落脚点;二是严格的上下层级制度,下级对上级言听计从,上级对下级拥有绝对的权力;三是以是否为官、官职大小、官阶高低为标尺,或参照官阶、级别来衡量人们的社会地位和人生价值的社会价值观,官大社会价值就高,官小身价自然就低,与官不相干的职业也比照"官"来定位各自的价值;四是在此基础上全体社会成员形成普遍的敬官、畏官的社会心理。[①] 网络技术的发展,隐匿了人的身份符号及其社会地位,无论是政府高官,还是普通公民,在网络空间都是平等的网民,他们自由地发表自己的看法,表达自己的观点,开展对话交流。即使是政府高官,基于担心网络舆论影响自身的政治仕途,在网络空间也会谨慎发言,聆听网民的建议和意见,并且积极回应公众对公共服务的诉求。

(二)网络政治参与促进法治政府建设

所谓法治政府,就是要求政府行使权力过程中能够严格遵循法治原则,做到依法行政。2015年12月,中共中央、国务院印发的《法治政府建设实施纲要(2015—2020年)》指出,当前法治政府的总体目标是,到2020年基本建成职能科学、权责法定、执法严明、公开公正、廉洁高效、守法诚信的法治政府。该纲要也明确了法治政府的衡量标准,即政府职能依法全面履行,依法行政制度体系完备,行政决策科学民主合法,宪法法律严格公正实施,行政权力规范透明运行,人民权益切实有效保障,依法行政能力普遍提高。

公民网络政治参与的实践推动了法治政府的建设。如2003年发生的孙志刚事件中,湖北籍青年孙志刚由于没办理暂住证、没随身携带身份证,在广州大街上被作为三无人员带至派出所,后被送往收容站,再被送往收容人员救治站,最后不治身亡。许多媒体详细报道了这一事件,同时曝光了类似案件,由此引发网络空间和现实社会中对收容遣送制度的大讨论。尤其是8名学者联名上书全国人大常委会,请求对收容遣送制度进行违宪审查,最终促成1982年5月12日国务院发布的《城市流浪乞讨人员收容遣送办法》废止,新的《城市生活无着的流浪乞讨人员救助管理办法》得以出台。又如同年发生的"国内乙肝歧视第一案",张先著参加了安徽省国家公务员考试并且取得笔试和面试均排名第一的成绩,但随后体检中被检查出感染了乙肝病毒,芜湖市人事局正式宣布:张先著因体检不合格不被录取。于是,张先著向新芜区人民法院提起行政诉讼,状告芜湖市人事局"歧视乙肝患者"。该事件在互

---

① 莫岳云."官本位"文化积习与共产党的执政风险[J].湖湘论坛,2009,(4).

联网上传开后,立刻引发诸多网民的关注,一份由 1611 位公民签名的"要求对全国 31 省区市公务员录用限制乙肝携带者规定进行违宪审查和加强乙肝携带者立法保护的建议书"分别被寄往全国人大常委会及国务院法制办。2004 年 2 月人事部、卫生部召集 12 位专家对公务员录用体检通用标准初稿进行论证,并在网上两次公开征求民意,共收到有效邮件 5368 封(第一次 3162 封;第二次 2206 封);之后,又邀请 5 位医学专家对网上收集的意见进行论证,在进一步完善的基础上,于 2005 年 1 月 20 日颁布公务员录用体检的新标准。① 可以说,无论是孙志刚事件促成收容遣送制度的废止,还是张先著事件促成新的公务员体检标准的出台,让我们看到了刚刚兴起的公民网络政治参与的力量,对我国法治政府建设具有里程碑意义。

政府在法治政府建设过程中,逐步重视并发挥公民网络政治参与的作用。如全国首部规范公众参与行政立法的地方政府规章《广州市规章制定公众参与办法》于 2006 年出台,明确规定规章制定的全过程都要通过网站、媒体等多种方式发布公告,向公众征求意见,并提供足够便利的途径让足够多的公众知晓并参与。同时规定,相关部门应当在收到公众意见之日起 5 个工作日内通过本机构的网站公开公众意见,而市政府法制机构应当在收到公众意见之日起 45 日内,将处理意见通过市政府法制机构网站对外公开。《法治政府建设实施纲要(2015—2020 年)》中也明确规定,要提高政府立法公众参与度,拓展社会各方有序参与政府立法的途径和方式。拟设定的制度涉及群众切身利益或各方面存在较大意见分歧的,要采取座谈会、论证会、听证会、问卷调查等形式广泛听取意见。除依法需要保密的外,法律法规规章草案要通过网络、报纸等媒体向社会公开征求意见,期限一般不少于 30 日。同时强调,要加强与社会公众的沟通,健全公众意见采纳情况反馈机制,广泛凝聚社会共识。

(三)网络政治参与促进廉洁政府建设

廉洁政府建设的主要方式在于对政府权力进行有效的监督。因为政府权力具有自我扩张的属性,一旦失去监督和控制,就会走向异化,导致腐败现象的产生。在这方面,许多法学思想家曾经进行过论证,如法国资产阶级启蒙思想家孟德斯鸠认为,"一切有权力的人都容易滥用权力,这是万古不易的一条经验。有权力的人们使用权力一直到遇有界限的地方才休止"②。英国

---

① 张爱敬,陈阳波. 人民视点:民意受重视 公务员体检标准人性化[EB/OL]. http://opinion.people.com.cn/GB/40604/3133949.html.

② [法]孟德斯鸠. 论法的精神(上册)[M]. 张雁深,译. 北京:商务印书馆,1961:154.

学者阿克顿认为,"权力易于腐败,绝对权力导致绝对腐败"①。

  网络政治参与具有监督政治权力的重要功能。基于网络政治参与具有平等性、广泛性、及时性、公开性等特点,任何一个普通公民都能通过网络平台对政治组织及公职人员进行监督。这种监督比传统的监督更具有广泛性和实效性,主要是因为,"监督的触角也将触及政府行为的每一个细节——我们可以对一切政府行为进行全程及远程监督"②,而且,"网络民主监督在一定程度上可以规避现实社会监督的障碍。一经网络曝光,任何腐败行为往往都会立即暴露于全社会的监督之下,无处遁形"③。正因为如此,广大公民对网络政治监督具有很高的积极性和主动性,中国青年报社会调查中心进行的一项在线调查(1983 人参加)显示,71.5% 的人表示自己"会参与反腐"④;而遇到社会不良现象时,有 75.5% 的人会选择网络曝光⑤。

  公民网络政治参与的实践推动了廉洁政府的建设。以"三公消费"的网络监督为例,所谓"三公消费",主要指公车消费、公款吃喝和公费出国。公款消费一度逐年递增,据报道,中国公款吃喝开支 1989 年为 370 亿元,1994 年突破 1000 亿元大关,2002 年达 2000 亿元,2005 年突破了 3000 亿元大关。⑥由于个别人以"三公消费"的名目大肆吃喝、滥用公车、出国旅游,民众极度愤慨。人民网发起的调查显示,80% 的民众不满意"三公"经费的公开情况。⑦公众不仅仅在网络空间热议,并且发布举报的帖子,如 2010 年 12 月 27 日,一网站论坛出现名为《兄弟,随便花,哥出钱!曝光海门市接待四川绵竹市官员消费与场所名单》的帖子。帖子称,江苏省海门市审计局在一次公务接待中,两天两夜的行程,工作交流不足 4 小时,其余时间全是吃喝玩乐,消费不下 10 万元。江苏省审计厅、海门市委、市纪委介入调查后,发现海门市审计局局长施某存在公车私用、将单位配给自己的电脑带到国外供女儿使用、三年超支接待费 31 万多元等问题。随后,该审计局局长被依法处理。⑧网络舆论的热议引起中央领导重视,温家宝总理在政府工作报告中一再强调要实现

---

① [英]阿克顿.自由与权力———阿克顿勋爵论说文集[M].侯健,译.北京:商务印书馆,2001:156.
② 李斌.网络参政[M].北京:中国社会科学出版社,2009:87.
③ 孟桢.网络政治参与治理研究[J].河南社会科学,2013,(9).
④ 余兴辉.71.5% 的网友表示自己"会参与反腐"说明啥?[EB/OL]. http://opinion.people.com.cn/GB/1036/10268531.html.
⑤ 朱四倍.七成民众为何选择网络曝光不良现象[N].重庆晨报,2010-10-24.
⑥ 高原.上百红头文件欲抑嘴上腐败 公款吃喝年花 3000 亿[N].法治周末,2013-02-06.
⑦ 娄辰,潘旭.公款消费突破 3 千亿引网民热议[N].北京周报,2012-08-23.
⑧ 秦亚洲,杨金志.治理"三公消费"如何跨越"三重门"[N]东江时报,2011-03-13.

"三公消费"的公开,并且强调要严格控制"三公"经费,实行"三公"经费的零增长。截至2012年3月前,已有92个中央部门公开了部门预算,90个中央部门公开了部门决算,98个中央部门和部分省市公开了"三公"经费使用情况。① 一些地方政府开始利用网络平台对"三公"经费支出进行监督,如浙江省乐清市建成的"三公网络监督平台",将公务接待、公费外出、公车节假日入库和运行定位实施统一管理。② 江西省财政厅发布《关于印发江西省公务消费网络监管平台建设实施方案的通知》(赣财运〔2016〕6号)及其补充规定,要求公务消费必须在江西省公务消费网络监管平台(以下简称监管平台)中录入、上传、打印的消费明细清单三项明细账单(税务发票、银行票据、消费明细清单,简称"三单"),预算单位财务方可报账。据报道,在中央和地方的有力措施促进下,自2011年中央政府要求各级政府公开"三公"经费以来,以及在中央政府一连串的反贪腐行动下,各级政府的"三公"经费几乎呈逐年递降趋势,并实现连续6年下降。③

三、促进公民意识增长

何谓公民意识,不少学者对此进行过研究。学者马长山认为,"公民意识"是人类自有自主活动内在精神的自觉反映和要求,主要由"合理性意识""合法性意识"和"积极守法精神"构成。④ 学者朱学勤认为,"公民意识有两层含义:当民众直接面对政府的权力运作时,它是民众对于这一权力公共性质的认可及监督;当民众侧身面对公共领域时,它是对公共领域的自身维护和积极参与。因此,公民意识首先姓'公'而不是姓'私',它是在公共权力成为公共用品,以及在政府和私人事务之间出现公共领域之后的产物"⑤。学者肖海军认为,公民意识是"作为现代社会生活主体所应当具备的与现代民主政治、市场经济相适应的法律精神与法律价值观念"⑥。中国共产党对公民意识非常重视,在"十七大"报告中就明确提出:"加强公民意识教育,树立社会主义民主法治、自由平等、公平正义的理念。"可见,现代公民意识的内涵

---

① 张尚初.温家宝:严控"三公"经费 今年继续实行零增长[EB/OL].http://www.chinanews.com/gn/2012/03-26/3773933.shtml.
② 顾春.三公消费网络监督[N].人民日报,2014-01-06.
③ 王晓易.三公经费"六连降"彰显中央八项规定成效[EB/OL].http://news.163.com/16/0426/06/BLIEG80100014JB5.html.
④ 马长山.公民意识:中国法治进程中的内驱力[J].法学研究,1996,(6).
⑤ 朱学勤.书斋里的革命[M].北京:生活·读书·新知三联书店,1999:18.
⑥ 肖海军.公民意识:现代素质教育的新课题[J].邵阳师范高等专科学校学报,2000,(4).

尽管非常丰富,但其最主要的内容应当包括民主法治意识、自由平等意识、公平正义意识。

受各种主客观因素的影响,我国公民意识一直不高,影响着我国公民社会的形成,也阻碍着我国政治文明的发展。比如,一项关于"司法是否有能力或有权威处理诉讼案件"的调查显示,完全相信的仅占26.08%,比较相信的占26.98%,信心不足的占32.82%,不相信的占14.12%。① 尽管我国政府采取各项措施提升司法公信力,经过10多年的努力,一项来自法院的关于"行政诉讼信心调查"的报告显示,完全相信的仅占55.2%,比较相信的占18.3%,信心不足的占23.5%,不相信的占3%。② 可见,仍然有相当比例的人不相信司法具有足够的能力和权威处理好行政诉讼案件,也暴露出传统的政治参与方式不足以提升公民的参与热情和积极性,对于公民意识的促进存在很大局限性。

网络空间为公民政治参与提供了合适的公共领域。关于"公共领域",哈贝马斯做了一个比较经典的解释:"所谓'公共领域',我们首先意指我们的社会生活的一个领域,在这个领域中,像公共意见这样的事物能够形成。公共领域原则上向所有公民开放。公共领域的一部分由各种对话构成,在这些对话中,作为私人的人们来到一起,形成了公众……当他们在非强制的情况下处理普遍利益问题时,公民们作为一个群体来行动;因此,这种行动具有这样的保障,即他们可以自由地集合和组合,可以自由地表达和公开他们的意见。当这个公众达到较大规模时,这种交往需要一定的传播和影响的手段;今天,报纸和期刊、广播和电视就是这种公共领域的媒介。当公共讨论涉及与国家活动相关的问题时,我们称之为政治的公共领域(以之区别于例如文学的公共领域)。"③ 根据哈贝马斯的界定,有学者将公共领域概括为四个特征。一是结构的开放性。即原则上任何人都可以加入,因而形成了社会公众。二是公共舆论性。这是公共领域的本质,以现代传媒工具为沟通工具,公众意见必须以公共舆论的形态出现。三是理性批判性。公共领域内的舆论主要是针对公共权威的政策及行为的自由理性的批判,是一个走出纯粹私人领域的公众同国家进行较量的空间。四是公共利益性。公共领域内的参

---

① 马怀德,王亦白.透视中国的行政审判体制:问题与改革[J].求是学刊,2002,(3).
② 黄金生.加强法院科学管理,形成监督制约机制,提升司法公信力[EB/OL].http://www.wuhucourt.gov.cn/NewsContent.aspx?NewsID=7506&TypeID=110801.
③ [德]尤尔根·哈贝马斯.公共领域[M]//汪晖,陈燕谷.文化与公共性.北京:生活·读书·新知三联书店,1998:125.

与者虽然是个人组成的公众,公共舆论的触发点也可能只和某个具体的个人有关,但是公共舆论的公共性指向,使得公共领域内的公众行为在本质上以维护公共利益为旨归。① 网络平台的属性和网络政治参与实践表明,网络空间具有开放性、公共舆论性、理性批判性、公共利益性,能够成为优越性较强的公共领域。

网络公共领域中的政治参与,有助于公民意识的提升。其一,有助于增强民主意识。正如有的学者所说,"因特网像一张'不放过任何东西'的庞大的蛛网,它所具有的对信息的搜集、存储、传递和处理能力,对打破政治生活领域内的信息垄断和由此衍生的集权控制,潜在地具有颠覆作用;它扩大了公众的知情权和选择权,天然地符合民主精神"②。

其二,有助于强化参与意识。以微博政治参与为例,微博技术的发展带给公民一种全新的参与模式,公民只要拥有手机,就可以成为"微博客",通过发布、转发、评论等形式与其他微博用户以及政府进行交流,比以往传统的上访、举报、选举等政治参与方式更便利、更安全、更有效、更有趣,从而唤起公民微博参政、民意表达的热情高涨。调查显示:超过半数(51.2%)的公众表示有过微博民意表达的经历,特别是18—30岁的青年人积极性较高(64.4%),青年选择微博来进行民意表达的比例超过了三成(33.1%),学生群体选择微博的比例接近半数(46.9%),排在各项方式中的首位。相比之下,公众通过热线电话、写信、上访等传统方式表达民意的比例均不足一成,并且选择这些方式大多是46—60岁的中老年人。③ 随着公民参与意识的增强,公民微博政治参与的频率也得到了迅猛增长,他们在微博空间表达自己政治见解和思想的同时,通过与政府、其他微博客的交流互动,学习整理理论和知识,从而树立政治价值观、掌握政治参与技能,并不断完善自身的政治人格,促进了公民政治参与能力在潜移默化中获得有效提升。

其三,有助于增强法治意识。网络政治参与的实践表明,网民在参与网络讨论过程中,能够进一步熟悉法律知识,理解法律精神,从而提升自身的法律意识,增进法律信仰。比如,"湖北巴东烈女案"中,首先争论的是邓玉娇的行为是否构成犯罪,然后讨论的是其行为是否构成故意杀人罪还是正当防卫,如若正当防卫,是否属于防卫过当等。通过媒体的报道和专家的评析,人

---

① 梁漱溟.中国文化要义[M].上海:上海世纪出版集团,2004:86.
② 李永刚.互联网与民主的前景[J].江海学刊,1999,(4).
③ 张侃理.两会民生调查:民意表达,青年选择博客与微博[EB/OL]. http://news.eastday.com/c/2011lh/u1a5750253.html.

们开始关注到《中华人民共和国刑法》第 20 条关于"正当防卫"的规定①,也在理性思考和衡量邓玉娇行为的定性问题,认识到邓玉娇所采取的防卫行动必须与其受到的限制人身自由的行为相当,即邓玉娇所采取的防卫手段,应以摆脱邓贵大对其人身自由的限制为限度。又如"卖 2 只鹦鹉获刑 5 年冤不冤"②"采三株'野草'构成犯罪吗"③等案件在网络上曝光后,公民开始关注野生动植物保护方面的法律,明确哪些野生动植物是受法律保护的,以及违反野生动植物保护法需要承担的法律责任是什么。

其四,有助于增强自由平等意识。网络给公民与政府的对话提供了很好的场域,"在这里,舆论一律被打破,为网民提供了广泛的舆情表达空间,网民可以自己做主设置议题,网民之间能够抛弃身份背景,实现比较平等自由的对话"④。同时,公民网络政治参与过程中,往往与其他网民以及与政府间能达成某种共识,增强公共理性。公共理性即指"各种政治主体(包括公民、各类社团和政府组织等)以公正的理念,自由而平等的身份,在政治社会这样一个持久存在的合作体系之中,对公共事务进行充分合作,以产生公共的、可以预期的共治效果的能力"。公民在网络空间所获得的自由平等对话、自愿与政府达成共识与合作,都有助于其自由平等意识的增长。

其五,有助于增强公平正义意识。公民在网络政治参与过程中,无论是对法制事件的关注,还是对政治机构及其公务人员的政治监督,都能在参与实践中通过体验和感悟,感受到公平正义的重要性,为公平正义的实现提出自己的看法,从而促进公平正义意识的提升。

---

① 根据《中华人民共和国刑法》第 20 条第 1 款规定,当公民为了使本人的人身、财产和其他权利免受正在进行的不法侵害,而采取的制止不法侵害的行为,对不法侵害人造成损害的,属于正当防卫,不负刑事责任。但根据我国《刑法》第 20 条第 2 款的规定,"正当防卫明显超过必要限度造成重大损害的,应当负刑事责任,但是应当减轻或者免除处罚"。

② 2016 年 4 月初,王鹏将自己孵化的 2 只小太阳鹦鹉(学名为绿颊锥尾鹦鹉)以每只 500 元的价格出售给谢某某。法院根据《刑法》第 341 条、《关于审理破坏野生动物资源刑事案件具体应用法律若干问题的解释》认为,虽然本案所涉的鹦鹉为人工驯养,亦属于法律规定的"珍贵、濒危野生动物"。据此,一审判决王鹏犯非法出售珍贵、濒危野生动物罪,判处有期徒刑 5 年,并处罚金人民币 3000 元。参见舒晓露. 卖 2 只鹦鹉,获刑 5 年冤不冤? [N]. 新法制报,2017 – 05 – 09。

③ 卢氏县农民秦某发现其农田附近山坡上长着类似兰草的"野草",便在干完农活回家时顺手采了 3 株,被森林民警查获。经相关司法鉴定中心鉴定,秦某非法采伐的兰草系属中的蕙兰,属于国家重点保护植物。法院认为,秦某违反国家规定,非法采伐国家重点保护植物蕙兰 3 株,其行为已构成非法采伐国家重点保护植物罪,且属情节严重。依照《刑法》规定,判决如下:被告人秦某犯非法采伐国家重点保护植物罪,判处有期徒刑三年,宣告缓刑三年,并处罚金人民币 3000 元。参见民商法律网. 采三株"野草"构成犯罪吗[EB/OL]. http://www.liuxiaoer.com/lstj/91024.html。

④ 刘毅. 网络舆情研究[M]. 天津:天津人民出版社,2007:156。

第二节 非理性网络政治参与的消极效应

非理性是相对于理性的一个概念范畴。"非理性是社会精神生活的一个特定方面,是人类所特有的一种精神现象,是在社会实践中形成、发展并能动地参与社会实践,反映并反作用于社会存在的非条理化、非规范化、非逻辑化、非秩序化的社会精神现象。"①非理性具有非条理化、非规范化、非逻辑化、非秩序化的特征,容易对社会的和谐稳定造成危害。

随着互联网技术的迅猛发展,越来越多的网民通过网络论坛、微博、微信等网络空间自由地发布信息,或是发表自己的看法。由于网络的虚拟性能遮盖他们的真实身份,他们的网络政治表达中往往夹杂着冲动性、情绪化的非理性因素,形成非理性参与。所谓"非理性政治参与",就是指"人们往往在迫于某种特定社会政治环境的压力或者是基于某种主观需要而被动的感性的参与,即公民以极端的、畸形的、或反常的非理智性的参与心态和行为介入政治生活"②。这种非理性的政治参与主要反映为:"不是基于公民的责任感,不是出于对自己的权利和义务的认识,不是出于对推进我国社会主义民主政治建设的考虑,不能正确理解中国国情对现实政治参与的制约,而是凭着心中激荡的冲动参与政治,有时甚至是为了发泄心中的不满情绪,不能采取规范化、程序化的参与形式。"③实践中,网络空间的非理性政治参与主要表现为网络政治谣言、网络政治盲从、网络政治狂热等多种情形,不仅侵害公务人员的合法权益、影响政治体系的正常运作,还会危害到社会的和谐稳定。

一、非理性参与导致公务人员合法权益受损

网络政治谣言往往以公务人员为主要对象。网络政治谣言是指主要通过网络传播的,以有意诬陷、攻击和诽谤为主要手段,以攻击政治人物、政治集团或具体政策、政治主张等为根本目标,毫无根据的政治信息或严重失真的政治消息。网络政治谣言通常从攻击某个具体的政治人物开始,进而攻击其所在政治组织,随后攻击该政治组织得以形成、生存和发展的社会制度。④法制网舆情监测中心梳理了2012年度出现的网络谣言事件,进行统计分析

---

① 吴宁.社会历史中的非理性[M].武汉:华中科技大学出版社,2004:12.
② 张建平.建设政治文明的辩证思考[J].三门峡市委党校学报,2004,(4).
③ 张龙平.政治冷漠的深层透析与政治参与形式的优化[J].理论与改革,1993,(3).
④ 谢新洲,陈春彦.网络政治谣言消解策略[J].人民论坛,2015,(34).

后发现,超过一半(55.2%)的谣言与腐败话题相关,其中最多的是官员或公职人员涉及情色或强奸事件(24.1%);其次是谣传官员非法敛财或冒充公职人员炫富(20.7%);再次是谣传官员滥用职权或陷入权力斗争(17.2%)。① 自人民网原创辟谣类新闻专栏"求真"栏目于 2011 年 12 月上线以来,截止到 2014 年 5 月 16 日,该栏目搜集甄别、调查求证的谣言样本数量达到 586 条,其中,涉及政治谣言的样本数量主要为 197 条。学者孙卫华对这 197 条政治谣言内容进行分析的结果显示,网民最关注的政治议题是对公务员个人素养、工作作风以及具体工作方式和工作内容的质疑,占比 44%;对官员贪腐与权力滥用问题的关注占比为 17%。②

网络政治谣言侵害公务人员的合法权益。许多学者认为,公务人员作为公众人物,没有隐私可言。他们在阐述这一问题时,往往引用恩格斯的一段名言,即"个人隐私应受法律保护,但当个人隐私甚至隐私与最重要的公共利益—政治生活发生联系的时候,个人隐私就不是一般意义上的私事,而属于政治的一部分,它不再受隐私权的保护,它应成为历史记载和新闻报道不可回避的内容"③。由此,他们得出自己的观点:"国家官员尤其是高级官员的隐私权应受到限制,因为他们的许多隐私已成为最重要的公共利益——政治生活的一部分,其财产收入、社会关系、个人道德、背景经历等信息在本质上已不再是私法意义上的隐私,而是公众的民主权利所指向和要求披露的对象。"④诚然,相比较普通公民,公务人员的财产信息、背景经历等信息应当公之于众,接受群众的监督。然而,网络政治谣言是一种毫无根据的政治信息或严重失真的政治消息,基于仇官情绪产生的"无官不贪"想象,公众更倾向于相信谣言信息,由此进行广泛传播。在传播过程中,一些网民为了吸引眼球,获得更多点赞,往往会添油加醋,对涉谣公务人员的生活作风捕风捉影,有的甚至加以杜撰。如 2012 年 8 月流传网络的"庐江艳照门"事件中,中共庐江县委查实并发布微博澄清:网上传播的庐江官员不雅照的图片完全是 PS 所得,与该县"负责同志"没有任何关系。该事件真相尽管公之于众,照片的发布者新浪微博 ID"Aki 高小天"的微博被注销,但是不雅照继续在网络上被疯狂地转发转载。随后,将网上流传图片与庐江县委书记联系起来的发帖

---

① 法制网舆情监测中心.2012 年网络谣言事件研究报告[EB/OL]. http://www.legaldaily.com.cn/The_analysis_of_public_opinion/content/2012 - 12/05/content_4031263.htm.
② 孙卫华.公共表达的变异:网络政治谣言现象研究[J].当代传播,2015,(6).
③ 徐祖澜.网络反腐的谣言困局与法治出路[J].法制与社会发展,2015,(6).
④ 张新宝.隐私权的法律保护[M].北京:群众出版社,2004:91.

者"anhui1234567q"在"百度贴吧"发表帖子向庐江县委书记道歉:"本人在新浪微博上看到一组未经证实的照片,其中一张像庐江县委书记,所以误以为真,无心说了像庐江县委书记,没想到导致如此严重的后果,深表歉意。向王书记深表歉意,跪求王书记原谅。纯属无心之举。"① 又如针对网上热传的副局长坐拥十几辆豪车的"车爷门"事件,山西孝义市公布的调查情况显示,网帖中列举的车辆经证实并不属该副局长本人所有,全系前村主任怀疑被检举,遂虚构事实发帖报复。② 这些网络谣言即使最后得到了澄清,但传播期间对涉谣公务人员的工作和生活已经造成了严重困扰,如所在单位领导的谈话,所在单位同事的另眼相看,家庭成员的猜忌和争吵等,使涉谣公务人员承受巨大的心理压力。此外,在刻板效应的作用下,涉谣公务人员的形象受损,并且往往会持续很长时间,最后必然影响其职务晋升、立功受奖等诸多方面。

二、非理性参与影响政治体系的正常运作

(一)增加政治机构择取有效信息的成本

公民理性是"对公民身份、国家与个体关系的认知能力和对公共事务的价值判断,包括公共观念、法制观念、责任伦理、义务感、志愿意识、自律性等内容"③。在政治参与场域,公民理性是公民能够用其公共意识和公共理由达成对公共政策的基本共识的能力,公民具备了这种能力,才能推动网络政治参与的有序且有效发展。受制于当前民主发展的广度与深度,以及公民文化教育水平,我国公民的公共意识和公共理性缺失尤为显著。网络传播的匿名性、开放性、广泛性,给公民的言论表达提供了更为广阔的自由空间,具有相同或类似兴趣的人们,在这个虚拟空间很容易形成一个群体,在群体之下,个人"会感觉到一种势不可挡的力量,这使他敢于发泄出自本能的欲望……他很难约束自己不产生这样的念头:群体是个无名氏,因此也不必承担责任。这样一来,总是约束着个人的责任感便彻底消失了"④。于是,网络空间的情绪化、非理性表达到处可见。更为甚者,一些商业化的发帖、删帖,尤其是贯之以非法牟利为目的时,极容易形成虚假民意甚至是网络谣言。如董如彬

---

① 关明辉.合肥外宣办:经鉴定艳照主角并非庐江县委书记[N].南方日报,2012-08-10.
② 徐园园.山西孝义否认副局长有十余豪车:传言因官员矛盾[N].郑州晚报,2012-11-01.
③ 颜峰,龚艳.亚里士多德公民理性思想对现代公民教育的启示[J].贵州社会科学,2011,(1).
④ [法]古斯塔夫·勒庞.乌合之众:大众心理研究[M].冯克利,译.桂林:广西师范大学出版社,2007:50.

(网名"边民")以云南边民文化传播有限公司为伪装,利用"网络名人"身份,以攫取经济利益为目的,通过在网上编造事实并策划组织恶意炒作"寻甸黄四狼黑社会横行乡里欺压百姓""宣威火电厂污染致世界第一癌症村产生""湄公河惨案是政治阴谋"等,造成了混淆是非、扰乱视听、误导公众的信息大量传播,使公众的判断和评价产生偏差,从而导致公民网络政治参与的欺骗化现象发生,损害了公民网络参政的热情。与此同时,海量的网络信息、情绪化的民意,混杂着虚假的网络谣言,大大增加了政府择取网络空间民意的难度与成本,降低了网络参政的实效性。

(二)损害政治机构的执法权威与公信力

随着信息技术的发展,网络媒介已被公认为是继报纸、广播、电视之后的"第四媒体",成为舆情信息的主要载体之一。① 与网络的快速发展相适应,网络舆论在当今传播格局中逐渐发挥起重要而独特的作用。一方面,网络舆论是一种不可忽视的积极力量,2010年7月以来的江西上饶拆迁、凤凰少女跳楼、河南蜱虫疫情等事件在网络上得以热烈讨论并迅速传播,倒逼相关部门公开相关信息、采取有效应对措施,便是很好的例证;另一方面,网络空间的虚拟性使网络舆情具有更突出的非理智成分,经常表现为不加约束的情绪发泄,偏激的语言,甚至是谩骂,极容易损坏政府在公众心目中的形象,造成信任危机。

1. 网络谣言的扩散,往往误导舆情的发展方向

正如有的学者所言,"在网上新闻组和其他论坛上更常见的是这样一幅情景:无人证实的传闻、流言、诽谤、误解、错误的信息、假情报、天花乱坠的谎言。因特网的用户有能力在几分钟传播上万条错误信息,并在同一过程中不断增加一些虚构的情节"②。这种现象表明,网络舆论与真相之间有时存在着较大的距离,某些商业网站为了吸引"眼球",忘却自身应当承担的社会责任,将道听途说甚至是虚构的信息编发上网,从而导致谣言的产生,有时甚至出现"谣言满天飞"的景象。政府作为国家权力的象征,更容易引发网络谣言。例如,在杨佳袭警案发生后,网络上各种谣言四起,包括对受袭警察防卫能力过低的质疑,对杨佳作案真正动机的揣测,甚至包括流传广泛的关于杨佳被警察殴打导致生殖能力受损的谣言。虽然上海警方第一时间在苏州抓获谣言的肇事者郑啸寅,并且公开就种种谣言进行驳斥,但网络舆论并没有

---

① 曾润喜.网络舆情在服务型政府建设中的影响与作用[J].图书情报工作,2010,(13).
② 胡泳.网络为王[M].海口:海南出版社,1997:334.

因此停止,在一些论坛中甚至将杨佳追捧为"大侠",还被冠以"闸北刀客"等类似称号。许多网民面对这样的信息,很少质疑其真实性进而辨别真伪,表现出一种群体的盲从与冲动。由此,当虚假信息、谣言在舆论信息中所占比例达到一定程度的时候,会形成"众口铄金"的效果,从而误导舆情的发展方向。

2. 网络政治监督的过度,损害政治部门的执法权威

网络政治监督的问题应该是政府和有关部门在工作中出现的偏差,并能在短时间有能力解决的问题,网络政治监督不是给政府、社会出难题,而是给政府、社会指出偏差,帮其纠正;是帮忙,而不是添乱。① 从网络新闻媒体监督的实践来看,新闻记者在秉社会正义之利器,为新闻工作赢得巨大声誉的同时,也出现"有偿新闻"屡禁不止的"新闻异化"等不良现象,从而使网络政治监督的公信力大打折扣。同时,网络新闻媒体作为市场经济的一个实体,本身也在追求经济效率,于是会采取一些不尊重事实的报道,以吸引更多公众的"眼球"。例如,"湖北巴东烈女案"发生后,各地大大小小网络新闻媒体铺天盖地的相关评论中充斥着这样的字眼:折射、暴露、凸显、彰显、体现、警示、隐含、蕴藏——这些带着浓厚阐释意味的语词,包含着一种判断倾向:不是尽可能地去尊重真相和事实,而是尽可能地在诸种抽象的阐释中远离真实。②

在这样的网络政治监督压力之下,侦查机关将会做出何种处理决定,人民法院将会做出何种判决,人们不难想象。当整个社会舆论同情弱者,或者新闻媒体先入为主,将犯罪行为认定为一般违法行为或者将一般违法行为认定为犯罪行为的时候,司法机关在判决的过程中很可能会偏离法律的价值取向。例如2008年轰动社会各界的许霆案中,网络新闻媒体上铺天盖地的"专家意见"无疑会影响法院对案件的判断。这是因为,媒体的倾向极易调动社会和公众的情绪,而当公众的情绪形成强大的社会公意合流时,实际上就把侦查、检察、审判推向了社会,侦查人员、检察官和法官的独立地位和理性就会遭到撼动,法律的权威和理性也会大受影响。

3. 网络负面舆论的增多,损坏政府在公众心目中的形象

(1) 网络谩骂的增多,损坏政府在公众心目中的形象。正如马克思所说,"舆论对社会发展的作用,同时也有非理性成分"③。相对于其他舆论,网络舆论带有更强的非理性成分,谩骂与攻击通常成为网络舆论非理性的突出

---

① 孙杰.“焦点访谈”的实践监督和策略[J].中国记者,1999,(1).
② 曹林.从邓玉娇到卢武铉:阐释的狂欢[N].中国青年报,2009-06-02.
③ 廖金英.对非理性舆论根源和舆论引导原则的思考[J],新闻界,2005,(1).

表现。这是因为,网络所提供的"虚拟"环境,使网民具有"隐形人"的身份,以至对方很难知道自己的姓名和身份,从而极易摆脱现实社会法规制度及诸多人伦关系的束缚,他们于是尽情地放纵自己的行为,进行非理性的情感宣泄,对他人进行谩骂和攻击。政府及其职能部门由于执法的需要与社会层面的长期接触和直接摩擦,决定了其必然成为网络社会关注的焦点。在网络舆情中,政府公务员是遭受非议与指责甚至是斥骂最多的职业之一。仅以2008年发生在哈尔滨的"10·11"案件为例,案发后在完全没有公布事实真相和公安机关调查结果的情况下,网上攻击公安机关、责骂人民警察的帖子和评论大量涌现。① 这些谩骂多了,极容易损坏政府及其职能部门在公众心目中的形象,不明真相的公众由此对政府及其职能部门产生反感,视政府及其职能部门为"洪水猛兽",遇到政府及其职能部门执法就千方百计地阻拦与抵制,给和谐社会的建设造成巨大的障碍。

(2) 网络失实报道频发,损坏政府在公众心目中的形象。网络新闻舆论对政府及其公务人员的关注日益高涨,他们的失实和负面报道容易引发公众对政府工作的误解,使政府形象受损。具体而言,网络新闻媒体尤其是商业性网络媒体的性质决定了它的商业化运作和对商业利益的追求将成为其最主要的目标,出于寻求"卖点"的需要,他们常常把对政府工作的负面报道作为提高自身"影响"和制造"轰动性"新闻的手段,这是因为,政府腐败更能引起公众的注意和不满,更容易成为舆论热点,也更容易给新闻媒体带来社会效益和经济效益。② 因而,在利益的驱动下,网络新闻媒体热衷于关注政府工作问题,把对少数政府形象、作风的非议上升到对政府群体形象的错误评价上;把极少数公务人员身上存在的违纪违法问题放大到对整个政府的不信任上,从而对政府形象造成损害。

同时,由于普通公众分辨众多信息真伪的能力较弱,加上传媒在我国的特殊地位,公众往往容易将网络新闻媒体的报道理解为党和政府的意志而加以信任。如在"湖北巴东烈女案"中,网络新闻媒体对该案的报道,是社会公众获取案件相关信息的主要途径,一旦某些新闻网站在报道案件时出现偏差,就有可能误导受众和网民对政府部门工作及相关法律的认识和判断,甚至引发更多非理性、情绪化的表达。

4. 网络"群体极化"现象的形成,易造成政府的信任危机

"在某些既定的条件下,并且只有在这些条件下,一群人会表现出一些新

---

① 韩宝忠.关于构建和谐警民关系情况的调查与思考[J].公安研究,2009,(2).
② 刘汝林,杨轶群.警察与媒体[M].北京:中国人民公安大学出版社,2007:58.

的特点,它非常不同于组成这一群体的个人所具有的特点。聚集成群的人,他们的感情和思想全都采取同一个方向,他们自觉的个性消失了,形成了一种集体心理。"① 伴随着互联网而来的是网络舆论的相对开放和自由,对于网络舆论主体来说,志同道合的人可以轻易地在网上进行频繁沟通。由于他们一开始便有某种偏向,通过网络商议后,这一群体的人会朝偏向的方向继续移动,最后形成极端的观点。② 这便是网络"群体极化"现象。这些极端化的网络团体很容易把他们的主张推向不受理智束缚的边缘,甚至淹没社会上出现的理性声音。比如上海杨佳袭警案发生后,网络论坛中很少有对 6 位无辜警察的哀悼,相反,却有很多人把杨佳称为"大侠",甚至为他的杀人行为叫好;当然,现实生活也有不少人在理性看待这一事件,他们认为杨佳袭警的这种暴力维权方式是偏激的、伤害无辜的,然而当他们看见网络论坛中大多数网民在为杨佳叫好,理性的声音却遭到侮辱谩骂时,便选择了保持沉默,把想要说的话都咽了回去。③ 可见,在网络群体极端意见的影响下,加之"从众心理",人们极容易对政府及其职能部门形象形成一种模糊的印象,甚至有一部分民众对政府及其职能部门产生痛恨感,由此使政府及其职能部门处于信任危机的境地。

三、非理性参与破坏社会和谐稳定

（一）网络群体性事件危害社会治安秩序

网络政治参与容易引发群体极化效应的产生,影响社会的和谐稳定。所谓网络群体极化,往往反映为这样一种现象,即"公共空间成员在互相交流看法时,如果存在对某种倾向,在这种互动交流下,倾向性的观点不仅不会改变,反而会变得更加偏激,特别是在网络新媒体的帮助下,网络空间的群体成员通过网络媒体的互动和交流,最终会形成更加极端的观点,出现网络群体极化现象"④。网络群体极化现象的产生,一旦被别有用心者左右,极易导致网络群体性事件的发生,破坏社会的和谐稳定。以"反日保钓"事件为例,2010 年 9 月 7 日上午,一艘中国渔船在钓鱼岛海域同日本海上保安厅巡逻船发生相撞,14 名中国船员被日方非法扣押 6 天后返回,船长詹其雄被扣押 17

---

① [法]古斯塔夫·勒庞.乌合之众——大众心理研究[M].冯克利,译.桂林:广西师范大学出版社,2007:45.
② [美]凯斯·桑斯坦.网络共和国——网络社会中的民主问题[M].黄维明,译.上海:上海世纪出版集团,2003:50.
③ 戴笑慧.网络群体极化现象简析[J].新闻记者,2009,(7).
④ 崔晶.塑造电子政府是推进节约型机关建设的有效途径[J].红旗文稿,2011,(7).

天获释。事件发生后,许多门户网站、网络论坛等都进行了报道,随即引发网民的高度关注,他们在网络空间中发帖、跟帖,尤其是一篇名为《日本右翼组织在18个城市发起反华游行》的报道在网络上传播开来后,推动了网民极化情绪的不断高涨。随后,部分网民借助网络论坛、QQ群等方式发出反日游行的号召,并且走到线下按照商定好的时间开始进行反日游行活动,同时高喊抵制日货,甚至少数示威者拿起石块打砸日资商场和商店,对社会治安造成很大的危害。①

(二) 网络谣言破坏和谐社会的有序发展

所谓政治谣言,是指"某些个人或团体组织在缺乏事实依据的情况下为了满足自己的政治需要,通过互联网平台来传播政治事件、政治决策以及对政治人物的诬陷或者诽谤等虚假政治消息"②。网络空间具有虚拟性和隐匿性,网民在做出行为时不再像现实社会那样瞻前顾后,容易导致责任感缺失,由此出现"无从证实的传闻、流言、诽谤、误解、错误的信息、假情报、天花乱坠的谎言"。"因特网的用户有能力在几分钟内传播上万条错误信息,并在同一过程中不断增加一些虚构的情节"③。基于政治的敏感性,加之个别干部的违法违纪致使社会上出现仇官仇富情绪,政治谣言在网络空间传播的速度更快、范围更广,瞬间便可以传送至数百万甚至上千万用户,而且在转发和评论中其影响力被成倍放大,让"蝴蝶扇动翅膀引发海啸"的荒诞说法在网络上变成了现实。当前,网络政治谣言具有七大传播特征:"第一,微博成了'政治谣言制造机';第二,内容虚假,证据模糊,蛊惑人心;第三,方式灵活,真伪难辨;第四,政治谣言的无意识传播和非理性传播大行其道;第五,一些网站和传统媒体未能履行自己的责任,为政治谣言的传播提供了可能;第六,少数党员干部纪律观念淡漠,助长了政治谣言的传播;第七,西方敌对势力制造和利用各种谣言,加紧对我国实施西化、分化。"④相对于一般网络谣言,网络政治谣言往往涉及党政部门及其公务人员,更容易蛊惑群众,由此对政治稳定、社会和谐造成的危害也会更大。如2012年3月19日,一些不法分子在互联网上无端编造、恶意传播所谓"军车进京、北京出事"等谣言,让社会公众神经紧张,长江网为此发表的一篇文章说:"这(谣言)背后也有伪网民的精心策划与远

---

① 孙兴杰.抵制日货、砸日系车是"爱国"行为,还是"害国"行为?[N].温州晚报,2012-08-21.
② 张雷.论网络政治谣言及其社会控制[J].政治学研究,2007,(2).
③ 胡泳,范海燕.网络为王[M].海口:海南出版社,1997:334.
④ 姜胜洪.当前政治谣言七大"惑众"特征[J].人民论坛,2012,(18).

程操控,其目的就是想通过这种方式搞乱中国的民心,扰乱中国的阵脚,破坏来之不易的稳定局面。"①又如天津"8·12"爆炸事故发生后,诸如"天津港爆炸死亡1300多人,附近居民小区一个活口都没有""有毒气体正在向北京扩散"等谣言在网络空间肆意传播,给部分民众造成认知混乱,由此带来极大的心理压力,影响社会的安定。

---

① 章馨.疯传"军车进京、北京出事"谣言背后不简单[EB/OL]. http://mil.huanqiu.com/Observation/2012-04/2580647.html.

第四章
域外网络政治参与有序化发展的保障措施

互联网的飞速发展,促进了各国公民网络政治参与的快速发展。与此同时,网络政治参与出现了"群体极化""民主哄客"和意见领袖被吹捧、"网络水军"泛滥以及"人肉搜索"等非理性表达现象①,危害着社会公共秩序,侵犯公民、法人、其他组织的合法权益。如何构建符合本国国情的网络社会治理体系,已经成为世界各国促进公民网络政治参与有序化发展共同面对的重大课题。近年来,新加坡、日本、美国等国纷纷致力于网络社会治理,在成功与失败的交替过程中积累了大量宝贵的经验。正如美国政治学家亨廷顿所说,"后发展国家必须把政治参与控制在系统能够承受的范围内,当政治制度化还不够成熟时,失去控制的政治参与必然导致政治动乱的来临"②。作为网络社会治理的后来者,中国应充分发挥自身优势,借鉴这些国家的宝贵经验,探索出一套适合我国国情的网络社会治理模式,为我国公民网络政治参与有序化发展提供保障。

第一节 新加坡网络政治参与有序化发展的保障措施

新加坡自1965年宣告成为独立国家以来,基于面积小(仅714平方千米)、自然资源匮乏、国内民族宗教关系错综复杂等问题,理性选择秉承"一切服从生存与发展的现实需要"的理念,无论是在经济发展还是在社会治理方面,都形成了严格而有效的法律治理体系,但同时,政府注重充分调动社会积极性,吸纳公众参与社会治理。近年来,新加坡政府为应对信息化和新媒体的挑战,将现实社会治理的有益经验延伸至网络社会,逐渐形成了法律治理与社会自律相结合的网络治理模式,促进了公民网络政治参与的有序化发展。

---

① 周静.网民政治参与非理性表达及其规制[J].人民论坛,2014,(7).
② [美]塞缪尔·亨廷顿.变化社会中的政治秩序[M].王冠华,译.上海:上海人民出版社,2008:51.

一、编制严密的网络法律治理体系

新加坡是世界上互联网普及率最高的国家之一,根据世界互联网数据(Internet World Stats)机构的统计,新加坡的互联网普及率在2013年达到77.2%,大大高于东南亚国家40%的平均水平,在亚洲仅次于韩国和日本。① 新加坡在普及互联网的同时,认识到网络对国家安全、现实社会、人的思想影响巨大,认为政府作为国家利益和公众利益的代表,有责任、同时也必须积极介入互联网的管理。② 如新加坡广播电视委员会在发表有关因特网公告时宣称:"新加坡将鼓励因特网的发展,开发其潜力。同时,也要加强对赛博空间(Cyber Space)的检查,排除那些色情、容易诱发社会和宗教骚乱和犯罪行为的内容。"③经过长时间的网络治理实践,新加坡建立起事前审查与事后监督有机结合的政府主导型网络治理模式。

在事前审查方面,新加坡政府设置了严格的网络准入机制。新加坡广播电视委员会根据《广播法》的授权,颁布了《分类许可证通知》,规定互联网使用实行分类登记制度,要求互联网接入服务提供商、互联网服务代理商以及在学校、公共图书馆、社会中心和网吧等公共场所提供服务的机构等按照类别予以登记,登记目的主要在于明确网络服务商和用户负有阻止有害信息在网络空间传播的义务,如果没有尽此义务,就要承担过错责任。④ 同时,根据新加坡《互联网行业准则》规定,互联网服务提供商、特定的互联网内容提供商从业前需向广播电视委员会申请许可证。新加坡媒体发展管理局于2013年5月又发布新的规定,要求所有新闻网站都必须向政府申请经营许可,并上交5万新元(约25万人民币)作为保证金。⑤ 此外,使用互联网有以下情形之一的必须注册:(1)在新加坡注册的政治团体通过互联网以 WWW 方式提供网页者;(2)在 WWW 上参与有关新加坡的政治和宗教讨论的用户团体或新闻组;(3)为政治目的或宗教目的而提供网页的个人,以及由广管局通知其注册者;(4)通过互联网络在新加坡销售的联机报纸,由广管局通知其注

---

① 邱明达.新加坡多方面促进社交媒体健康发展[EB/OL].环球网 http://sg.xinhuanet.com/2014-09/24/c_127024836_2.htm.

② 孙丹.新加坡严格网络管理维护社会稳定[N].经济日报,2012-12-24.

③ 陈晓宁.广播电视新媒体政策法规研究[M].北京:中国法制出版社,2001:37.

④ 刘振喜.新加坡的英特网管理[J].国外社会科学,1999,(3).

⑤ 邱明达.新加坡多方面促进社交媒体健康发展[EB/OL]. http://sg.xinhuanet.com/2014-09/24/c_127024836_2.htm.

册者。①

在事后监督方面,新加坡政府设立了严厉的处罚机制。新加坡1996年发布的《互联网行为准则》规定,网络服务提供商和网络内容提供商不得传播有害于公共利益、公共秩序、社会安全、国家和谐或有悖于普遍接受的道德伦理的信息。一旦政府确认属于上述信息,即有权要求内容提供者删除此类信息,否则要受到相应处罚。作为新加坡互联网的直接管理者,媒体管理局对网络内容经过持续的过滤和审查,关闭了100个含有色情和其他不适宜内容的网站。在打击网络谣言方面,新加坡有严厉的处罚手段,根据新加坡《广播法》第45条规定,对于传播网络谣言信息的违法者,处以3年监禁或罚款1万新元(约合5万元人民币),也可以两者兼施。

二、积极推进网络社会自律

新加坡政府对互联网实施严格管理的同时,深刻认识到社会自律对网络秩序维护的积极意义。其一,新加坡政府鼓励网络行业自律。新加坡政府鼓励互联网服务提供商和内容提供商制定自己的内容管理准则,实行行业自律。在对用户意见予以调查的基础上,政府管理部门与互联网业界充分协商,形成了新加坡最有影响的行业自律规范——《行业内容操作守则》。《行业内容操作守则》要求网络服务提供商或内容提供商必须履行下列核心义务:①不得故意在网上放置不恰当的、让人反感的或是法律明确禁止的内容;②采用恰当的内容分级系统,将不同的信息加以区分,标明其所属的网站;③不得使用错误或误导性的描述符号来区分和表明站点;④尊重用户个人资料的隐私和保密性;⑤未经对方请求不得无缘无故发出电子邮件;⑥遵守新加坡现行的广告管理标准。②

其二,新加坡政府倡导网民自律。正如因特网顾问委员会主席指出的,"政府无法禁止人们进入大多数的网址,而只能鼓励大众自己做出判断"。因此,倡导网民自律是管理网络的最好办法。为提升网民自律的程度,新加坡非常注重增强公民的媒介素养。新加坡教育部开发了网络素养在线教育平台,向学生、家长和教师提供安全使用网络的教育内容,对网络素养教育的课程内容与学习模式提出了指导性建议。同时,新加坡教育部要求各学校开设网络素养教育课程时,应当明确的教学重点必须包括以下两个方面:教导学

---

① 苏哈图.新加坡网络治理成就斐然[N].光明日报,2010-07-29.
② 谢新洲.新加坡网络信息管理机制分析[J].中国图书馆学报,2007,(1).

生们"使用网络时要学会尊重自己和他人";教导学生们"对网络进行安全和负责任的使用"。① 此外,新加坡广播局向社会公众公布了热线电话号码以及网络主页的网址,鼓励网民及时向广播局报告网络上发现的有害信息。

第二节 日本网络政治参与有序化发展的保障措施

日本的网络治理模式起初呈现出行业自律为主、政府不干预的特色,但随着互联网快速发展带来日益增多的网络信息安全问题,政府开始出台相关法律加以调控,逐渐形成了目前政府指导下的行业自律型网络治理模式,有助于促进公民网络政治参与的有序化发展。这种模式主要表现出以下两个方面的特点。

一、行业自律在网络治理体系中居于主导地位

日本政府于1996年发布《关于互联网上信息的流通报告书》,强调互联网治理以行业自我管理为主。日本的互联网协会名目繁多,互联网信息中心、电子网络协会、电信服务业提供商协会、电气通信业者协会等是互联网协会的中坚力量,这些行业协会通过行业规范实现相互协作与自律。作为日本的第一部网络行业自律规范,《互联网伦理事业准则》规定了网络行业实现自律应当遵循的基本准则,《关于互联网行业中有关伦理的自主指针》《电子运营中有关个人信息保护的指针》以及《互联网用户规则与方法》等,则从不同方面规制互联网企业的行为,保障行业自律目标的实现。

二、政府在网络治理系统中居于指导地位

政府对网络政治参与行为的治理不是凭借政府的行政权威,而是通过出台新的法律法规或者修改已有法律法规,实现对网络社会秩序的治理。

在日本,负责网络社会治理的政府部门主要包括总务省(主要任务是制定互联网发展的总战略,协调各部门间的合作)、警察厅(主要承担处理利用互联网犯罪问题的执法工作)、文部省(主要承担互联网技术的开发及普及任务)、经济产业省(主要负责处理商务领域出现的问题),这些负责网络社会治理的政府部门分工明确、协调合作。② 日本政府对网络社会的治理主要通

---

① 王国珍.新加坡中小学网络素养教育探析[J].比较教育研究,2014,(6).
② 马闻慧.日本网络信息内容安全的治理机制及对中国的启示[D].武汉:华中科技大学,2013.

过相关立法予以实施,目前已经建立起比较严密的网络管理法律体系:一是针对网络安全和网络犯罪开展立法,如1999年颁布的《非法接入网络禁止法》旨在通过禁止非法接入互联网以防范互联网犯罪的发生。二是针对未成年人免受网络侵害专门立法,如制定了《打击利用交友网站引诱未成年人法》《青少年安全上网环境整备法》等相关法律加以调控。三是强化针对互联网服务商法律责任的立法,以《规范互联网服务商责任法》为典型代表,该法要求互联网服务商必须承担以下责任:其一,履行监督网络信息发布者的责任,即一旦发现网络不良信息,应立即予以删除并警告信息发布者;其二,履行保护遭受网络信息侵害的公民权益的责任,即有义务将致害信息发布者的相关信息提供给受害者,便于受害者获取法律救济;其三,协助政府部门开展打击网络犯罪等执法活动。

第三节 美国网络政治参与有序化发展的保障措施

美国为促进公民网络政治参与的有序发展,建立起完善的网络社会治理体系。相对于新加坡和日本,美国更强调政府对网民参与行为的规制,主要表现为:政府为网络社会治理编制了严密的法网;政府支持网络行业自律;政府重视对网民进行道德教化;政府注重采用技术手段治理网络。

一、政府为网络社会治理编制了严密的法网

在防治计算机欺诈与滥用方面,美国先后颁布了《伪装进入设施和计算机欺诈及滥用法》(1984年)、《计算机欺诈和滥用法》(1986年)、《计算机滥用法修正案》(1994年)等法案;为调控电子商务秩序,美国颁布了《数字签名法》(1995年)、《统一计算机信息交易法》(1999年)等有重要影响的法案;为保护网络隐私权,美国颁布了一系列法律如《电子通信隐私法》(1986年)、《儿童在线隐私保护法案》(1998年)、《互联网保护个人隐私的政策》(1999年)。此外,在网络社会治理的其他方面,基本上都颁布了相应法律加以规范,从而形成了"以法治网"的局面。

二、政府支持网络行业自律

一方面,美国政府呼吁自律团体、组织、联盟自觉遵守网络法律和网络伦理道德,鼓励行业自律组织制定自律公约,促进达成共识,自觉遵守,自我约束,以共同维护网络秩序。美国网络行业自律发展到今天,已经形成涵盖知

识产权、公民隐私权、电子商务、网上有害信息管理等网络社会治理的各个主要方面的自律网络，它们在美国网络社会治理系统中发挥着举足轻重的作用。另一方面，政府通过政策扶持、投资网络信息基础建设，鼓励网络企业配合政府治理网络。如"英特尔"公司在其生产的每台"奔腾"处理器上就装设芯片系列号，只要用户开机联网，内设芯片就会将本机系列号自动发送给政府网络管理部门，以便于网络部门十分轻易地掌握电脑用户的信息，协助政府防范、打击网络犯罪行为。

三、政府重视对网民进行道德教化

美国计算机伦理协会制定了著名的"摩西十诫"：不能用计算机危害其他人、不能妨碍别人的计算机工作、不能偷看别人的文件、不能利用计算机进行偷窃、不能利用计算机做伪证、不能非法拷贝软件、不能在未经允许的情况下使用他人的计算机资料、不能非法使用别人的智力成果、想一下你写的程序对社会将产生的影响、遵守计算机使用规则。上述十条戒律，是美国政府一直倡导国民从事网络行为应当遵守的基本道德准则。此外，美国政府呼吁网络运营商通过不同形式加强宣传，提升网民的网络素养，自觉规范自身的网络行为，共同维护良好的网络秩序。

四、政府注重采用技术手段治理网络

分级系统（Rating System）与过滤系统（Filtering System）是美国普遍采用的两种典型技术手段。在美国，使用频率较高的网络信息分级系统有PICS（Platform for Internet Content Selection）、P3P（Platform for Privacy Preferences Project），其主要功能在于将网络信息按照预设标准进行分级，对于有用的信息予以保留，供网络使用者使用；对于不合法以及严重违背道德规范的内容则直接予以屏蔽。美国的网络信息过滤系统主要有网络巡逻（Cyber Patrol）、网络保姆（Net Nanny），它们的运作主要是通过搜寻关键词，实现对网络不良信息的筛选与过滤，以减少网络不良信息、网络有害信息、网络非法信息在网络空间的传播。

第四节　国外网络政治参与有序化发展实践对我国的启示

新加坡、日本、美国等网络发达国家尽管在网络治理模式方面存在差异，但这些国家的网络社会治理实践均表明政府在网络社会的治理中具有举足

轻重的地位,但绝不是凭政府单方面力量就能维护好互联网秩序。网络社会的治理需要贯彻综合防控原则,建设法律规范、行政监管、行业自律、技术保障、国际合作相结合的信息网络管理体系。唯有如此,才能形成保卫网络安全、维护网络秩序的有效合力。

一、加快网络社会治理的法治化进程

综观新加坡、日本、美国等互联网发展水平较高的国家,都非常重视立法对网络社会秩序的调控。如新加坡、美国、日本分别颁布了《网络行为法》《计算机安全法》《IT基本法》等网络基本法,这些网络基本法确定了互联网治理的基本原则,在基本法确定的基本原则指导下,再颁布相关地方立法,构筑起完整的网络社会治理法律体系,为这些国家网络社会的安全与秩序稳定提供了立法保障。同时,新加坡、日本、美国等国家在建立严密的网络立法体系的同时,也重视针对网络社会出现的新情况、新问题进行立法完善,即根据互联网发展的现实需求添加或删减相关法律内容,对于不适应现实需求的网络立法则予以废止,从而保障法律的针对性和可操作性。在具体的网络社会治理手段和方式方面,上述网络发达国家注重运用刑事制裁、行政处罚、民事赔偿等多种法律手段对网络社会进行综合管理。如美国国会通过的《网络端正通讯法》(Communication Decency Act,简称CDA)规定,通过网络向未满18周岁的未成年人传播"猥亵(obscene)"或"粗俗不雅(indecent)"的言论或信息的行为属刑事犯罪,可被判处两年以下监禁及250000美元以下的罚款。[①]再如新加坡国会通过的《垃圾邮件控制法案》规定:消费者对违反规定的垃圾电子邮件发送人可要求赔偿损失,赔偿费为每条垃圾电子邮件25新元(约合128元人民币),赔偿总额最高不超过100万新元(约合511万人民币)。

环顾我国网络立法领域,目前依然存在着诸多不适应网络社会发展需要的问题。一是缺乏一部高层级的、专门性的法律作为网络治理法律体系的基本法。目前相关网络的法规、行政规章、行政规范性文件的制定,是以全国人大常委会的决定,即《关于维护互联网安全的决定》和《关于加强网络信息保护的决定》为其法律依据,由于缺乏统一的网络指导思想和指导原则,呈现出网络立法不能有机配合、甚至冲突的情形。二是对于网络发展过程中面临的新情况、新问题,缺乏有效法律加以规制,从而出现"网络立法的漏洞"。三是

---

① 江登琴.美国网络色情刑事处罚的宪法审查——雷诺案的经验与启示[J].国家检察官学院学报,2011,(1).

有些网络立法是在网络发展初期制定的,对于网络社会高度发展的今天,呈现不能有效调控网络公共领域秩序的情况,从而出现网络立法过时问题。因此,借鉴新加坡、日本、美国的网络社会治理经验,我国在网络立法方面应当尽快出台网络社会调控方面的基本法,为相关网络立法的制定或修改提供明确的立法方向和指导原则,促进中国形成一个科学有效的网络立法体系。另外,注重处理好网络立法的稳定性与适用性,根据网络社会发展的需求,适时修改和完善网络立法体系,尤其是针对网络侵权、网络违法犯罪的立法,应根据形势需要,适时完善刑事制裁、行政处罚、民事赔偿等法律手段,更好地维护网络社会秩序。

二、构建权责明晰的网络社会行政监管体系

新加坡、日本、美国构建网络社会防控体系的实践表明,政府作为维护社会治安的主导力量,在网络社会治理中具有举足轻重的地位。新加坡、日本、美国等国普遍建立了职责清晰的网络管理行政机构体系。一是设置了网络社会管理的最高行政机构,如日本政府管理网络信息的最高机关是内阁官房办公厅,美国则由总统关键基础设施保护办公室负责统筹协调。二是设置了网络社会管理的具体执行机构,如日本内阁官房办公厅下设信息安全中心,具体负责对管理网络信息各部门的工作予以协调,处理网络安全应急事件,指导并监督网络行业协会开展工作;美国网络社会管理的具体执行机构又细分为两类:一类是专门管理机构,即国土安全部;另一类是辅助机构,包括国防部、商务部、行政管理和预算局等部门。上述机构的网络社会管理职责均由法律明确界定,共同应对网络安全问题。从新加坡、日本、美国等国的网络立法及其治理实践来看,政府在网络社会秩序调控中主要发挥着以下三方面的作用。一是政府制定网络中长期战略规划。美国是世界上首个制定网络安全战略的国家,早在1978年就颁布了第12065号行政令,成立了专职负责管理国家网络安全事务的信息安全检察办公室,划分了国家安全信息的种类,明确了政府及其雇员所具有的权限。美国的网络安全战略具体形成于2000年初克林顿政府发布的《保卫美国的网络空间:信息系统保护国家计划1.0版》,这是美国针对网络空间首次制定的战略文件。"9·11"恐怖袭击发生后,小布什政府于2002年9月发布了《美国国家安全战略》,将反恐作为国家安全战略的首要内容。之后,奥巴马政府于2011年先后发布《网络空间国际战略》和《网络空间行动战略》两个网络安全战略文件,从全球视角来确定网络安全战略。除美国外,新加坡、日本等国政府也根据自身国情制定了网

络安全战略。二是政府运用行政权力打击网络违法犯罪活动,如新加坡媒体发展管理局已屏蔽了100多个包含色情内容的网站。三是政府重视开展网络宣传教育工作,采取有效措施提升网民的网络媒介素养。如新加坡教育部要求对中小学生必须进行媒介教育,并明确媒介素养教育的核心内容与教育模式。

在我国,依据互联网法律、行政法规、部门规章、国务院及其相关部门的规范性法律文件,我国负责互联网管理的行政职能部门众多,如中宣部、国家互联网信息办公室、公安部、文化部、工信部、广电新闻出版总局、教育部、工商总局等。虽然国家互联网信息办公室的主要职责之一是指导、协调、督促有关部门加强互联网信息内容管理,但如何协调依然是网络社会管理实践中面临的一个突出问题。基于网络行政管理部门的多头化,容易造成部门间的利益争夺或相互推诿现象发生,不利于网络社会管理的有效进行。因此,借鉴发达国家网络社会治理的实践,我国仍需完善相关法律制度,进一步划分各互联网行政管理部门的职责边界,构建权责明晰的网络社会行政监管体系。

三、促进网络社会自律的良性发展

政府运用国家强制力对互联网进行管控往往能起到立竿见影的效果,但在网络社会治理中绝不是最好的方式。一是网络社会具有虚拟性、易变性、广泛性等不同于现实社会的属性,光靠政府的力量是无法治理好网络社会的;二是网络社会治理的成本相当之高,也是政府自身难以承受的;三是网络社会的属性决定了政府治理往往只能是"治标不治本"。为此,新加坡、日本、美国等网络发达国家非常重视社会自律,实现对网络社会秩序的调控。其一,各国重视行业自律。如美国计算机伦理协会制定的"摩西十诫"在防控网络违法犯罪方面起到了很好的效应。其二,各国重视企业自律,即由互联网企业(即以网络为基础的经营商,一般包括IT行业、电子商务企业、软件开发企业等)开展自律活动。如日本Line社交软件公司通过与手机运营商的年龄认证系统联动,对于无法确认年龄是否已满18周岁的手机用户,采取限制用户检索的措施。其三,各国重视网民自律。新加坡、日本、美国等国政府通过开展媒介教育、引导行业自律组织教育网民等途径,培育网民的自律精神,自觉遵守网络法律与规范。

我国政府在构建网络社会综合防控体系过程中,已经注意到社会参与治理的积极意义,如成立了中国互联网协会,该协会发布了自律公约和倡议书,但协会带有明显的行政印记,给社会公众的印象往往是受制于政府操控,自律作用难以发挥;我国网络企业自律做得较好的是"新浪公司",建立自律专员制度对网络不良信息进行监督,并且成立微博辟谣团队,建立微博辟谣机制,对网络社会秩序的维护做出了重要贡献,但其他网络企业在这方面没有足够重视;我国网民在网络空间的行为呈现非理性的状况依然比较严重,主要原因在于其缺乏看自律意识。可见,借鉴国外互联网自律机制的特色和成功经验,并根据我国的国情构建网络社会自律机制,应当成为实现网络社会协同治理的重要路径。

四、提升网络社会治理的技术监管水平

网络社会的发展毕竟是依靠网络技术的进步为基础的,尤其是一些网络违法犯罪是运用网络技术实施的,故需要"以技术对技术",通过改进网络技术防控网络违法犯罪行为的发生。新加坡、日本、美国等国就非常重视发展网络技术,普遍采取网络过滤技术,如美国研发的"网络保姆"(Net Nanny)具有网络监看功能,利用"网络保姆"提供的"黑名单",能够阻止色情网站侵袭。可见,运用技术手段治理网络已经成为网络发达国家的普遍经验。

我国在构建网络社会综合防控体系过程中,理应进一步重视网络技术的防控功能,由政府提供优惠政策,甚至是资金支持鼓励网络企业研制开发相关网络技术。与此同时,政府既应当对网络防控技术的开发研制标准设定法律标准,防止这些技术标准损害国家利益、社会利益以及公民的合法权益,也应当为网络服务提供商使用网络技术提供法律保障。

五、强化网络社会治理的国际合作

随着网络技术的高度发展,网络空间已成为继陆、海、空、天之后的"第五空间",网络发展给世界各国带来政治、经济、文化便利的同时,也让各国蒙受网络攻击之害。可以说,网络空间的安全问题已成为困扰世界的严峻挑战。2012年出炉的战略与国际问题研究中心(CSIS)报告显示,无论是美国、英国、俄罗斯等发达国家,还是中国、印度等发展中国家,抑或是以色列、巴基斯坦等政局动荡的国家,都是网络攻击的受害国。[①] 基于网络攻击给美国政治、经济造成巨大损失,美国发布《网络空间行动战略》,明确指出,网络治理需要寻求国际合作,这是网络空间行动战略的五大支柱之一。经过磋商,美国与

---

① 赵琦.评论称美国通过加强国际合作应对网络战[N].南方日报,2012-07-16.

日本、韩国、以色列等国建立了合作关系。此外,日本、新加坡等国在维护网络安全方面也积极寻求国际合作。上述国家在网络治理的国际合作实践中普遍认识到,网络安全是全球性挑战,单靠一国之力难以有效应对,必须通过国际合作共同破解这一难题,需要各国共同制定网络空间规则、深化打击网络犯罪合作、加快网络防护技术发展、完善网络安全对话的机制。①

  大量事实证明,中国近年来一直是网络攻击的主要受害国之一。如国家互联网应急中心(CNCERT)的数据显示,2013年1月1日至2月28日不足60天的时间里,境外6747台木马或"僵尸"网络控制服务器控制了中国境内190万余台主机。② 面对网络攻击,单凭国内力量,很显然无法有效防范与制止,必须开展国际合作,与他国共同应对。与此同时,我国网民规模达6.68亿,成为典型的网络大国,在参与国际网络空间治理中负有重大责任。针对网络治理国际合作中存在的网络霸权主义、网络国际数字鸿沟、国际协调机构欠缺等问题,我国应当增强自身的网络治理能力,寻求与他国合作,共同反对网络霸权主义;为网络极不发达的国家与地区提供资金、技术方面的国际援助,努力缩小网络国际数字鸿沟;支持联合国成为网络社会国际合作治理的协调机构,出台相应的国际法规,处理国家间在网络治理合作中出现的矛盾纠纷;积极参与网络社会治理的国际谈判,在坚持主权原则、共治原则、互惠原则的前提下,与相关网络利益共同体的国家间达成共同应对网络犯罪、网络恐怖主义、网络黑客攻击等问题的协议。

---

  ① 马晓天.网络安全离不开国际合作[N].人民日报(海外版),2012-05-30.
  ② 电子技术与软件工程编辑部.国家互联网应急中心:中国遭境外黑客攻击严重[J].电子技术与软件工程,2013,(6).

第五章
公民网络政治参与的效度及其发展障碍

第一节 网络政治参与效度的评价指标体系

关于政治参与的效度问题,美国学者亨廷顿认为,是公民参与"影响政治系统的程度和持续性,以及它对政治系统的重要性"①。我国学者就此也已做了一些探索,如刘红岩认为,参与的效度是指参与行为对参与主体个人和整体政治体系乃至社会结构的功能和影响程度。② 马海龙、张钦朋在《论政治参与的度》一文中指出,政治参与的效度是指社会成员的政治参与行为对政治体系和政治运行所产生影响的有效性程度,也是社会成员通过政治参与进行自我实现的程度。③ 魏海青认为,政治参与的效度就是对政治参与过程及其效果的评价。④ 归纳上述学者对政治参与效度的界定,可以得出:政治参与的效度即"政治参与的有效性",是公众参与对政治系统及其公共决策产生的实质影响。笔者认为,政治参与的效度尽管关键取决于政治参与的效果,但不能等价,而应当进行"成本—效益"分析,具体通过政治参与的效果与政治参与成本的比值来反映,用于衡量政治参与取得实际效果的程度。据此,本书认为,网络政治参与的效度应当包含以下三个主要的衡量标准。

一、公民网络政治参与的效能感程度

(一)何谓政治效能感

政治效能感是公民政治参与效果的重要组成部分,已经成为许多学者研究公民政治参与实践的一个重要衡量标准。例如,针对杰西·P.马奎特研究

---

① [美]塞缪尔·P.亨廷顿,琼·纳尔逊.难以抉择——发展中国家的政治参与[M].汪晓寿,等,译.北京:华夏出版社,1989:12-13.
② 刘红岩.公民参与的有效决策模型再探讨[J].中国行政管理,2014,(1).
③ 马海龙,张钦朋.论政治参与的度[J].长白学刊,2009(04).
④ 魏海青.当前影响我国公民政治参与效度的因素分析[J].江苏广播电视大学学报,2009(01).

中发现的1949年的菲律宾总统选举中,教育与投票率之间的相关性只有负值-0.268这一现象,亨廷顿和纳尔逊认为,"(菲律宾)1949年的选举,是在大量的公开欺诈和腐化的气氛中进行的,因而使文化程度较高的公民感到他的选票将会分文不值"①。同时,亨廷顿和纳尔逊对马来西亚华人中受教育程度较高者不愿意参与选举投票这一现象也进行过研究,他们认为,其原因在于"马来西亚华人一直深受歧视,他们或者被剥夺权利,或者政治功效水平低下",因此"马来西亚都市华人受教育程度的提高,使他们意识到自己的投票毫无意义"②。M.拉尔·戈埃尔对印度受教育程度较高者不愿意投票的情况进行研究后,则认为可能是因为"投票需要时间和精力,文化程度较高者,比那些把投票看作过节一样的没什么文化的人,更不愿花费这种时间和精力"③。上述研究表明,"对任何选举系统而言,抉择者(即投票公民)应该有其选择行为的某种目的。如果抉择者(即投票公民)看不到他的行为的目的,他将停止这种行动;只有冥顽无知的人才会重复那种毫无报偿的活动"④。具体而言,公民决定是否进行政治参与,取决于政治参与活动能否给自己带来利益,也就是学者们所说的公民的政治效能感程度。

所谓政治效能感,是公民对政治参与的感受程度,作为一个概念首先由坎贝尔(Campbell)提出,他认为政治效能感是"个人的政治行动对政治过程所产生的影响力,也就是值得个人去实践其公民责任的行为。公民会感受到政治与社会的改变是可能的,并且可以在这种改变中扮演一定的角色"⑤。公民网络政治参与的效能感程度,是公民作为政治参与主体通过网络平台参与政治活动后,将政治参与所取得的成效与自己的预期目标进行比较,比值越大,效能感越大;相反,效能感则越小。这是参与者对参与结果的感官评价。

(二)政治效能感程度对网络政治参与的影响作用

政治效能感程度对公民政治参与积极性的影响,得到了诸多学者的认同。如阿尔蒙德和维尔巴认为,对个人效能的信任度是一种关键的政治态

---

① [美]塞缪尔·亨廷顿,琼·纳尔逊.难以抉择——发展中国家的政治参与[M].汪晓寿,等,译.北京:华夏出版社,1989:87.
② [美]塞缪尔·亨廷顿,琼·纳尔逊.难以抉择——发展中国家的政治参与[M].汪晓寿,等,译.北京:华夏出版社,1989:88.
③ 李静雅.转型时期公民社会的建构与政治参与[D].厦门:厦门大学,2008.
④ 李静雅.转型时期公民社会的建构与政治参与[D].厦门:厦门大学,2008.
⑤ [美]坎贝尔.选民抉择[M].康涅狄格州:宾西法尼亚州立大学格林伍德出版社,1954:187.转引自陈丽莉.青年网络政治参与视角下的政治认同研究[D].新乡:河南师范大学,2015.

度,自信的人更积极地参与民主。① 安东尼·M.奥勒姆也认为:政治效能感高的公民,其政治参与水平也比较高。② 塞缪尔·亨廷顿、琼·纳尔逊则指出:只有当地位较高的人们有较高的政治效能感他们才会积极参与政治,而如果他们政治效能感不足,则他们政治参与的积极性则将低于较低阶层。③ 石瑛、董丁戈在《论基于政治效能感的公民政治参与》一文中,不但认为政治效能感对于政治参与具有正向影响,而且指出公民政治参与的强度、归因方式、参与选择是其影响机制。④

按照马克思主义观点,"人们的奋斗所争取的一切,都同他们的利益有关"⑤。公民网络政治参与的目的也不例外,其根本动因和目的在于实现某种利益,或是物质利益,或是精神利益。为了获取利益,公民在网络政治参与中是需要付出成本的,如电脑购置、网络使用方面的经济费用成本,参与活动耗费的时间成本,等等。在网络政治参与后,公民往往在内心会对自己付出的成本与取得的收益进行比较分析,收益大则会增强公民网络政治参与的效能感,提升公民后续政治参与的积极性;收益小则会降低网络政治参与的效能感,直接影响到网络政治参与的效果,不利于政治参与的效度提升。

人民论坛问卷调查中心对中国公众政治参与度的调查结论显示:政治效能感是影响我国公众政治参与的重要因素,其受到性别、教育程度和政治面貌的影响。⑥ 作为公民政治参与效果的重要组成部分,政治效能感已经成为现代政府引导公民政治参与实践追求的重要目标之一。我国党和政府为提升公民政治参与的效度,一贯强调要"扩大公民有序的政治参与""提升公众参与度",要实现这一政治任务,就需要增强公民政治参与的政治效能感。

二、网络政治参与对公共决策过程的影响程度

公民想要借助网络政治参与获取物质利益和精神利益,必须对公共决策

---

① [美]加布里埃尔·A.阿尔蒙德,西德尼·维巴.公民文化——五个国家的政治态度和民主制[M].徐湘林,等,译.北京:东方出版社,2008:29.
② [美]安东尼·M.奥勒姆.政治社会学导论——对政治实体的社会剖析[M].董云虎,等,译.杭州:浙江人民出版社,1989:338-339.
③ [美]塞缪尔·亨廷顿,琼·纳尔逊.难以抉择——发展中国家的政治参与[M].汪晓寿,等,译.北京:华夏出版社,1989:86.
④ 石瑛,董丁戈.论基于政治效能感的公民政治参与[J].学术交流,2012,(9).
⑤ 中共中央马克思恩格斯列宁斯大林著作编译局.马克思恩格斯全集(第1卷)[M].北京:人民出版社,1995:82.
⑥ 石晶.中国公众的政治参与度调查报告[EB/OL].http://www.rmlt.com.cn/2016/0708/432158.shtml.

的过程施加影响,其影响程度如何,是衡量公民网络政治参与效度的客观标准。以公共政策的形成为例,一个公共决策的形成往往需要经过政策议程设定、政策方案规划、政策合法化三个主要阶段。网络政治参与对公共决策的影响程度,主要取决于公民参与对各个主要阶段影响的有效性。

第一,在政策议程的设定阶段,"那些被决策者选中或决策者感到必须对之采取行动的要求构成了政策议程(policy-agenda)"①。可见,公民网络政治参与的诉求得以实现,最重要的是需要获得公共决策者的关注,纳入公共政策的议程,这是政策议程设定阶段政治参与效度的体现。

第二,在政策方案规划阶段,公民网络政治参与的效度取决于参与行为对决策者确定目标、拟订方案、抉择方案的影响程度。

第三,在政策合法化阶段,公民参与活动能否真正影响到决策者对政策议案的审议、表决和通过,是网络政治效度有无及其大小的直接反映,由于这一阶段关涉公共政策的最终形成,因此对效度的评价同样起着至关重要的作用。

三、网络政治参与增进公共决策科学化的程度

"一张选票可以用来选一个希特勒式的人物,也可以用来选择一个林肯式的人物。"②网络政治参与的效度不仅取决于参与行为对公共决策的影响程度,还应当取决于增进公共决策科学性的程度。公共决策的科学性体现为决策的结果符合客观事物发展的规律,决策的实施能带来预期的效果,对社会经济发展有正面的促进作用。影响公共决策科学性的因素固然是多方面的,但对事实和信息的正确把握在其中起着至关重要的作用。网络政治参与是一把双刃剑,在提升政治参与质量、促进民主政治建设的同时,对公共政策的制定也会产生消极的影响,使公共决策缺乏科学性。这是因为,网络空间具有的虚拟性,使得网民的自律性大打折扣,他们往往恣意宣泄情绪,制造虚假信息甚至是网络谣言,给决策者收集网络民意造成障碍,误导决策者对民意的择取,极大地影响到公共决策的科学化程度,进而导致公共决策执行的失误。

---

① [美]詹姆斯·E.安德森.公共决策[M].谢明,等,译.北京:华夏出版社,1990:69.
② 罗维.扩大与有序的勾连:政治参与有效性的征得[J].江汉论坛,2009,(7).

第二节 当前制约网络政治参与效度提升的主要因素

一、网络政治参与主体的制约

"理想的民主不应仅仅是让公民们在汤姆和哈里之间(或没有竞争对手的亨利)选择一人就算是参与了管理,而应该让他们在力所能及的范围内识别问题,提出建议,权衡各方面的证据与论点,表明信念并阐明立场。"①公民的参政能力和参政水平直接决定着网络政治参与效度的状况。当前,受传统和现实因素的影响,我国公民网络参政责任意识欠缺、参政能力有限,严重阻碍着网络政治参与效度的提升。

(一)公民网络参政的责任意识欠缺

1. 部分网民的媒介素养不高

媒介素养是指人们面对媒介各种信息时的选择能力、理解能力、质疑能力、评估能力、创造和生产能力以及思辨的反应能力。② 对于网民而言,其网络媒介素养则指他们在面对互联网上海量的信息时能否正确有效地选择信息,是否具备享用网络媒介资源的能力。这种能力包括网民利用网络资源的动机、使用网络资源的方式方法和态度、利用网络资源的有效程度及对网络信息的批判能力。③ 基于媒介素养缺失,有些网民散布政治谣言,如无端编造、恶意传播所谓"军车进京""北京夜里响起了枪声"等政治谣言;有些网民不顾他人隐私大肆"人肉搜索",通过网络追查并公布、传播当事人的个人信息,并在网络公共空间进行造谣诽谤、恶意攻击。2012 年 5 月 2 日,有用户发布图片,称此系江西赣县某乡党委书记出巡场景,后经查证,原图为 2004 年 7 月"我国驻伊拉克大使馆复馆小组负责人孙必干在安全人员陪同下,考察临时馆舍"图片,但评论中不乏信以为真者,由此污染了公民网络政治参与的信息源。④

2. 部分网民存在非理性表达

当下所处社会转型期的矛盾凸显,加之社会竞争压力的增强,使一些公民对现实生活产生诸多不满和怨恨,但囿于现实社会的法律、道德、情面诸多

---

① [美]科恩.论民主[M].聂崇信,朱秀贤,译.北京:商务印书馆,1988:22.
② 邱沛篁,蒋晓丽,吴建.媒介素质教育论集[M].成都:四川教育出版社,2004:15.
③ 冯资荣.泛信息时代的受众媒介素养[J].现代视听,2007,(5).
④ 姜胜洪.当前政治谣言七大"惑众"特征[J].人民论坛,2012,(18).

因素而不敢随意发泄,当他们进入网络空间后感觉到无比自由,于是恣意发泄不满,宣泄情绪;而另有一部分网民则是为了标榜自己、展现个性、张扬自我,在网络空间对政治社会进行"添油加醋"式的抨击。凡此种种,反映的是公民网络参政责任意识的欠缺,降低了网络舆论信息的真实性和参考价值,阻碍了网络政治参与效度的有效提升。

(二) 公民网络参政的代表性不强

1. 各省份网民规模和互联网普及率发展极不平衡

自从互联网技术在我国使用以来,全国各省份网民规模和互联网普及率的发展一直处于极不平衡的状况(见表5-1)①。以中国互联网信息中心发布的第39次《中国互联网发展状况统计报告》(以下简称《报告》)为例,2016年我国互联网发展地域性差异仍然存在,北京、上海、广东等省市的互联网普及率相对较高,分别为77.8%、74.1%、74.0%,而贵州、甘肃、云南等省份的互联网普及率尽管在持续增长,但仍然相对较低,分别为43.2%、42.4%、39.9%(见表5-2)②。

表5-1 2011—2015年中国内地省份网民规模及互联网普及率

地区	2011年		2012年		2013年		2014年		2015年	
	网民数(万人)	普及率(%)	网民数(万人)	普及率(%)	网民数(万人)	普及率(%)	网民数(万人)	普及率(%)	网民数(万人)	普及率(%)
北京	1379	70.3	1458	72.2	1556	75.2	1593	75.3	1647	76.5
天津	719	55.6	793	58.5	866	61.3	904	61.4	956	63
河北	2597	36.1	3008	41.5	3389	46.5	3603	49.1	3731	50.5
山西	1405	39.3	1589	44.2	1755	48.5	1838	50.6	1975	54.2
内蒙古	854	34.6	965	38.9	1093	43.9	1142	45.7	1259	50.3
辽宁	2092	47.8	2199	50.2	2453	55.9	2580	58.8	2731	62.2
吉林	966	35.2	1062	38.6	1163	42.3	1243	45.2	1313	47.7
黑龙江	1206	31.5	1329	34.7	1514	39.5	1599	41.7	1707	44.5
上海	1525	66.2	1606	63.1	1683	70.7	1716	71.1	1773	73.1
江苏	3685	46.8	3952	50	4095	51.7	4272	53.8	4416	55.5

---

① 中国产业信息网. 2011—2015年全国各地区网民规模和互联网普及率[EB/OL]. http://www.chyxx.com/industry/201703/506107.html.

② 白杨. 中国网民已达7.31亿,2016年互联网的最全分析在这里[EB/OL]. http://tech.ifeng.com/a/20170122/44535194_0.shtml.

续表

地区	2011年		2012年		2013年		2014年		2015年	
	网民数（万人）	普及率（%）	网民数（万人）	普及率（%）	网民数（万人）	普及率（%）	网民数（万人）	普及率（%）	网民数（万人）	普及率（%）
浙江	3052	56.1	3221	59	3330	60.8	3458	62.9	3596	65.3
安徽	1585	26.6	1869	31.3	2150	35.9	2225	36.9	2395	39.4
福建	2102	57	2280	61.3	2402	64.1	2471	65.5	2648	69.6
江西	1088	24.4	1267	28.5	1468	32.6	1543	34.1	1759	38.7
山东	3625	37.8	3866	40.1	4329	44.7	4634	47.6	4789	48.9
河南	2582	27.5	2856	30.4	3283	34.9	3474	36.9	3703	39.2
湖北	2129	37.2	2309	40.1	2491	43.3	2625	45.3	2723	46.8
湖南	1936	29.5	2200	33.3	2410	36.3	2579	38.6	2685	39.9
广东	6300	60.4	6627	63.1	6992	66	7286	68.5	7768	72.4
广西	1353	29.4	1586	34.2	1774	37.9	1848	39.2	2033	42.8
海南	338	38.9	384	43.7	411	46.4	421	47	466	51.6
重庆	1068	37	1195	40.9	1293	43.9	1357	45.7	1445	48.3
四川	2229	27.7	2562	31.8	2835	35.1	3022	37.3	3260	40
贵州	840	24.2	991	28.6	1146	32.9	1222	34.9	1346	38.4
云南	1140	24.8	1321	28.5	1528	32.8	1643	35.1	1761	37.4
西藏	90	29.9	101	33.3	115	37.4	123	39.4	142	44.6
陕西	1429	38.3	1551	41.5	1689	45	1745	46.4	1886	50
甘肃	700	27.4	795	31	894	34.7	951	36.8	1005	38.8
青海	208	36.9	238	41.9	274	47.8	289	50	318	54.5
宁夏	207	32.8	258	40.3	283	43.7	295	45.1	326	49.3
新疆	882	40.4	962	43.6	1094	49	1139	50.3	1262	54.9

表5-2 2016年中国内地省份网民规模及互联网普及率

省份	网民数（万人）	2016.12互联网普及率(%)	2015.12互联网普及率(%)	网民规模增速(%)	普及率排名
北京	1690	77.8	76.5	2.6	1
上海	1791	74.1	73.1	1.0	2
广东	8024	74.0	72.4	3.3	3
福建	2678	69.7	69.6	1.1	4

续表

省份	网民数（万人）	2016.12互联网普及率(%)	2015.12互联网普及率(%)	网民规模增速(%)	普及率排名
浙江	3632	65.6	65.3	1.0	5
天津	999	64.6	63.0	4.5	6
辽宁	2741	62.6	62.2	0.4	7
江苏	4513	56.6	55.5	2.2	8
山西	2035	55.5	54.2	3.0	9
新疆	1296	54.9	54.9	2.7	10
青海	320	54.5	54.5	0.8	11
河北	3956	53.3	50.5	6.0	12
山东	5207	52.9	48.9	8.7	13
陕西	1989	52.4	50.0	5.5	14
内蒙古	1311	52.2	50.3	4.1	15
海南	470	51.6	51.6	0.9	16
重庆	1556	51.6	48.3	7.6	17
湖北	3009	51.4	46.8	10.5	18
吉林	1402	50.9	47.7	6.7	19
宁夏	339	50.7	49.3	3.7	20
黑龙江	1835	48.1	44.5	7.5	21
西藏	149	46.1	44.6	5.5	22
广西	2213	46.1	42.8	8.8	23
江西	2035	44.6	38.7	15.7	24
湖南	3013	44.4	39.9	12.2	25
安徽	2721	44.3	39.4	13.6	26
四川	3575	43.6	40.0	9.7	27
河南	4110	43.4	39.2	11.0	28
贵州	1524	43.2	38.4	13.2	29
甘肃	1101	42.4	38.8	9.6	30
云南	1892	39.9	37.4	7.4	31
全国	73125	53.2	50.3	6.2	—

2. 城乡网民规模和互联网普及率发展极不平衡

从城乡网民规模的发展趋势来看,尽管都在增长,但城镇网民规模的增速明显很快,而农村网民规模的增速明显偏慢(见图 5-1)①。中国互联网络信息中心发布的第 40 次《中国互联网络发展状况统计报告》显示,截至 2017 年 6 月,我国网民中农村网民占比 26.7%,规模为 2.01 亿;城镇网民占比 73.3%,规模为 5.50 亿。② 可见,虽然我国农村网民规模持续增长,但城乡网民规模的差异依然较大。

图 5-1 2006—2015 年城乡网民规模对比

从互联网普及程度的发展趋势来看,城乡互联网普及差异依然较大(见图 5-2)③。中国互联网络信息中心发布的第 40 次《中国互联网络发展状况统计报告》显示,截至 2017 年 6 月,我国城镇地区互联网普及率为 69.4%,农村地区互联网普及率为 34.0%。

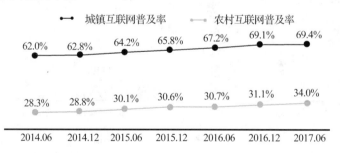

图 5-2 2014 年 6 月—2017 年 6 月中国城乡互联网普及率

---

① 中商情报网.CNNIC:《2015 年农村互联网发展状况研究报告》[EB/OL]. http://www.askci.com/news/hlw/20160902/14214859158.shtml.
② 中国互联网络信息中心.第 40 次《中国互联网络发展状况统计报告》[EB/OL]. http://cnnic.cn/gywm/xwzx/rdxw/201708/t20170804_69449.htm.
③ 中国互联网络信息中心.第 40 次《中国互联网络发展状况统计报告》[EB/OL]. http://cnnic.cn/gywm/xwzx/rdxw/201708/t20170804_69449.htm.

上述数据表明,从互联网普及率、网民占比来看,公民网络政治参与存在的地域不均衡现象依然相当严重,内地尤其是农村经济欠发达地区的公民,基于信息资源的缺乏,不能通过网络政治参与中的有效途径表达利益诉求,决策者很难从网络空间收集到那些"沉默的声音",致使网络民意的代表性不强,由此造成决策的科学性欠缺。

(三)公民网络参政的能力素质不高

公民网络参政是指公民运用互联网技术及手段,如通过博客、电子邮件、公共论坛、QQ等方式,对公共事务或公共决策进行利益表达或利益维护的网上行为。① 从公民网络参政的内容来看,主要体现为网络维权、网络议政、网络问政等类型,无论是哪种情形,要取得良好的效果,都要求网民必须掌握互联网运用技术,具有良好的语言表达能力。基于当前网民学历层次偏低、互联网运用能力欠缺等问题,我国公民网络参与的效度提升面临着较为严重的困境。

1. 我国网民的整体学历层次偏低

以中国互联网信息中心发布的第37次《中国互联网发展状况统计报告》为例,2015年我国城乡网民结构(见图5-3)②中,城镇网民中初中及以下学历者占比为42.6%,农村网民中初中及以下学历者占比更高,占比为72.7%;而学历为大学本科及以上的网民占比中,城镇为14.7%,农村仅为2.7%。

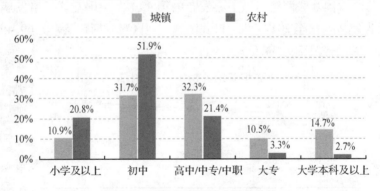

图5-3 2015年我国城乡网民结构

2. 我国非网民部分群体存在上网技能缺失

第40次《中国互联网发展状况统计报告》显示,截至2017年6月,我国

---

① 魏星河,刘加夫,聂贝妮. 我国公民网络参政兴起的特点、原因及影响[J]. 求实,2010,(5).
② 中商情报网. CNNIC:《2015年农村互联网发展状况研究报告》[EB/OL]. http://www.askci.com/news/hlw/20160902/14214859158_5.shtml.

非网民规模为6.32亿。关于非网民不上网的原因(见图5-4)①,其中,因不懂电脑/网络而不上网的非网民占比为52.6%,受不懂拼音等知识水平限制而不上网的非网民占比为26.9%;受没有电脑、当地无法连接互联网等上网设施限制而无法上网的比例分别为9.3%和6.2%。学者李雪彦对"贫困地区乡村妇女网络政治参与"的研究中,围绕着"您是否会使用电脑"这一问题展开调查的结果是,在受访的187名妇女中,有140人表示她们不会使用五笔、智能拼音等汉字输入法;超过171人不知道如何收发电子邮件;超过181人不能正确注册、访问及使用博客;有179人不能通过QQ等渠道进行网络沟通。②

图5-4 我国非网民不上网的原因

网络是公民实施网络政治参与的载体。公民必须懂得如何使用电脑及相关的网络设备,才能顺畅地在网络空间实施诸如网络签名、网上留言、网络发帖、注册政治博客等形式的政治参与行为。但是,基于上网技能缺失以及文化水平限制,我国部分公民尽管有浓厚的参与热情和强烈的表达愿望,但往往受制于自身的学识、阅历,欠缺识别判断能力,同时由于血气方刚,易于盲目跟风,致使发表的意见往往具有很强的主观臆断性,很难被决策者采纳吸收。

二、网络政治参与客体的制约

关于政治参与的客体,学术界主要存在着三种不同的观点:一是认为政治参与的客体仅仅指对政府决策施加影响的活动,如美国学者亨廷顿认为

---

① 中国互联网络信息中心.第40次《中国互联网络发展状况统计报告》[EB/OL]. http://cnnic.cn/gywm/xwzx/rdxw/201708/t20170804_69449.htm.
② 李雪彦.贫困地区乡村妇女网络政治参与研究[J].云南民族大学学报(哲学社会科学版),2014,(3).

"政治参与只是指试图影响政府决策的活动"①。二是认为政治参与的客体应当是所有涉及政府活动的政治生活。如我国著名政治学者王浦劬认为政治参与的客体"不只是囿于政府决策而是包括所有直接或间接同政府活动相关的政治生活"②。三是认为政治参与的客体是一切涉及公益分配的活动。例如"政治参与可以解释为全国或地方、个人或集体支持或反对国家结构、权威或有关公益分配决策的行动"③。以上三种观点分别从狭、中、广三个层次对政治参与客体进行了界定,都蕴含并指向政治系统。政治系统是否开放、透明,能否及时有效回应公民参与,是决定公民网络参与效度的外在前提条件。由于"官本位"思想的根深蒂固,某些地方政府还没能完全走出以管理者自居的圈子,部分公务人员依然保持"我说你听,我管理你服从"的态度,公民在参与中的"平等互动地位"还未能真正确立,从而使公民网络政治参与的效果大打折扣。

（一）政治系统的开放性、透明度有待增强

信息的充分把握是公民网络政治参与的基础。美国学者埃里温·艾默里、迈克尔·艾默里认为,"如果公众参与政府事务,则他们必须有机会了解与其在政治体制中的地位相一致的消息和情况"④。达尔也持相同的观点:"如果政府控制了全部重要的信息来源,公民怎么可能获得所需要的信息,来帮助他们理解各种问题？如果公民获得的信息都是出自同一个来源,比方说政府,他们怎么可能有效地参与到政治生活中去？"⑤我国学者从知情权角度对公民拥有信息的权利做了论证,如学者张欧阳认为:"如果知情权得不到保证,公民无法获得足以进行合理判断的信息,那么其他的民主权利就更加无从谈起。如果公民想要真正地维护自己的权益、融入社会生活并发挥作用,'知晓的权利'是实现这一切的先决条件。"⑥学者郭小安同样认为,公民拥有信息的权利"意味着在宪法和法律的框架内,公民享有知晓国家事务、政府及其工作人员的行为的权利;享有知晓社会现象、社会问题和发展变化的情况

---

① [美]塞缪尔·P.亨廷顿,琼·纳尔逊.难以抉择——发展中国家的政治参与[M].汪晓寿,等,译.北京:华夏出版社,1989:6.
② 王浦劬.政治学基础[M].北京:北京大学出版社,1995:209.
③ 陈振明,李东云."政治参与"概念辨析[J].东南学术,2008,(4).
④ [美]埃里温·艾默里,迈克尔·艾默里.美国新闻史——报业与政治、经济和社会潮流的关系[M].展江,译.北京:新华出版社,1982:20.
⑤ [美]罗伯特·达尔.论民主[M].李柏光,林猛,译.北京:商务印书馆,1999:106.
⑥ 张欧阳.网络民主的核心要素及其现实效应理论分析[D].长春:吉林大学,2013.

的权利;享有知晓涉及本人利益的相关信息的权利"①。上述学者的论述表明,根据宪法和法律的规定,公民获取必要的政治信息是其应有的权利,也是公民有效从事网络政治参与的保障。

同时,信息公开不充分容易导致网络政治谣言的产生,损害政治参与的效度。学者们在研究谣言产生的原因时,总结出两个谣言公式,一个是美国社会学家G. W. 奥尔波特和 L. 波斯特曼总结的谣言公式是:谣言的杀伤力 = 信息的重要度 × 信息的不透明程度;另一个则是由传播学者克罗斯发展提出的谣言公式:谣言 = (事件的)重要性 × (事件的)模糊性 × 公众批判能力。上述两个谣言公式中,除了信息(事件)的重要性外,"信息的不透明程度"与"(事件的)模糊性"都表明信息的不公开是导致政治谣言产生和发生裂变扩大的根本原因,而后一个公式在前一个公式基础上,又增加了一个决定因素——"公众批判能力"。这里,"公众批判能力"的强弱,除了受公众自身的文化水平、政治素养等诸多方面的因素制约,实际上也受到该事件信息的透明度影响,因为公众只有掌握了充分的真实的信息,才能根据信息做出正确的判断。如果信息不公开不透明,公民在信息缺失的情况下,对网络空间的虚假信息甚至是网络谣言在不能明辨是非时,往往选择"宁可信其有"的态度,甚至通过观察他人的行为来获得所谓的"真相",由此很可能导致网络谣言的进一步传播,容易导致极端化群体行为的产生。

我国政治机构在信息公开方面取得了较大进步,但仍然存在着一些不足,影响着公民网络政治参与的效度提升。如2003年"非典"期间,由于信息的不公开,网络谣言满天飞,以至于广州、北京等地出现白醋、板蓝根的抢购潮,造成社会恐慌情绪急剧上升。随后,我国各地制定了有关政府信息公开的规定。2007年国务院在总结各地政府信息公开制度及其实践的基础上,出台了《政府信息公开条例》。《政府信息公开条例》实施两年后,北京大学公众参与研究与支持中心和耶鲁大学法学院中国法律中心,联合清华大学、中国政法大学、吉林大学、西北政法大学等7所高校的研究力量,依照两中心开发的《中国政府信息公开评测指标体系》,针对国务院下设的43个机构和除香港、澳门、台湾、西藏之外的国内30个省(区、市)政府,以及北京、吉林、山东、浙江、广东、四川共6个典型省市下属的全部97个地市级行政单位,共170个测评对象,通过网上搜索、阅读政府公报、查阅政府信息公开年度报告、向政府咨询等形式,进行检索和实测,并且发布了《中国行政透明度年度报

---

① 郭小安.网络民主的可能及限度[M].北京:中国社会科学出版社,2011:202.

告·2009》。调查报告显示,得分超过60分的省级行政单位共有12个,及格率为40%;而在被测评的43个国务院下设机构中,及格的仅有银监会和商务部;被测评的各省(区市)与下属地市相比,总分往往领先下属地市十多分甚至二十多分。该报告同样显示,信息公开在地方政府落实得不好,而且越往基层,落实得越差,95%以上的县级政府甚至没有专门负责信息公开的机构。① 2015年9月,北京大学公众参与研究与支持中心对70个中央部门和147个省、市、县级政府共217个部门的信息公开再次进行评测,随后发布的《中国政府信息公开观察报告(2014—2015)》仍然显示,中央部门中,国务院组成部门和直属机构表现较好,直属事业单位和部管局差距明显;地方政府中,省、市、县三级透明度递减;在"三公"经费、权力清单与环保监督等重点信息公开领域呈现逐级递减趋势。② 究其原因,除了信息公开机构的设置问题,还存在以下两个方面的主要原因:一是受"民可使由之,不可使知之"的封建特权观念影响,一些地方政府害怕民众监督,往往将本应公开的信息界定为"内部文件""内部资料""内部情报"从而拒绝公开,致使公民知情权缺乏保障,无法真正接触政治系统中的核心决策层,这种参与注定无法实现对政府决策产生显著影响;二是尽管第一时间掌握大量信息但无发布意识,或不懂发、不会发,甚至不愿发,依旧沿袭和采用传统的新闻传播套路——"提供"信源"/通稿给媒体—媒体组稿/发布—转发媒体报道",从而造成在重大事件、突发性事件和社会热点事件面前一次次错失最佳舆论引导时机,甚至处于"谣言倒逼"的被动窘境。③

(二) 政治系统对网络政治参与的回应质量不高

国务院办公厅印发《关于在政务公开工作中进一步做好政务舆情回应的通知》(国办发〔2016〕61号)指出:"经过多年努力,各地区各部门政务公开和舆情回应工作取得较大进展,发布、解读、回应衔接配套的政务公开工作格局基本形成。但是,与互联网对政府治理的要求相比,与人民群众的期待相比,一些地方和部门仍存在工作理念不适应、工作机制不完善、舆情回应不到

---

① 邓永胜.政府信息公开条例实施两年多 过半省级政府不及格[N].中国青年报,2010-09-29.
② 王春霞.报告显示:政府信息公开回应呈现"逐级递减"[EB/OL].http://news.youth.cn/jsxw/201509/t20150925_7155732.htm.
③ 董伟.新媒体蓝皮书:政务新媒体存在大量"僵尸账号"[N].中国青年报,2015-06-25.

位、回应效果不理想等问题。"①当前,政治系统对政治参与的回应效果不高的主要表现有:

一是政务新媒体存在大量"僵尸账号"。中国社会科学院新闻与传播研究所主持编写的新媒体蓝皮书《中国新媒体发展报告 NO.6(2015)》显示,中国政务新媒体呈现平台多元化格局,不仅包括大家熟知的微博、微信、客户端等政务新媒体,还出现了以短视频和网络电台为代表的视听类政务新媒体以及基于移动搜索应用的"政务直达号"为代表的政务新媒体。但是,部分地方政府因对新媒体研究和认知不足,盲目跟风,无力运营,顾此失彼,导致一些地方政务新媒体平台都存在大量的"僵尸账号"。在已挂有显著认证标识的政务官方账号中,57.33%的账号是零发布或久不更新,另有24.73%的账号或因早期进驻平台"试水体验",发布了与党务政务毫无关联的、完全私人化的家庭生活场景类短视频,且此类视频长期存在,政务短视频账号整体活跃度和内容符合度不足5%。②

二是部分政治机构的回应率偏低。如江苏省为提升政府的网络问政能力,定期对网络问政进行排名,其中政府回应网民的情形是检测的主要对象之一,以2015年8月1日至8月27日的监测数据统计为例,有4个县级政府的回复率为0(见表5-3)。③ 又如济宁市网络问政平台的实时监测数据显示,在被监测的127家政府部门中,自2017年1月1日以来,有13家单位的回复率显示为0。④

表5-3 江苏回复网友留言红黑榜

红榜					
排名	市县区	回复率	排名	市县区	回复率
1	南通市海门市	100%	2	宿迁市宿豫区	100%
2	南京市玄武区	100%	5	宿迁市沭阳县	62.5%
2	南京市雨花台区	100%	5	盐城市建湖县	62.5%

① 国务院办公厅.国务院办公厅印发《关于在政务公开工作中进一步做好政务舆情回应的通知》(国办发〔2016〕61号)[EB/OL]. http://www.gov.cn/zhengce/content/2016-08/12/content_5099138.htm.
② 赵丽.地方政务新媒体遇挑战 信源意识淡薄陷谣言倒逼窘境[EB/OL]. http://news.youth.cn/jsxw/201507/t20150702_6814760.htm.
③ 谭大朝,张鑫.江苏网络问政排行:海门回复居首[EB/OL]. http://js.people.com.cn/n/2015/0831/c360299-26188181.html.
④ 济宁市网络问政平台.回复率排行(2017年1月1日起)[EB/OL]. http://jnms.jnnews.tv/reversionrate.

黑榜					
排名	市县区	回复率	排名	市县区	回复率
1	宿迁市泗洪县	0%	2	淮安市淮安区	0%
2	无锡市江阴市	0%	4	泰州市兴化市	0%

(注:回复率相同时,按各市县区投诉量排名　数据来源:人民网江苏视窗"百姓呼声"栏目;监测时间:2014年8月1日至8月27日)

三是部分政治机构的回应质量不高。中国社会科学院法学研究所对外发布《2014年政府信息公开第三方评估报告》指出,回应模式化、回应缺乏实质内容等现象较为普遍,这使得回应不仅没有起到正面的效果,反而引发了更多的质疑与不信任,降低了政府的公信力。在对237条社会各界普遍关注的热点信息的调查中,虽然有高达80%的信息得到了相关政府机关的回应,但在得到回应193条信息中,仅有86条信息回应较为成功,成功率仅为44.56%,不足一半。剩下的107条信息回应中,都或多或少存在解释不清、没有后续回应等问题。① 部分政府网络政务平台上的"神回复"引发网民热议:第一种是"千篇一律型",以"正在调查""尽快处理"为常见回复语,或是以"不清楚""不了解""负责人不在"等为托辞。如2013年初,针对600多封内容各异的群众来信,河南省周口市沈丘县政府官网的回复全是"您好,我们会尽快为您处理的"。第二种"答非所问型",往往出现在那些"敏感""影响地方形象"等问题的回应中。第三种是"无厘头型",如有网民向浙江绍兴环保局官微投诉噪音扰民,没料到得到的回复是:"等等哈,正吃着切糕呢!"②

"僵尸微博""千日一面""该页无法显示"等面子工程反映出政治系统对公众政策输入的重视程度与支持力度不够,经网民戏谑后,一些政府对网站建设和微博维护予以重视,但只答复不落实现象大量存在。由此,部分公众逐渐对网络参政丧失信心,大大降低网络政治参与的效度。

三、网络政治参与机制的制约

邓小平同志曾经指出:"制度科学合理,可以有效遏制犯罪及坏人的横行。制度如果不完善,就会加剧社会的恶化,使之走向相反的方向。"③十八届三中全会通过的《中共中央关于全面深化改革若干重大问题的决定》对公

---

① 万静.政府机关日益重视解读回应工作[N].法制日报,2015-03-30.
② 何晨阳.网民热议政府"神回复"[J].现代阅读.2014,(12).
③ 国务院新闻办公室.国务院关于解决新生代农民工问题的若干意见[N].人民日报,2006-05-16.

民政治参与机制进行了阐释,即"更加注重健全民主制度、丰富民主形式,从各层次各领域扩大公民有序政治参与,充分发挥我国社会主义政治制度优越性"。可见,网络政治参与机制主要包括两方面:一是为公民网络政治参与的有效实现提供保障性制度;二是为公民网络政治参与的有序化运行提供规范化制度。当前,我国公民网络政治参与的上述两个方面的制度供给不足,与网络政治参与发展的迫切需要之间存在矛盾,容易导致政治参与危机的产生。对此,美国学者塞缪尔·P.亨廷顿在研究中得出一个经典的公式:政治参与÷政治制度化=政治动乱①。该公式表明政治参与的规模一定要与该国的政治参与制度化水平相一致,否则就会出现政治动乱这样的政治参与危机。我国学者俞可平在理论上将政治参与危机概括为四种类型:(1)公民在政治上极为冷漠,没有参与热情;(2)公民有很高的参与热情和参与需求,但由于缺乏通畅合法的参与途径而导致非法或非正常的政治参与;(3)公民在政治参与中与政府发生大规模冲突;(4)公民参与失去控制,危害社会正常秩序。②可见,网络政治参与制度缺失是导致非制度化、非理性参与的重要原因,也是制约公民网络政治参与效度提升的重要因素。

(一)政府信息公开制度不全面

十一届三中全会以来,我国党和政府高度重视政府信息公开问题。1987年党的十三大报告就指出:要"提高领导机关的开放程度,重大情况要让人民知道,重大问题要经人民讨论",要"通过各种现代化的新闻和宣传工具,增强对政务和党务活动的透明度,发挥舆论监督的作用"。1997年党的十五大报告提出:要"坚持公平、公正、公开原则,直接涉及群众切身利益的部门要实行公开办事制度"。2002年党的十六大报告提出要"完善公开办事制度",要求"各级决策机关都要完善重大决策的规则和程序,建立社情民意反映制度,建立与群众利益密切相关的重大事项社会公示制度和社会听证制度,完善专家咨询制度,实行决策的论证制和责任制,防止决策的随意性";要"扩大党员和群众对干部选拔任用的知情权、参与权、选择权和监督权"。2005年,中共中央办公厅、国务院办公厅下发了《关于进一步推行政务公开的意见》,对于当前政务公开工作的指导思想、基本原则、工作目标、主要任务、重点内容、形式载体、制度建设和组织领导措施做出明确规定,并要求积极探索和推进政务公开的立法工作,抓紧制定政府信息公开条例,逐步把政务公开纳入法制化

---

① [美]塞缪尔·亨廷顿.变化社会中的政治秩序[M].王冠华,译.上海:上海人民出版社,2008:51.

② 俞可平.公民参与民主政治的意义[N].学习时报,2014-03-19.

轨道。2007年,国务院颁布了《中华人民共和国政府信息公开条例》,明确了行政机关依法公开政府信息的义务,规定了政府信息公开的范围、方式和程序,对于推进我国政务公开,提高政府工作的透明度,促进依法行政,保障人民群众依法获取政府信息,发挥了积极的作用。

但是,随着改革的深入和社会信息化的快速发展,现行条例在实施过程中遇到一些新的问题。主要表现为:有些制度规定比较原则,政府信息公开的范围不够具体,公开义务主体不够明确,对于哪些信息应当公开、如何公开,存在不同理解和认识,实践中容易引发争议。近年来,因不服政府信息公开的行政诉讼案件大幅增加,据北京市高级人民法院统计,从2015年5月1日到2016年4月20日,北京法院审理的各类型行政案件中,政府信息公开案件占比最大,约占全部一审行政案件的20%。①北京市四中院召开新闻发布会称,该院2015年受理的一审行政案件中,政府信息公开类案件最多,占55%。② 广东省高级人民法院统计的数据显示,2013年,广东全省法院受理一审政府信息公开类行政诉讼案件共273件,较2012年增加了73%;2014年,受理了379件,较2013年增加了39%。但是,与高起诉率相比,胜诉率极低,在上述政府信息公开类案件中,2013年申请人胜诉的案件仅占10%,2014年胜诉案件只占12%。究其原因,主要原因之一是现有政府信息公开法律规范不完善、可操作性不强,正如最高人民法院行政审判庭李广宇副庭长所说,"造成政府信息公开司法救济尴尬现实的根本原因,在于目前我国保护公民知情权的法律依据,仅仅是条例中的半款规定"③。政府信息公开制度的不完善导致行政诉讼胜诉率低的状况,容易导致两种不良情况的发生,一是公众对政府信息公开行政诉讼的失望,从而失去政治参与的积极性;二是公众因政府信息公开诉讼败诉产生负面情绪,由此导致非理性政治参与的产生。无论是两种情形中的哪种情况发生,都会影响网络政治参与效度的提升。

(二) 网络政治参与机制不健全

网络政治参与机制是连接参与主体(公民)与参与客体(政治系统)的桥梁与纽带,主要表现为通过一系列的参与制度促进主客体双方互动。以微博政治为例,我国的微博政治参与肇始于2010年,到2013年我国就一跃成为

---

① 郭京霞,赵岩.北京高院通报行政案件审理情况[N].人民法院报,2016-04-30.
② 张宇.2015年民告官案多涉信息公开 胜率1/4[N].北京晚报,2016-03-31.
③ 瓦特.六成省级政府信息公开不及格,信息公开条例司法解释或年底出台[N].南方周末,2010-09-29.

世界微博品牌第一大国,能提供微博服务的网站共有103家,用户账号总数已达13亿。①微博技术的发展和微博用户的迅猛增长,推动了公民网络政治参与主体和范围的快速增长。按照亨廷顿的政治理论,"一个国家在政治制度化方面的落后状态,会使对政府的要求很难——如果不是不可能——通过合法渠道得到表达,并在该国政治体系内部得到缓解和集中。因此,政治参与的剧增就产生政治动乱"②。随着我国公民网络政治参与的蓬勃发展,制度供给不足或者出现法律真空的现象是必然存在的。

当前,针对传统政治参与的制度架构已经基本形成,但适应网络政治参与的制度显得相当滞后,如网络选举如何开展、网络监督怎样运作、网络参与公共事件的如何进行都缺乏应有的制度安排。与此同时,网络选举、网络监督、网络参与公共事件等政治参与过程中公民参与行为的限度没有专门规定,对国家、社会、他人造成损害应当怎样承担责任的规定可操作性不强,这些机制的缺失导致网络政治参与的无序状况时有发生,严重制约着网络政治参与效度的提升。

(三)网络舆论引导机制不完善

习近平同志指出:"网民来自老百姓,老百姓上了网,民意也就上了网。群众在哪儿,我们的领导干部就要到哪儿去。各级党政机关和领导干部要学会通过网络走群众路线,经常上网看看,了解群众所思所愿,收集好想法好建议,积极回应网民关切、解疑释惑。对广大网民,要多一些包容和耐心,对建设性意见要及时吸纳,对困难要及时帮助,对不了解情况的要及时宣介,对模糊认识要及时廓清,对怨气怨言要及时化解,对错误看法要及时引导和纠正,让互联网成为了解群众、贴近群众、为群众排忧解难的新途径,成为发扬人民民主、接受人民监督的新渠道。"③当前,部分政府公务员对网络舆情引导的重要性缺乏清晰认识,是网络舆情引导机制不健全的重要原因。心理学家弗洛伊德说过:"改变行为最好的方法就是改变你的观念。"④可见,充分认识网络舆情引导的重要性是这项工作的起点。当前,一些政府公务员甚至个别领导对网络舆情引导的重要性认识不够,湖南凤凰少女坠楼案中政府信息发布失当、江西宜黄拆迁自焚事件平息事态失当等事件便是典型例证。具体而

---

① 陈璐.微信用户多中产 微博用户多草根[N].中国青年报,2014-07-04(08).
② [美]塞缪尔·亨廷顿.变化社会中的政治秩序[M].王冠华,译.上海:上海人民出版社,2008:51.
③ 习近平.让互联网更好造福国家和人民[EB/OL]. http://www.cac.gov.cn/2016-04/19/c1118672081.htm.
④ 朱义宁.网络舆论危机中的政府应对策略研究[D].武汉:华中师范大学,2009:24.

言,主要表现为:其一,对网络舆论缺乏正确的认识,有的甚至视网络舆论为"洪水猛兽",认为网民不理解自己的工作;其二,对网络舆情存在的空间范围认识不清,认为网络舆情仅属于现实社会的事,与虚拟的网络空间不关涉;其三,对网络舆情引导应当采取的方式认识模糊,认为网络社会的舆情引导依靠强力管制的方式,诸如采取关闭网站、强行删帖的方式便可达到目标;其四,许多政府官员缺乏必要的主动公关意识,不会自觉利用传媒手段进行政府公关,忽视媒体在信息时代的影响作用,导致政府公关职能的弱化。观念先于行为,并决定行为,上述这些观念必须及时转变,否则将成为网络社会舆情引导工作中的障碍。

在中央和地方领导的重视和推动下,我国地方政府基本上都建立起网络舆情引导机制,但依然不健全,具体表现为:一是网络舆情处置的法律规范不健全,各方的权利义务规定不明确;二是网络舆情应对机制不健全,各部门权责不清,导致工作机制形同虚设;三是缺乏网络舆情的常态预警机制,舆情监测工作形式主义较为严重;四是网络舆情甄别研判工作机制不完善,无法有效开展舆情预警工作;五是突发性网络舆情的处置机制不健全,影响网络舆情的快速处置;六是网络舆情处置过程中应对媒体的机制不完善,致使政治机构与媒体不能有效协调。网络舆情引导机制的不完善,制约着政治机构与公众间的交流互动,也是阻碍网络政治参与效度提升的重要原因。

第六章
法治视域中公民网络政治参与的效度提升

法治，强调法律在社会生活中具有至高无上的地位，不仅要求公民和社会组织应当遵守法律，不得损害他人的合法权益和社会秩序；也要求公权力机关按照法律规定办事，不得损害公民和社会组织的合法权利。如前所述，公民网络参与效度提升的主要阻滞因素，既来自自身的局限、他人的妨碍，也来自政府等公权力机关的阻碍。要消减这些影响公民网络参与效度提升的因素，最可靠的方式就是法治，因为法治能为各方提供行为模式，保障各方在既定的轨道中行使法定权利，履行法定义务。可以说，法治是现代民主社会的象征，是民主政治有序发展的重要保障。

法治保障公民网络政治参与权免受公权力的侵犯。一方面，法治的核心在于确认和保护公民权利。法治是通过法律对社会进行治理，其中，"权利为法的内核，法以护卫权利为天然使命"[1]。法治有助于保障公民网络参与权，"人民有无参与的通道程序是检验一个国家民主与否的硬指标。同理，法律是否经由民主程序制定，则是检验一个国家是否实行法治的硬指标"[2]。另一方面，法治强调对公权力进行约束以保障公民权利。法治"不是强调政府要维护和执行法律和秩序，而是说政府本身要服从法律制度，而不能不顾法律或重新制定适应自身利益的法律"[3]。法治为公权力设定边界，使公权力沿着制度化、规范化和民主化的轨道有序运行，为民主的发展创造良好的政治生态环境。

法治保障公民网络政治参与权的有序运行。一方面，法治要求法律得到全社会成员的普遍遵守。"法治应包含两重意义：已成立的法律获得普遍的服从，而大家所服从的法律又应该本身是制定良好的法律。"[4]法治为所有从事网络政治参与行为的公民设定了可以行使的权利范围、应当履行的义务范

---

[1] 占柏美.论尚法精神[J].法制与社会发展,1999,(3).
[2] 张文显.马克思主义法理学[M].长春:吉林大学出版社,1995:398.
[3] [英]戴维·M.沃克.牛津法律大辞典[M].李双元,译.北京:光明日报出版社,1988:790.
[4] [古希腊]亚里士多德.政治学[M].吴寿彭,译.北京:商务印书馆,1965:199.

围,为公民网络政治参与权的有序运行奠定了坚实的基础。另一方面,法治对网络非理性参与行为具有纠偏作用。"法治将民主制度化、法律化,为民主创造一个可操作的、稳定的运行和发展空间,把民主容易偏向激情的特征引导到理性的轨道,为民主的健康发展保驾护航。"①

总之,发挥法治的引领作用,既有助于保障公民网络政治参与权利的行使,也有助于规范公民网络政治参与权利的行使;既有助于保障政府对公民网络政治参与的非理性行为进行治理,也有助于防范政府行使公权力,侵犯公民网络政治参与权利,从而保障公民网络政治参与权利在有序运行的基础上,促进参与效度的有效提升。

第一节 强化公民有序从事网络政治参与的理念与能力

按照《辞海》的解释,所谓"能力",是指"用以完成某一活动的本领,包括完成此项活动所需要采取的具体方式和能完成此项活动所需要的心理特征,能力是在实践活动中形成和发展起来的"②。马克思主义认为,"人的全面发展的实践过程就是人的能力得到发展的过程,人的能力的全面发展是人的全面发展的核心"③。

在政治学领域中,关于公民的政治参与能力,已有学者开始关注,并进行了定义和阐释。如学者胡政、罗维认为,"政治参与能力就是一般公民在为达到影响政府决策目的的活动中,所表现出来的为实现个体或群体的利益所选择政治参与的方式、渠道、具体途径、程度的能力"④。学者黄照认为,"政治参与能力是指政治主体在基本知情状态下,通过影响政治体系的构成、运行方式、运行规则和政策过程,以实现个体或群体的利益与权利所做出自主理性的抉择的能力"。学者杨凯月认为,政治参与能力是指在基本知情状态下,为实现自己的利益与权力,能够做出自主理性抉择的能力;政治参与能力体现为政治认知能力、政治鉴别能力、政治分析能力、政治表达能力、政治选择能力、政治组织能力、解决政治问题能力、政治实践能力。⑤ 学者何丽从大学生网络政治参与能力方面进行了界定,即"在网络社会,大学生网民和网民团

---

① 刘军宁.从法治国到法治——政治中国[M].北京:今日中国出版社,1998:259.
② 辞海编辑委员会.辞海[M].北京:人民教育出版社,1997:339.
③ 黄照.当代公民社会背景下个人政治参与能力的发展研究[D].南宁:广西民族大学,2012.
④ 胡政,罗维.论亨廷顿政治参与理论及其现实启示[J].理论导刊,2009,(5).
⑤ 杨凯月.当代大学生政治参与能力培养研究[D].南京:南京林业大学,2015.

体通过各种网络媒介形式获取政治信息、进行理性抉择,有序参与,对政治体系的构成、运行方式、运行规则和政策过程加以影响和推动的能力"。并进一步认为,网络政治参与能力的构成要素包括:网络知识与技能、网络政治信息获取能力、网络政治信息分析处理能力、网络政治思考力、政治诉求网络表达力、网络政治影响力。①

公民政治参与能力,是公民作为政治学意义上的人必须具备的一种能力。提升公民政治参与能力,是实现马克思主义关于"一切人自由而全面的发展"目标的要求和体现。中国共产党一直致力于这项事业,以促进公民政治地位的提高和我国民主政治的发展。第一代中央领导集体领导人民选择了社会主义道路,让我国公民第一次获得了独立的政治权利、应有的人格尊严和基本的生存权利。毛泽东同志在《关于正确处理人民内部矛盾的问题》中提出:"我们的教育方针,应该使受教育者在德育、智育、体育几方面都得到发展,成为有社会主义觉悟的有文化的劳动者。"②第二代中央领导集体坚持"发展是硬道理"的理念,将解放和发展生产力、实现共同富裕作为实现人的全面发展的客观物质基础,阐明生产力是决定人全面发展的最终力量,并且将"有理想、有道德、有文化、有纪律"确定为社会主义初级阶段公民全面发展的具体目标。第三代中央领导集体提出了推动经济、文化发展以及改善人民物质文化生活的发展战略,是促进人的全面发展的基础。③ 由此可见,公民网络政治参与能力的提升,既需要从公民精神理念方面着手,培养公民有序政治参与的理念,也需要从物质生活保障方面着手,提升公民的物质文化生活水平。

一、强化公民有序从事网络政治参与的理念

"政治参与需要激情,但又不能为情感左右;有序、有效的政治参与,需要公民理性选择和依法独立判断。"④与其他政治参与的方式一样,网络政治参与不仅仅是寻求个人利益的过程,而且承担着履行维护公共利益的社会责任。可以说,公民的政治责任感、主体意识、法治意识、民主意识、公共利益意识以及合作意识的水平程度,直接决定着网络政治参与的"有序"与"有效"。因此,提高公民网络政治参与的素养,是促进网络政治参与效度提升的重要

---

① 何丽.大学生网络政治参与能力及其培育研究[D].成都:成都理工大学,2015.
② 毛泽东.毛泽东选集(第5卷)[M].北京:人民出版社,1977:388.
③ 戴跃侬.人的全面发展理论与马克思主义中国化[J].马克思主义与现实,2007,(5).
④ 魏星河.中国公民60年参政变迁[J].政府法制,2009,(28).

保障。

(一) 加强社会主义核心价值观学习教育,培育网民的理性参与精神

党的十八大报告明确了社会主义核心价值观的基本理念和具体内容,即"倡导富强、民主、文明、和谐,倡导自由、平等、公正、法治,倡导爱国、敬业、诚信、友善,积极培育和践行社会主义核心价值观"。社会主义核心价值体系对丰富人们的精神世界、建设民族精神家园,具有基础性、决定性作用,有助于引领社会思潮、凝聚社会共识。

一方面,社会主义核心价值观有助于公民形成正确的世界观、人生观和价值观,树立正确的参与意识,从而提高参与主体的自身素质,防止公民在网络政治参与中出现语言粗暴、发泄情绪、造谣诽谤他人等不理性的参与行为。另一方面,作为一种价值意识,社会主义核心价值观能够指导与规范人的思想和行为模式,引领公民网络政治参与的正确方向。没有社会主义核心价值观的正确引导,公民在网络虚拟空间容易迷失方向。这是因为,随着对外开放的纵深发展,西方激进多元主义、后现代主义和新权威主义等政治文化因素也不可避免地传入我国,这些政治文化往往带有很浓厚的非理性色彩,引发网民的社会批判性、激进性与乌托邦的思想急剧增长,在网络政治参与中以极端的方式发泄对社会的不满,以至于决策者需要花费更大成本择取信息,从而降低网络政治参与的效度。因此,秉承中国共产党的十八大报告精神,开展社会主义核心价值体系学习教育,用社会主义核心价值体系引领社会思潮、凝聚社会共识,培育全社会具有良好政治信仰和政治情感,是提升网络政治参与效度的思想保障。

(二) 健全网络法治教育与德治教育,培养公民网络政治参与的规范意识

一国公民素质的高低对该国网络政治参与的健康有序发展至关重要。网民素质是一个综合性的有机统一体,思想道德素质和法律素质是其中两种最基本的素质,决定着网民在网络空间的行为动机和发展方向。思想道德素质和法律素质的增长,除了网民自身内化外,网络道德教育和网络法治教育的积极跟进也是十分重要的路径。

1. 坚持网络道德教育与法治教育相结合

网络道德教育着重倡导人们在网络公共领域应当做什么,网络法治教育则倾向于警示人们在网络公共领域不得做什么。"道德教育就是通过道德价值准则和道德信仰方式来实现法律的正义价值,将外在的法律规范转变成内在的道德义务,从而为法律获得道义上的尊严、为法制的推行奠定思想基础;法治教育通过宣传法律制裁所引起的心理效应来抑制或弱化行为人的违法

犯罪动机,是把德治教育所提倡的价值观念通过外在行为要求转化为内在思想需要,实现对社会个体道德品质的塑造。"①网络道德教育的目的在于培养人们的道德品质和形成理想人格,引导受教育者形成正确的人生观、价值观。网络法治教育的目的是让人们在了解和理解网络法律规范的基础上,培养其自觉自愿守法的精神,以及塑造其公平、正义的法制理念。在坚持网络道德教育与法治教育相结合的过程中,应当注意以下几个方面。一是摒弃网络法治教育从属于网络道德教育的观念。网络道德教育侧重于净化网民的内心世界,网络法治教育侧重于规范网民的外在行为,二者互为补充,地位上并非从属关系。二是明确网络道德教育与网络法治教育具有共同的价值目标,即都是为了促进网民素质的全面提升,规范网民行为,促进网络公共领域稳定秩序的生成。三是明确网络道德教育与网络法治教育的融合,不是网络道德知识与网络法律知识简单相加后的传授,而是追求网络道德教育与网络法治教育在培育网民人格目标上的完美结合。

2. 完善网络道德教育与法治教育的体系

政府作为我国整个社会资源的管理者、调控者和支配者,理应承担起公民教育的责任,促进网络道德教育与法治教育的完善与发展。然而,政府的人力、财力、物力的有限性,加之政府对网络道德教育和法治教育认识的局限性等因素,决定了政府作为唯一责任主体将无法保障教育的有效性。在社会力量日益强大的今天,网络道德教育与法治教育应当建立起政府主导,社会广泛参与的教育体制。

政府落实"谁执法谁普法"过程中,应重视网络道德教育。党的十八届四中全会明确提出实行国家机关"谁执法谁普法"的普法责任制,为贯彻这一会议精神,2017年5月中共中央办公厅、国务院办公厅印发了《关于实行国家机关"谁执法谁普法"普法责任制的意见》。政府既是行政立法机关,也是行政执法机关,应当注重在网络立法和执法活动中承担起普法的责任,在普法的同时强化对网民进行网络道德教育。一是在行政立法过程中,应当充分利用制定关涉网络的行政法规、行政规章以及其他规范性法律文件的过程向社会开展普法,对社会关注度高、涉及公众切身利益的重大事项,应向社会公开征求意见,动员社会各方广泛参与,广泛听取公众意见,并适时将社会公认的网络道德进行公开讨论和评析,吸纳能有效维护网络社会秩序的道德作为行政立法的内容,增强社会公众对法律的理解和认知,方便社会公众理解掌握

---

① 陈大文.大学生道德教育与法治教育有机结合的探讨[J].思想理论教育导刊,2011,(3).

网络法规中设定的权利义务、权利救济方式等主要内容,也有助于公众在认知网络道德的基础上自我提升道德修养与品质。二是在行政执法过程中,应结合案情进行充分释法说理,告知行政相对人行政执法的相关法律依据、救济途径等,在增进行政相对人对法律认知的同时,强化他们的网络道德意识。

政府监督学校开展网络道德教育与法治教育。随着网络的日益普及,上网的门槛越来越低,青少年基于自身具备乐于接受新事物的习性,已经成为我国网民的重要组成部分。据中国互联网络信息中心(CNNIC)发布的最新数据显示,截至2016年底,中国20岁以下青少年(小学、初中、高中)网民数量约为1.7亿,占中国网民总数的23.4%。① 青少年的心理、生理正处于发育时期,他们的自我把控能力和是非分辨能力明显偏弱。《2016互联网不良信息对青少年的危害分析白皮书》显示,有79%的青少年接触过网络不良信息。部分青少年沉迷于网络诈骗、网络色情和网络暴力信息不能自拔而走向犯罪。中国青少年犯罪研究会统计数据表明,我国青少年犯罪总数已经占到全国刑事犯罪总数的70%以上,其中80%的青少年犯罪与网络有关。② 可见,加强对青少年的网络道德和网络法治教育已经成为网络社会治理中不容忽视的重大问题。学校是青少年教育的主要场所,但近年来由于以升学率为指挥棒,因此忽视对学生开展网络道德教育和法治教育的现象比较严重。政府作为学校教育主办方和监管力量,应当引导学校修订《思想道德修养与法律基础》,将其纳入网络道德教育与法治教育,并且规定授课时数,同时加强巡查,以保障网络道德教育与法治教育的贯彻落实及其实效。

政府引导网络服务商开展网络道德教育与法治教育。网络服务商的功能在于为信息交流提供技术支撑,为信息提供者与接受者提供中介服务,它们拥有对网民开展道德教育与法治教育的优势。相对于政府的普法教育和学校的课程教育,网络服务商在网民接触网络过程中实施道德教育与法治教育,显得更为直接而且效果会更好。政府可以通过行政立法为网络服务商设定义务、行政许可执法,监督网络服务商的方式,以及通过奖励、优惠等政策杠杆的调节,引导网络服务商出台网络道德规范,在提供网络服务过程中特别提示网民应当遵守的网络法律规范和网络道德规范,采取将严重违反网络法律规范和网络道德规范的网民列入"黑名单"等措施,切实履行好开展网络

---

① 喻思娈,张洋. 第39次《中国互联网络发展状况统计报告》发布[N]. 人民日报,2017-01-23.
② 黄建平,涂国辉. 斩断网络诱因预防青少年犯罪[EB/OL]. 中国法院网 http://www.chinacourt.org/article/detail/2012/07/id/531159.shtml.

道德教育与法治教育的社会责任。

（三）强化政治参与的知识教育和实践教育，提升公民网络政治参与的媒介素养

1. 提升网民的科学文化水平是网络政治参与有序化的基础

正如列宁所说，"文盲是站在政治之外的，必须先教他们识字。不识字就不可能有政治，不识字只能有流言蜚语、传闻偏见，而没有政治"①。当前，我国相当部分的网民文化水平层次不高是客观存在的现实，如作为网民中弱势群体的农村农民，平均受教育年限仅约为7年。近5亿农村劳动力中，小学文化程度和文盲半文盲占40.31%，初中文化程度占48.07%，高中以上文化程度仅占11.62%，大专以上只有0.5%。② 网络政治参与的实践表明，一些文化层次低和政治训练较少的公民在政治参与中，基于对政治参与缺乏全面理解，他们是非不分，盲目随从，或是由于表达能力的限制，不能有效表达自己的政治主张或者诉求，其结果是无法真正对公共决策产生实质影响。

公民网络政治参与所需的知识、能力和政治素养主要是通过学习得来，这就需要强化公民教育。正如约翰·罗尔斯在强调教育的重要作用时指出："不应得的不平等应加以矫正，由于与生俱来的不平等和自然天质是不应得的，这些不平等就要有所补偿。因此，这一原则认为：为了平等对待一切人，为了提供真正的机会均等，社会必须关心那些缺少天生才智的人和生来社会地位比较不利的人。办法就是把偶然性的偏斜矫正到平等的方向。贯彻这个原则的话，就可能把更多的资金用于教育智力较差的人而不是智力较强的人，至少在一生的某一时期，例如学校教育的初期。"③我国学者王浦劬研究也发现，"受过良好教育的公民因为有健全的认知技巧，学历高的公民政治关心程度也高，这在某种程度上强化着教育与政治参与的关系"④。

教育能让公民获取各类知识，同时培育他们正确的政治立场，提升他们的政治能力，以便他们能有效进行网络政治参与活动，培养出更多具备良好政治素养和政治参与能力的主体。当前，亟须在大、中、小学校和社区普及网络文化知识教育，在提升公民的科学文化水平、道德品质、政治素养的同时，引导公民在网络政治参与实践中"学习如何发挥自己的政治作用，变得关心

---

① 中共中央马克思恩格斯列宁斯大林著作编译局.列宁全集(第33卷)[M].北京:人民出版社,1957:41.
② 李雪彦.我国农民网络政治参与边缘化现象剖析[J].长白学刊,2013,(1).
③ [美]丹尼尔·贝尔.后工业社会的来临——对社会预测的一项探索[M].王宏周,魏章玲,译.北京:新华出版社,1997:486.
④ 王浦劬.政治学基础[M].北京:北京大学出版社,1995:222.

政治,增强对政治的信赖感,并感到自己是社会中的一员"①。

2. 提升公民的网络应用技术水平是网络政治参与有序化的保障

如前所述,东西部经济发展的差距、城乡经济发展的差距,导致经济落后地区的公民无法使用互联网进行网络政治参与。第39次《中国互联网发展状况统计报告》显示,截至2016年12月,我国非网民规模为6.42亿,其中城镇非网民占比为39.9%,农村非网民占比为60.1%。在非网民不上网的原因中,因不懂电脑/网络而不上网的非网民占比为54.5%。可见,让更多公民实施网络参与行为,有赖于提升公民的网络应用技术水平,不仅要让他们懂电脑、懂网络,而且要能熟练地查询有关的公共信息,能够通过网络准确地表达自身的意见和诉求。当前,政府需要扶持边远地区、农村地区的网络应用技术教育事业,可以通过增加这些地区的教育经费以配置电脑设备、网络设施;引进传授网络应用技术的专业教师,或是通过培训原有的教师人员提升他们网络应用技术水平。同时,真正落实网络扶贫工程的推进,降低网络使用资费,改善网络设施,保障互联网的高速畅通。此外,政府应当鼓励企业、社会公益组织参与网络扶贫工作,共同参与提升公民网络应用技术水平的社会公共事业。

二、落实公民网络政治参与能力提升的保障措施

(一) 强化公民网络政治参与的物质保障

马克思唯物史观告诉我们,"人们为了能够创造历史,必须能够生活。但是为了生活,首先就需要衣、食、住以及其他的东西,然后才能从事政治、科学、艺术、宗教等活动"②。这是因为,"通过社会生产,不仅可能保证一切社会成员有富足的和一天比一天充裕的物质生活,而且还可能保证他们的体力和智力获得充分的自由的发展和运用"③。针对物质生活条件对政治参与是否存在影响这一问题,许多学者进行过研究,并得到肯定的回答。如日本学者蒲岛郁夫认为,"富裕者比非富裕者拥有更多参与政治活动所需的资本和动力,也比非富裕者更加有效地利用参与的机会"④。美国学者亨廷顿认为:"社会经济不平等、政治暴乱以及政治参与的缺乏,乃是由于一个社会的社

---

① [日]蒲岛郁夫.政治参与[M].解莉莉,译.北京:经济日报出版社,1989:5.
② 中共中央马克思恩格斯列宁斯大林著作编译局.马克思恩格斯全集(第1卷)[M].北京:人民出版社,1995:32.
③ 中共中央马克思恩格斯列宁斯大林著作编译局.马克思恩格斯选集(第3卷)[M].北京:人民出版社,1995:633.
④ [日]蒲岛郁夫.政治参与[M].解莉莉,译.北京:经济日报出版社,1989:34.

会—经济落后所致。因此,消除这些弊病的途径是社会—经济的迅速现代化和发展,以提高社会—经济福利的总体水平,从而有可能达到更平等的财富分配,促进政治稳定,并为广泛的政治参与和更加民主的政治制度奠定基础。"① 奥勒姆也指出:"目前一切有效的经验主义研究都证明,人的经济地位(Society Economic Status)和政治参与之间存在着相当明确的关联。就是说,一个人在社会分层等级中折合为 SES 的地位越高,他的政治参与比率也就越高。这种看法既适用于反映 SES 基本方面的各种测度——职业地位、受教育水平、家庭收入数量等,又适用于政治参与的各种指数——从参加投票到更广泛的形式。"② 维巴和尼同样指出,富人比穷人更为积极地参与政治有两个原因:"一是社会经济地位比较高的人有较强的政治责任感和政治功效感;二是因为他们有较为健全的知识和技巧。"③

本书认为,公民从事网络政治参与的积极性和有效性,依赖于其物质生活水平。作为公民政治生活的一部分,网络政治参与是公民通过网络平台行使自身政治权利的重要体现。但是,"权利决不能超出社会的经济结构以及由经济结构制约的社会的文化发展"④。可见,公民网络政治参与权的实现,受制于社会经济发展水平的制约,与自身在社会场域中的经济地位密切联系。

其一,经济发展水平决定着公民网络政治参与的意识和参与热情。马斯洛需要层次理论认为,人最低层次的需要是生理需要,表现为对食物、水、空气和健康的需要,人们只有在生理需要得到满足后,才会追求更高层次的需要,如安全需要、社交需要、尊重需要和自我实现的需要。⑤ 很难想象,亚马孙部落中衣不蔽体、食不果腹的人们会对政治参与产生浓厚兴趣。这是因为,"一位富有和空闲的人尽可能以每周六十个小时来从事没有报酬的政治活动,而其机会成本要远远低于一位不得不每天长时间工作以维持生计的人……权力和权力谋求上的差异与客观境况的差异有联系"⑥。公民个人的

---

① [美]塞缪尔·亨廷顿.难以抉择——发展中国家的政治参与[M].王晓寿,译.北京:华夏出版社,1989:211.
② 张志新.农民消极政治参与之浅析[J].哈尔滨学院学报,2003,(8).
③ 孙岩.政治和谐与当代中国私营企业主阶层的政治参与[J].理论月刊,2008,(4).
④ 中共中央马克思恩格斯列宁斯大林著作编译局.马克思恩格斯全集(第1卷)[M].北京:人民出版社,1995:305.
⑤ [美]马斯洛.动机与人格(第三版)[M].许金声,等,译.北京:中国人民大学出版社,2007:41.
⑥ [美]罗伯特·A.达尔.现代政治分析[M].吴勇,译.上海:上海译文出版社,1987:152.

物质利益、精神利益得到了充分的实现,才会有精力和能力去关心社会的"公共利益",从而积极投身于政治参与的实践。

其二,经济发展水平决定着公民网络政治参与的能力和素质。"高水平的政治参与总是与更高水平的发展相伴随,而且社会和经济更发达的社会,也趋向于政治参与更高的价值。"①我国学者的调研结果同样表明,"非中等收入阶层在政治参与的意识、政治参与的知识、技能上与城市中等收入阶层有着一定差距,导致他们的'无意识'或者'不意识'"②。中国东部沿海与西部内陆的政治参与实践进一步证明了这点,由于经济发展状况的巨大差距,西部内陆,尤其是边远农村的网络设施、教育水平,远远比不上东部沿海城市,这些地方的公民表现出参与目的局限于自身的物质利益、参与能力弱等鲜明特征。其原因在于,经济发达地区的人们之间的社会交往频率高,有更多机会参与国际交流,由此能够掌握大量诸如政治资源、政治信息、政治知识等各类信息资源。

上述国内外理论阐释和我国政治参与的实践均表明,只有促进经济持续发展、稳定发展、均衡发展,才能为网络政治参与效度提升奠定坚实的物质基础。为此,当前亟须采取的措施有:一方面,有效利用科技、文化等有利因素,优化产业结构,促进我国经济发展的整体飞跃;另一方面,采取有效措施,促进我国经济的均衡发展。基于西部内陆、农村经济发展水平落后于东部沿海城市的现实,政府应当注重采取政策倾斜、资金扶持等措施:一是促进农村的经济建设,逐步缩小城乡差距,尽早消除城乡二元经济结构;二是推进"西部大开发战略"实施进程,"振兴东北老工业基地、促进中部崛起,加大对革命老区、偏远地区、贫困地区发展的扶持力度,不断缩小各地域经济发展水平的差距,推动我国区域经济协调发展,为我国公民有序政治参与提供充足的物质保障"③。

(二) 缩减公民网络政治参与的数字鸿沟

正如托夫勒所指出的那样,"各个高技术国家的政府所面临的一种潜在的可怕的威胁来自国民分裂成信息富有和信息贫困者两部分,下层阶级与主流社会之间的鸿沟实际是随着新的传媒系统的普及而扩大了"④,托夫勒

---

① [美]塞缪尔·P.亨廷顿,琼·纳尔逊. 难以抉择——发展中国家的政治参与[M].汪晓寿,等,译.北京:华夏出版社,1989:174.
② 张春明. 我国城市中等收入阶层政治参与的萌动和疏离[J]. 社会科学家,2006,(11).
③ 王怀香. 扩大公民有序政治参与问题研究[D]. 济南:山东师范大学,2010.
④ [美]阿尔文·托夫勒. 力量的转移——临近21世纪的知识与权力[M].刘炳章,译.北京:新华出版社,1991:348.

这里所指的"鸿沟",就是"信息鸿沟",也即我们平时所说的"数字鸿沟"。最先提出数字鸿沟定义的是美国国家远程通信和信息管理局(NTIA),其在一篇报告《在网络中落伍:定义数字鸿沟》中认为:"数字鸿沟(Digital Divide)指的是一个在那些拥有信息时代的工具的人以及那些未曾拥有者之间存在的鸿沟。数字鸿沟体现了当代信息技术领域中存在的差距现象。"①美国商务部在其"数字鸿沟网"上描述了数字鸿沟的概况:"在所有的国家,总有一些人拥有社会提供的最好的信息技术。他们有最强大的计算机、最好的电话服务、最快的网络服务,也受到了这方面的最好的教育。另外有一部分人,他们出于各种原因不能接入最新的或最好的计算机、最可靠的电话服务或最快最方便的网络服务。这两部分人之间的差别,就是所谓的'数字鸿沟'。处于这一鸿沟的不幸一边,就意味着他们很少有机遇参与到我们的以信息为基础的新经济当中,也很少有机遇参与到在线的教育、培训、购物、娱乐和交往当中。"②

数字鸿沟是继工农差别、城乡差别、脑体差别"三大差别"后出现的"第四差别",尤其是随着以微博、微信为标志的新媒体时代的到来,民众对网络资源的占有使用份额差距导致政治参与的机会和能力极不均衡,影响网络政治参与的覆盖面的扩大。中国互联网络信息中心发布的《中国互联网络发展状况统计报告》显示,非网民不使用互联网的原因主要表现为:不懂电脑或网络、年龄太大或太小、没有电脑等上网设备、当地无法连接互联网、没时间上网、不需要或不感兴趣。可见,要缩减数字鸿沟,就需要"加快宽带中国、智慧中国的建设,促进城乡一体化和区域梯度发展"③。

一是继续加强互联网基础设施建设。根据工信部统计数据计算,国内城乡固定宽带普及率差距已连续三年拉大,2013年底城市宽带人口普及率为19.4%,农村宽带人口普及率为7.5%;而就农村而言,东部农村地区固定宽带人口普及率为13.8%,但中部和西部农村地区仅分别为5.0%和3.8%,普及率差距的扩大说明农村固定宽带发展仍然大大落后于城市地区。④ 经过近几年的互联网基础设施建设,我国互联网普及率大大提高,但地区发展不均衡问题依然比较严重。"农村宽带建设除了资金投入不足外,主要还是宽带

---

① 郭庆光.传播学教程[M].北京:中国人民大学出版社,1999:120.
② 王月苏.经济发达地区教育数字鸿沟现状及成因的个案研究[J].中国电化教育,2007,(6).
③ 兰州日报社.李克强昨日出席达沃斯论坛开幕式并发表致辞称——掀起草根创业新浪潮[N].兰州日报,2014-09-11.
④ 初夏.到2020年至少投入1700亿,农村宽带普及仍需抱大树[EB/OL]. http://it.people.com.cn/n/2014/0912/c1009-25646656.html.

建设成本高、收益低的问题,而且农民的支付能力也有限,这些原因都在制约农村信息化的发展。"① 因此,需要继续加强互联网基础设施建设,提升中西部和农村地区宽带人口普及率。当前,农村地区亟须增加固定宽带接入端口,扩大宽带网络的覆盖范围,提高宽带接入能力,不断提升普及 4M 的比例。另外,基于农村的手机普及率远高于电脑拥有量,政府注重加强农村地区无线接入的基础建设,也是加速农村网民增速,缩小"数字鸿沟"的重要途径。

　　对于这一问题,国务院已经给予高度重视,2015 年 5 月 20 日,《国务院办公厅关于加快高速宽带网络建设推进网络提速降费的指导意见》明确提出,完善电信普遍服务,开展宽带乡村工程,加大农村和中西部地区宽带网络建设力度。该指导意见确定的目标任务是,到 2015 年底,新增 1.4 万个行政村通宽带,在 1 万个行政村实施光纤到村建设;到 2017 年底,80% 以上的行政村实现光纤到村,农村宽带家庭普及率大幅提升。2015 年 10 月 14 日,国务院总理李克强主持召开国务院常务会议,再次提出为缩小城乡数字鸿沟,决定完善农村及偏远地区宽带电信普遍服务补偿机制。同时进一步明确了提升互联网普及率的目标,即力争到 2020 年实现约 5 万个未通宽带行政村通宽带、3000 多万农村家庭宽带升级,使宽带覆盖 98% 的行政村,并逐步实现无线宽带覆盖。为达到上述目标,本次国务院常务会议明确了具体措施是:一方面加大中央财政投入,引导地方强化政策和资金支持,预计总投入超过 1400 亿元;另一方面鼓励基础电信、广电企业和民间资本通过竞争性招标等公平参与农村宽带建设和运行维护,同时探索 PPP、委托运营等市场化方式调动各类主体参与积极性。②

　　二是降低中西部和农村地区的网络使用资费。目前,从宽带资费占居民收入的比重看,农村居民明显高于城镇居民,各省宽带接入平均价占城镇居民收入普遍低于 4%,但占农村居民纯收入比重普遍高于 8%,西部农村基本在 10% 以上,明显高于中东部。③ 因此,政府应当通过政策倾斜,刺激宽带市场的发展,推动宽带网络服务成本的持续下降;在市场失灵的领域,政府可以通过财政资金投入等方式,降低农村宽带成本和低收入人群的信息网络使用成本。针对上述问题,中央领导和部门非常关注。习近平总书记 2016 年 4

---

　　① 冯彪.宽带网络建设问题缘何成国务院常务会议"常客"[EB/OL].http://www.gov.cn/zhengce/2015-10/15/content_2947412.htm.
　　② 朱英.政策持续发力 缩小城乡数字鸿沟[EB/OL].http://www.gov.cn/zhengce/2015-10/19/content_2949091.htm.
　　③ 李金磊.报告称中国城乡宽带普及率差距连续三年扩大[EB/OL].http://politics.people.com.cn/n/2014/0119/c70731-24160004.html.

月19日在网络安全和信息化工作座谈会上的讲话中重点强调:"网信事业要发展,必须贯彻以人民为中心的发展思想,要适应人民的期待和需求,加快信息化服务普及,降低应用成本,为老百姓提供用得上、用得起、用得好的信息服务,让亿万人民在共享互联网发展成果上有更多获得感。"①李克强总理在2015年第一季度经济形势座谈会上敦促"提网速、降网费",接着在5月份的国务院常务会议上又提出要"确定加快建设高速宽带网络促进提速降费措施,助力创业创新和民生改善",同时鼓励电信企业尽快发布提速降费方案计划,实施宽带免费提速,使城市平均宽带接入速率提升40%以上,降低资费水平,推出流量不清零、流量转赠等服务。②2017年3月李克强总理代表国务院所作的政府工作报告中强调:"年内全部取消手机国内长途和漫游费,大幅降低中小企业互联网专线接入资费,降低国际长途电话费。"随后,中国移动、中国电信、中国联通三大运营商响应号召,于2017年7月27日宣布,9月1日起取消手机国内长途漫游费。上述措施的逐步落实,可以大大缩减我国地区间的数字鸿沟问题。

三是提高全社会应用信息技术的意识和水平。中国互联网络信息中心(CNNIC)2017年8月发布的第40次《中国互联网络发展状况统计报告》显示,上网技能缺失以及文化水平限制仍是阻碍非网民上网的重要原因。调查显示,因不懂电脑/网络,不懂拼音等知识水平限制而不上网的比例分别为52.6%和26.9%;由于不需要/不感兴趣而不上网的比例为11.2%;受没有电脑,当地无法连接互联网等上网设施限制而无法上网的比例分别为9.3%和6.2%。③这说明增强公民网络使用能力已成为互联网深入普及的重点,也是难点。第40次《中国互联网络发展状况统计报告》进一步显示,非网民中愿意因为免费的上网培训而选择上网的人群占比为22.1%;由于上网费用降低及提供无障碍上网设备而愿意上网的比例分别为21.8%和19.3%;出于沟通、增加收入和方便购买商品等需求因素而愿意上网的比例分别为24.8%、19.6%和14.6%(见图6-1)。④因此,提升非网民上网技能,是当前

---

① 商汉.民意上了网 习近平指示要欢迎互联网监督[EB/OL]. http://www.cac.gov.cn/2016-04/20/c_1118686418.htm.
② 马星茹.李克强送流量"大红包" 网民高呼"总理懂我!"[EB/OL]. http://www.china.com.cn/cppcc/2015-05/14/content_35571618.htm.
③ 中国互联网络信息中心.第40次《中国互联网络发展状况统计报告》[EB/OL]. http://cnnic.cn/gywm/xwzx/rdxw/201708/t20170804_69449.htm.
④ 中国互联网络信息中心.第40次《中国互联网络发展状况统计报告》[EB/OL]. http://cnnic.cn/gywm/xwzx/rdxw/201708/t20170804_69449.htm.

促进非网民上网的一个主要因素。要解决这一问题,既需要政府加强对经济欠发达地区和弱势群体的培训投入,也需要社会各方面加大宣传力度、提供资金帮助、扩大技术服务。

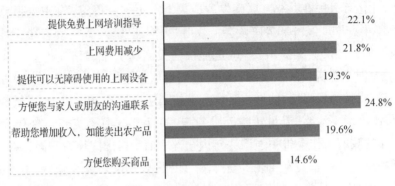

图 6-1　非网民上网促进因素

（三）优化网络政治参与的信息公开平台建设

正如达尔所说:"如果政府控制了全部重要的信息来源,公民怎么可能获得所需要的信息,来帮助他们理解各种问题？如果公民获得的信息都是出自同一个来源,比方说政府,他们怎么可能有效地参与到政治生活中去？"①政府信息公开是公民网络参与的重要保障,必须开设信息公开平台并且发挥其有效作用。

当前,从开设信息公开平台的实践及其实施效果来看,司法信息公开平台的建设具有借鉴意义。为保障审判流程公开、裁判文书公开、执行信息公开的落实,2013 年 11 月 21 日最高人民法院印发《关于推进司法公开三大平台建设的若干意见》,意见旨在全面推进司法公开三大平台建设,其主要内容如下:一是推进审判流程信息全面公开。(1)利用政务网站、12368 电话语音系统、手机短信平台、电子公告屏和触摸屏等现代信息技术,为公众提供全方位、多元化、高效率的审判流程公开服务。(2)明确人民法院应当通过审判流程公开平台,向公众公开的信息范围。(3)规定人民法院应当整合各类审判流程信息,以方便当事人从审判流程公开平台获取信息。(4)明确人民法院应当积极创新庭审公开的方式,以视频、音频、图文、微博等方式适时公开庭审过程。(5)规定人民法院的开庭公告、听证公告,最迟应当于开庭、听证三日前在审判流程公开平台公布。二是推进裁判文书公开平台建设。(1)规定最高人民法院建立中国裁判文书网,作为全国法院统一的裁判文书公开平

---

① [美]罗伯特·A. 达尔. 论民主[M]. 李柏光,林猛,译. 北京:商务印书馆,1999:106.

台,地方各级人民法院应当在政务网站的醒目位置设置中国裁判文书网的网址链接,并严格按照《最高人民法院关于人民法院在互联网公布裁判文书的规定》,在裁判文书生效后七日内将其传送至中国裁判文书网公布。(2)强调各级人民法院对其上传至中国裁判文书网的裁判文书的质量负责。(3)规定人民法院应当严格把握保障公众知情权与维护公民隐私权和个人信息安全之间的关系,结合案件类别,对不宜公开的个人信息进行技术处理。(4)规定中国裁判文书网应当提供便捷有效的查询检索系统,方便公众按照关键词对在该网公布的裁判文书进行检索。三是推进执行信息公开平台建设:(1)规定人民法院应当规范执行信息的收集、交换和使用行为,在确保信息安全的前提下,实现各法院的立案、审判与执行部门之间的执行信息共享。(2)规定人民法院应当整合各类执行信息,方便当事人从执行信息公开平台获取信息。(3)明确人民法院应当通过执行信息公开平台向公众公开的信息范围。(4)规定人民法院应当对重大执行案件的听证、实施过程进行同步录音录像,并允许当事人依申请查阅。(5)规定人民法院应当充分发挥执行信息公开平台对失信被执行人的信用惩戒功能,向公众公开有关信息。司法信息公开平台建设的经验值得行政机关、检察机关借鉴。行政机关、检察机关应当根据本部门所掌握的政务信息的属性,出台相关信息公开平台建设规定,具体规定信息平台公布信息的范围、方式以及相关的责任承担等事项。

第二节 提升政府部门吸纳网络民意的能力

2016年4月19日,习近平总书记在网络安全和信息化工作座谈会上强调:"党政机关和领导干部要学会通过网络走群众路线,经常上网看看,潜潜水、聊聊天、发发声,了解群众所思所愿,收集好想法好建议,积极回应网民关切、解疑释惑。""善于运用网络了解民意、开展工作,是新形势下领导干部做好工作的基本功。"网络政治参与过程中产生的网络民意,需要政府部门及其公务人员秉承正确的理念,才能进行有效的吸纳;公民能否积极从事网络政治参与、能否提供更多的建设性意见,需要政府部门具备较强的沟通能力。

一、树立柔性管理网络舆论的现代理念

近些年,陕西的"华南虎事件"、云南的"躲猫猫事件"以及湖北的"邓玉娇案"等一系列热点问题在网络上引起热烈讨论和广泛关注,由于政府官员

阻止电视台记者连线直播而引发"哪个让你直播的"一度成为网络流行语。①这些都标志着作为"第四媒体"的网络群体力量在迅速崛起。作为整个社会舆论的重要组成部分,网络舆论也已成为一种不可忽视的力量渐渐显示出其不可替代的社会作用。作为社会公共事务的管理者,政府理所当然应当承担起对网络舆论进行引导和调控的职责。在诸如上述一系列热点问题形成网络舆论后,有的地方政府采取的态度是实施柔性管理,对网络舆论予以支持、引导;而有的地方政府采取的态度则是实施传统的刚性管理方式,对网络舆论予以反对、堵塞。实践表明,两种方式产生的结果迥然有异:在陕西"华南虎事件"中,当地政府最初采取"堵"的方式,在事件明朗后,政府只好在网民愤怒的指责声中被动应付;而在云南的"躲猫猫事件"中,由于中共云南省委宣传部副部长伍皓密切关注此事,并面向社会征集网民和社会各界人士代表参与组成"躲猫猫舆论事件真相调查委员会",这一举措是在网民群体性心理尚未充分形成的情况下进行的,非常及时有效地舒缓了网民的对抗情绪,更重要的是这一举措将网民原先痛恨的政府不作为与虚假作为的心态成功地扭转为和政府一起解决事件的积极心态。② 由此可见,在网络这个互动、多元、信息量惊人的数字化模拟世界里,若只单纯依靠政府的刚性手段,恐怕会因监控困难而达不到良好效果,而尽量减少政府刚性强制干预,实行柔性管理则不失为一种符合网络社会发展规律的管理理念和管理模式。

(一) 树立网络舆论柔性管理理念的社会背景

当前,中国正处于社会转型加速期,社会各种矛盾和冲突异常突出,网络舆论成为社会热点,正是这些社会矛盾和冲突的一种显现形式。所谓网络舆论,是指"社会公众以互联网为传播媒介,就其关心的事件或社会现象,以语言、文字、图像等符号化的方式公开表达出来的意见与态度的总和"③。网络舆论与传统舆论相比,具有自身特有的属性。正是这些特有属性给政府在应对网络舆论时提出了各种新的要求,同时由于传统的刚性管制手段本身具有难以克服的局限性,因此过去习惯于使用刚性强制手段的政府在网络社会实施管理中陷入困境。

1. 网络社会的"权力分散化"属性,打破了政府垄断信息的传统

互联网是由世界上各个国家的局域网所构成的,它采用的是离散结构,

---

① 秦川. 南京爆炸事件:令人悲愤的"哪个让你直播的"[N]. 重庆晨报,2010-07-28.
② 巢乃鹏. 从"对抗"到"协商"——以"躲猫猫事件"为例探讨政府网络舆论引导新模式[J]. 编辑学刊,2009,(5).
③ 黄永林,喻发胜,王晓红. 中国社会转型期网络舆论的生成原因[J]. 华中师范大学学报(人文社会科学版),2010,(3).

不具备拥有最高权力的中央控制设备或机构对其进行控制。在网络社会中，信息网络技术冲破了传统的等级结构，权力不再集中于某个人或某个团体的手中，而是分散到了更多的个人和群体当中。这样，网上的信息发布不再是某个人或某个团体拥有的特权，每个网民都可以拥有并行使充分的"话语权"，由此并形成了类似于哈贝马斯提出的"公共领域"的交往空间，诸如公共聊天室、博客日志、BBS论坛等网络社区。在这些网络社区中，信息能够以极低的成本和极快的速度传播。一方面，一旦有重大新闻事件发生，网络媒体都会在第一时间追踪并加以报道，这些信息的供给瞬间会吸引网民的目光和参与，事件由此便会迅速成为舆论热点。另一方面，网民几乎不需要花费成本就可以发帖或跟帖，以表明自己的立场观点，在网络空间交流思想。一旦有典型意义的帖子得到网友的认同，引起共鸣，就会反复转帖或被跟帖，很快扩散开来，由此将舆论推向高潮。可见，政府对于信息进行垄断在网络社会是行不通的，在"权力分散化""去中心化"的网络社会中，"高高在上的官僚主义独白无论怎么样都不可能获得网民的认同与支持，反而会使政府与网民之间的对立情绪加剧"①。

2. 网络社会的虚拟化属性，弱化了政府传统管理方式的效果

对于传统媒体，政府有一套完整而严格的规章制度来进行监管，如重要稿件的送审制度。而对于网络而言，其虚拟性及其带来的自由性、开放性等特点，使传统管理方式的效果大大弱化。其一，网络的虚拟性带来网络社会的高自由度，使政府传统管理方式无法有效应对。相对现实社会来说，网络构成了一个虚拟的社会。在网络这个虚拟的社区中，网民们不再受社会真实身份的约束和他人的监督，他们可以更自由、更大胆地发表自己的观点，甚至是那些囿于自己的真实身份在现实生活中无法表达的意见。其二，网络的虚拟性带来网络社会的高开放性，使政府传统管理方式常常遭遇到网络谣言的攻击。在网络世界里，网民的真实身份具有隐匿性，他们可以轻易地利用各种虚拟身份在网络上肆意发表虚假信息，形成网络谣言，甚至制造混乱，恶意误导公众。如果政府再采取传统媒体时代的做法，先采取强制性手段予以"封堵"，然后由政府相关部门调查后再行公布，就达不到控制网络谣言的效果，往往还会使网络谣言更加肆虐，让政府处于被动位置，最终有可能导致公众对政府的不信任和政府的形象危机。其三，网络的虚拟性带来的无限宽泛性，完全突破了国界和地区界限的限制，以至于没有任何人、任何机构、任何

---

① 谢金林.网络舆论的政府治理、理念、策略与行动[J].理论探讨,2010,(2).

国家可以完全左右它、操纵它、控制它。可见,采用传统适用于现实社会的那种分地域设卡、设点管辖控制的管理方式来监管网络舆论往往作用甚微。

3. 网络舆论的难控性,增加了政府监管网络舆论的成本

正如尼古拉·尼葛洛庞蒂描述政府面对互联网所处的监控困境时所说,"因为数字世界是一个截然不同的地方……电脑空间的法律中,没有国家法律的容身之处"①。先进的技术支持使互联网极为容易摆脱政府的控制,带来公共安全问题,动摇国家权力的合法性基础,甚至危及国家安全。以往,政府往往会对大众媒体实施一定的社会管制,诸如限定大众传播机制,出台相关法律法规以及采取刚性行政强制手段等方式对政治信息流通进行控制。然而,这些控制方式对于报纸、电影、电视和广播等传统大众传媒,是十分有效的,但对互联网的传播难以奏效。这是因为,互联网上的信息传播具有容量无限、即时便捷和超国界传播的特征。在互联网上,人们只需花费低廉的成本,就能够通过互联网提供的各种渠道交流信息,包括在网络论坛和聊天室中发言、发送电子邮件以及创建自己的博客表达个人想法观点等。对于人们交流的各种信息,尽管相关法律法规、网络监管部门和网络警察在宏观上能了解到议题的设定、网络舆论的走向等,但在网络的微观领域显得力不从心,无法调控网络舆论的情绪和态度。在政府对网络调控的实践中,比较常用的方式有"删除关键词""过滤不良语言",但与此同时,网民可以通过换用同义词的办法轻而易举地"绕道而行"。这样,政府监管方式的可操作性、公正性必然降低,监管的效果也就大打折扣。此外,政府的"硬性"删除,还会招致"侵犯网络言论自由"的质疑,损坏政府形象,那将需要更高昂的成本去修复。

(二) 树立网络舆论柔性管理理念的优势

政府传统的刚性强制手段之所以在网络社会管理中陷入困境,很大程度上是忽视了网络社会的特有属性而进行了不当管制。刚性强制手段之所以在网络空间的效果大打折扣,原因在于刚性强制手段的着眼点放在不合作者的身上,而忽视了绝大多数的合作者,从而把主要针对少数不合作者制定的策略方法运用到整个网络空间中来,主张采用"堵"的方式解决网络舆论问题,其造成的结果就不难想象了。与刚性管理相对的柔性管理,能够在网民心目中产生一种潜在的说服力,从而把政府的意志变为网民的自觉行动。实践表明,柔性管理既迎合网络空间的特质,又符合现代政府管理网络舆论所

---

① [美]尼古拉·尼葛洛庞蒂.数字化生存[M].胡泳,译.海口:海南出版社,1996:278.

追寻的目标。因此,在网络空间实施柔性管理,应当成为政府走出管理网络舆论困境的新方式。

1. 实现网民与政府间的有效沟通,促进网络社会的和谐发展

近年来,在网络舆论管理领域中,政府与网民之间的矛盾与纠纷层出不穷,一些本来可以避免的矛盾依然发生甚至激化。有时正常的网络舆论监管活动受到严重的阻挠,原因之一就是善意的监管目的与生硬的监管手段之间达不到和谐统一。诚然,为顺利实现监管目的,运用某些命令、强制手段的刚性行政执法固然必不可少,但由于其主观决断性强,方式较简单粗暴,若使之成为独一无二的监管方式,势必引起网民与政府摩擦的加剧,造成不必要的矛盾与对抗。

柔性管理则不然,它寓管理于帮助、给付、授益之中,立足宽容、理解、信任,通过引导、沟通、协商,运用激励机制来调动人们主动、自愿地服从政府监管,从而达到政府与网民的协调一致。可见,柔性网络舆论监管更容易使网民感知、领悟到网络监管法律对其自身的关怀、保障,排除对网络监管法律的异己感,代之以信赖和主动自觉遵守,从而可以削弱乃至抵消网络舆论监管权力在刚性方式作用下所产生的伤害力,以防止行政权对网民权利的侵害和自由的过分限制,从而保障网络社会的稳定与和谐。

2. 降低政府管理网络舆论的成本,提高政府管理网络舆论的效率

在市场经济条件下,包括政府在内的各个主体都应当具有效率观念,将效率置于一个优先的位置予以考虑,即以最少的人力、财力投入,取得最佳的管理效果。尤其是在现代行政日趋复杂化的情况下,更应降低政府行为的成本,提高政府行为的效率。在以往,政府监管网络舆论的效率是通过强制获得的,而强制的大量运用使得监管的成本与监管目标的实现之间存在一定的不协调性。这是因为强制监管的推行需要不断强化暴力机构,这些机构和人员的建设、培养需要支付大量的日常开销;同时,政府为了维持这种不对称的管理关系,不得不在管理网民与其必要的资源上耗费大量的时间、精力。因此,从长远来看,强制监管是高内耗、低效益的,并不具有真正效率。

相反,在柔性管理场合,政府以激励、诱导为驱动,利用自身优势主动提供网民无力知晓的信息、技术、经验和条件,并指明大致的行动方向,给予网民充分的自由,从而调动网民主动、自愿地服从和配合网络舆论管理活动。同时,在网络舆论管理实践中,柔性管理以柔和的品格和弹性作用,彼此交流信息、缓冲双方的对抗力,改善网民和政府之间的关系,消除政府和网民之间的行政摩擦,削弱、抵消强制性的行政权力所固有的伤害力,减少相互之间的

抗争,降低彼此之间的力量消耗,从而有利于大大降低政府行政成本,提高监管网络舆论的效率。

3. 发展网络民主,保障政府管理网络舆论的权力合法化

在2010年全国政协十一届三次会议第四次全体会议上,周天鸿委员在题为《推进网络民主建设,建设新的有序民主参与渠道》的发言中指出,网络民主为民众提供了一种全新的表达渠道,为民众的政治参与营造了新的公共空间;培育了民众自由、平等的民主精神;增强了政府工作的透明度,强化了民主监督的效力。但是,由于网络具有虚拟性等特点,也带来诸如虚假信息和网民言论的非理性张扬等问题,给网络民主的发展进程设置了障碍。可见,完全的无政府主义对网络民主的发展是有害的,民众参与政治的理性必然会大打折扣。然而,采取生硬的刚性手段予以强制对网络民主同样是不利的,这是因为,"它不仅缺乏民主色彩,而且还会因为相对方的有形、无形抵制而降低功效"①。此外,网络空间中完全采取生硬的刚性手段,甚至会引起政府监管网络舆论权力的合法性遭到质疑。

在"管"还是"不管"的两难决策中,柔性管理不失为政府监管网络舆论的有效方式。柔性管理方式采用教育、激励、引导、暗示等非强制方式,在弱化政府权力强制性的同时,又增加了网民权利的强度、力度,它意味着网民更多地享有了知情权、参与权、监督权和分享信息等社会资源权。由此,柔性管理会具有以下两方面的功效:一方面,柔性管理在为网络舆论的发展创造宽松政策环境的同时,又由于有政府提供可靠信息引导,有利于有效辨识网上海量信息的真伪,从而保障网络民主的正确发展方向。另一方面,柔性管理把人作为管理的核心,重视网民的意见汇聚,有利于推进政府监管网络舆论的科学化和民主化,同时由于柔性管理能更充分地珍视网民的知情权,向网民传递政府有效性的信息,启发和增强民众对网络舆论监督权力有效性的认同,塑造有效政府和责任政府形象,对增进政府监督网络舆论权力的合法性起到积极作用。

(三) 树立网络舆论柔性管理理念的主要路径

柔性管理的核心是以人为本的管理。从网络舆论管理的角度上讲,柔性管理就是政府在研究网民心理和网络发展规律的基础上,采用教育、激励、引导、暗示等非强制的方式,在网民心目中产生一种潜在的说服力,充分调动网

---

① 罗豪才,袁曙宏,等.现代行政法的理论基础——论行政机关与相对一方的权利义务平衡[J].中国法学,1993,(1).

民的自我管理、自我约束的积极性,使其自觉地接受外部规范化约束的管理方式。可见,柔性管理不是完全让网络舆论脱离政府的掌控,而是在传统管理手段的基础上提出了更高的要求。在网络领域,负有公共事务管理职责的政府,依然应当宣扬主流价值与伦理,通过教育手段促进网民伦理道德素养的提升,并采取各种有效措施引导网络社会中的有生力量共同促进网络舆论的良性发展。

1. 树立以网民为本的管理理念

在网络舆论管理实务中,不少人迷信法律强制手段,对柔性管理这种灵活的行政方式持完全否定或排斥的态度。因此,在网络舆论调控领域,要真正贯彻柔性管理的方式,首先必须要求政府及其公务员树立以网民为本的管理理念。为此,政府在观念上要实现"两个转变"。一是实现权威型向对话型的转变。网络舆论是以对话为基础的交往行动,"权力话语"只会造成主体间的彼此隔阂,这就要求政府必须奉行"平等对话"的原则,通过平等的讨论,达成网民对政府决策的理解。同时,政府要以民主的精神、亲和的态度与网民接触,充分尊重网民的个性和主体地位,保护他们的积极性和创造性,让他们在参与日常管理中自我锻炼、自我管理、自我激励、自我完善。

二是实现封堵型向开放型转变。实践中,有些地方领导人把网络舆论看作洪水猛兽,千方百计限制和堵塞网络舆论。他们对发表了过激言论甚至错误言论的网站,轻则批判,重则关闭。这种限制和堵塞网络舆论的方法,抹杀了网民的言论自由,缺乏人本精神,也是不符合信息时代要求的。柔性管理则要求充分重视网民应当享有的权利,它要求政府及其公务员充分尊重网民的知情权、参与权、决定权和选择权;政府事务管理的各种信息,要及时让网民知道。除少数因法律规定之外,都应当允许公开讨论,不能随意以国家机密作为借口,拒绝公开和讨论,否则会加深网民与政府之间的隔阂。

2. 引导意见领袖成为维护网络环境的建设性力量

柔性管理最大的特点,就在于它主要不是依靠权力实施,而是依赖于人的心理认同从而达到管理的目标。在网络舆论管理中,柔性管理追求的是网民对政府管理网络的心理认同,并自觉遵守网络法律和网络道德规范,保障网络舆论环境的和谐发展。要实现上述这种理性状态,离不开政府与网民的沟通,因为沟通的过程是加深理解、增进感情、统一认识的过程。当前,由于受诸多传统因素的影响,从网络监管的实践来看,在网民中普遍存在着"仇权""仇官"的心理。政府与网民直接沟通固然是一种有效的方式,但同时如果能够借助一些中间力量与网民进行沟通,也许更能达到"锦上添花"的效果,并且能有效节约行政管理成本。

在政府发布的信息与网民接受的信息之间,是否存在一种中间力量?根据大众传播学中的"二级"传播理论,大众传播中的信息和舆论并非直接"流"向一般受众,而是要经过"意见领袖"①。所谓"意见领袖",通常是指那些在论坛中经常发表言论、在网民中有较高威信的人,向站务组提出申请后,经过一定的资格认定成为版主的权威网民。"意见领袖"的产生,主要是因为:在网络世界里,"信息仿佛是太充盈了,以至于公民都丧失了判断力"②。于是,当网络上出现大量虚假信息和极端言论,受众无所适从时,他们对于权威意见的依赖会更强烈,需要意见领袖为自己解惑。这就为意见领袖的产生提供了现实基础。因此,政府在网络舆论管理中,应该注重与这些"意见领袖"的沟通,尊重他们为民代言、批评现实、监督政府部门的权利,引导他们成为和谐网络环境中的建设性力量。

3. 培养网络评论员把握网络舆论的发展方向

柔性管理是一种"根据多数人的心态所形成的心理指向,通过实施一定的影响,引导人们形成共同的心理意志,发挥精神的作用而进行的管理"③。在网络舆论管理中,尽管不同的网民由于个体的不同,在网络上发出的声音也会各异,然而,引导人们形成共同的心理意志也是可以达到的目标。这是因为,"从社会学和心理学的角度来看,人类天生害怕孤独。在享受了充分发表自我见解的自由后,人们可能反过来要寻求社会主流的声音,求得与社会主体的认同,从而产生一种心理安全感"④。从网络舆论发展的实践来看,在发生重大新闻事件时,受众一般会下意识地找寻自己平时所喜爱或信赖的网络评论员,查阅其相关评论供自己参考。网络评论员通常以理性的态度和深刻的分析见长,善于表达,能够为受众释疑解惑,并且往往能以自己独特的个性魅力赢得受众的喜爱或信赖。实践表明,人民网的"人民时评"、新浪网的"新浪观察"、新华网的"焦点网谈"等,就是通过不同形式的评论来导向舆论发展。"对刚刚发生的国内外重大事件和人们关心的热点,人民网及时请各方面有专门研究的记者、编辑发表网上评论。由于评论员均是权威人士,既对党和国家的方针政策十分熟悉,又很了解读者的需要,所发时评常常是先

---

① 郭庆光.传播学教程[M].北京:中国人民大学出版社,1999:96.
② [英]约翰·基恩.媒体与民主[M].邰继红,刘士军,译.北京:社会科学文献出版社,2003:163.
③ 李繁.柔性管理:大学生思想政治教育工作的新渠道[J].鄂州大学学报,2007,(1).
④ [美]迈克尔·埃默里.美国新闻史[M].展江,译.北京:新华出版社,1982:56.

声夺人,因而文章的转载率和网友的反馈率都是最高的。"①

要发挥网络评论员的作用,营造一种强势的舆论空间,帮助网民把对新闻的感性认识向理性认识转化,避免舆论的情绪化,促进网络中受众意见趋于有序、健康发展,就必须强化网络评论员队伍的建设,要求他们至少应该具备如下素质:其一,熟悉政府部门的网络舆论环境,深谙网民心理,熟悉网络媒体特性。其二,具备政府部门职权和职责的知识。在政府网络舆论危机发生的预警阶段、发生阶段、消解阶段,网络评论员应该在具有代表性的节点出现,对网民的疑问要有预见性并能够做出专业解释,真正发挥政府部门代言人的作用。其三,对网民予以人文关怀的素质。网络评论员人文关怀的缺失会使网民的逆反心理和对抗性情绪加剧,因此,公共利益至上和网民利益至上的人文品格以及快速的反应能力是危机信息发言人的核心要求。

4. 提高网民的道德素养以保障网络舆论健康发展

柔性管理一方面对作为管理者的政府及其公务员提出了很高的要求,是一种更深层、更高级的管理,是一种充分体现理性、贴近人性的管理;另一方面,柔性管理的效果也依赖于网民的高素质,因为网民的知识背景、心理内质等直接决定了其对政府管理的"心理认同度"。因此,政府在网络领域实施柔性管理,同时负有发展教育事业,普及科学文化知识,尤其是加强伦理道德教育,提高网民参与舆论的素质和对有害信息的自觉抵制能力的责任。

道德是一种非强制性的社会控制方式,它是以善恶、荣辱等观念来评价和约束人们的社会行为,调整人们之间以及个人和社会之间关系的社会行为规范。道德是从习俗中演化而来的,它通过社会舆论和人们的内心信念发挥着社会控制作用。② 可见,加强网络道德规范建设是一种软性控制手段,但由于其能起到防患于未然的效果,因此也是一种相当有效的手段。这是因为尽管网络交往是虚拟的,但其行为主体毕竟还是现实社会中真实的个人,个人道德素质的高低将决定其网络交往行为的文明程度。因此,对民众进行相关的道德教育,是防止网络行为失范的基本前提。

一方面,政府要引导网络职业道德和规范建设,明确网络从业者和参与者的社会责任。政府在其中应当发挥指导作用,为网络行业提供自律模式的参考和引导,鼓励网络自律组织的成立以及网络自律公约的制订。通过网络职业道德和规范建设,形成自主型网络道德,明确网络主体的道德义务,形成

---

① 董盟君.让评论成为新闻网站的另一只拳头——兼谈人民网的新闻时评[J].新闻战线,2002,(8).
② 风笑天.社会学导论[M].武汉:华中理工大学出版社,1997:156.

网上道德舆论氛围,增强网络舆论主体遵守网络道德行为的自觉性,促进网民提高自律意识和自控能力。另一方面,政府教育部门在学校教育中可以增设网络伦理道德教育的课程。据 CNNIC 第 40 次互联网报告公布的最新中国互联网发展状况统计报告显示,截至 2017 年 6 月,初中和小学以下学历网民分别占到整体网民的 37.9% 和 16.0%,增速超过整体网民。① 由此可见,网民的低龄化所占比重在逐步增加,在中小学教育中开设网络伦理道德教育的课程是非常必要的,从而让网民从小就养成自觉遵守网络道德的习惯。

总之,网络舆论是人类文明新开辟的一片新天地,政府如果能善于探索网络舆论规律,有效管理网络舆论,定能促进社会的公平、公正、民主和进步。在网络舆论管理过程中,鉴于网络社会的特殊性,尽量减少政府刚性强制干预、实行柔性管理,不失为一种符合时代发展的监管理念。因为柔性管理是一种最大限度宽容、尊重网民权利的管理行为,一种最大限度包容网络社会中全部发展力量的管理行为,一种建立起政府与网民之间良性互动、信任、合作关系的管理行为。它能够在很大程度上避免权力在网络社会的武断和滥用,更好地促进网民民主,消除国家刚性干预网络带来的不良后果,培养政府的沟通意识和公民的自治意识,最终促进网络社会法治化的形成。在政府对网络舆论实施柔性管理的过程中,要坚持"积极发展、加强管理、趋利避害、为我所用,努力在全球信息网络化的发展中占据主动地位"②的指导思想,遵循网络舆论的规律,实现与网民的理性交流,引导网络舆论,平衡网民心态,理顺网民情绪,从而有效地发挥网络舆论的"减压阀"作用,有效促进社会的健康发展,为深化改革、促进发展、维护稳定、推进和谐社会的有效构建提供有力的网络舆论支持,创造良好的网络舆论环境。

二、提升政府部门管理网络舆论的沟通能力

沟通有利于及时收集、掌握、分析、处理、传递信息以及对信息资源的共享,从而促进政府把握公民网络参与中的愿望和诉求。因此,各级政府应当采取有效措施,变被动为主动,与公众、媒体展开理性对话,进行有效沟通,这样将有助于加深政府与公众之间的互相理解,在新的高度上重构政府与公众间合作与信任的关系,促进公民网络参与效度的提升。

---

① 中国互联网络信息中心. 第 40 次《中国互联网络发展状况统计报告》[EB/OL]. http://cnnic.cn/gywm/xwzx/rdxw/201708/t20170804_69449.htm.
② 人民日报评论员. 运用法律手段保障和促进信息网络健康发展[N]. 人民日报,2001-07-12.

（一）沟通：政府管理网络舆论的有效路径

学者王磊先生在其专著《管理沟通》中，将沟通界定为"人们在互动过程中通过某种途径或方式将一定的信息从发送者传递给接受者，并获取理解的过程"①。本文所探讨的政府应对网络舆论危机中的沟通，属于一种公共危机沟通，是指在网络舆论危机爆发前期、中期和后期及时与公众进行沟通和对话，以降低政府形象、声誉等方面的损失，并从改善公共关系角度提出的一系列措施、策略的管理过程。可见，政府网络危机公关中的沟通，其主要目的在于通过有效沟通，及时有效地防范和应对网络舆论危机，避免政府因危机事件在社会公众中的公信力下降，维持社会公共秩序。正如艾伦·杰伊·查伦巴所言，"危机沟通包括辨别内外部的沟通受众，发生危机时他们最需要获取各种信息。危机沟通需要构想、创建和传播信息给这些内外部受众，同时对他们的回答做出反馈……有效的危机沟通有助于重塑组织形象，危机沟通是危机管理的组成部分"②。具体来说，政府应对网络舆论危机中的沟通机制的地位可以通过其在危机生命周期的各阶段所起的作用来加以反映。

1. 危机潜伏期的预警功能

任何一场危机，都有一个产生、发展和消亡的过程，这个过程，管理学称之为生命周期。政府网络舆论危机也不例外，它的生命周期可分为3个阶段，即危机的潜伏期、爆发期和康复期。在危机的潜伏期，存在着大量的危机诱因，这些危机诱因是潜在的、隐蔽的。如果政府拥有完善的沟通渠道和快速灵敏的沟通机制，政府就可以及早发现危机诱因和潜在危机，从而采取相应措施，及时化解，防微杜渐，把危机消灭在萌芽状态。同时，通过沟通，便于政府掌握民众思想状况，了解群体的倾向意愿，有针对性地进行引导和教育，防止舆论激化，控制不良信息引起的群体非理性行为，将危害降低到最低程度。这时，沟通就起到了一种预警作用。

2. 危机爆发期的决策辅助功能

政府网络舆论危机一旦形成，因具有极强的时间性、震撼性、社会性、负面性和不可预料性等特点，如果处理或应对不当，将会产生非常严重的后果，对社会稳定带来严重威胁。因此，当政府网络舆论危机爆发后，贵在"当机立断"，同时力求科学决策。然而，"危机事件的实质，是非程序化决策问题。不确定性的存在在其本质上来源于信息的缺失，现实中的不可预见性导致了信

---

① 王磊.管理沟通[M].北京:石油工业出版社,2001:23.
② [美]艾伦·杰伊·查伦巴.组织沟通[M].魏江,译.北京:电子工业出版社,2004:249.

息的不可靠或不完备,无法提供决策所需的基础"①。可见,科学的决策依赖于危机信息的准确提供。然而,由于危机具有突发性、紧急性、破坏性、不确定性等特点,以至于有关危机的信息是极其匮乏的,这时,双向沟通正好可以最大限度地弥补危机决策所急需的信息:一方面,政府把危机状况、应对措施、相关事态发展传递给公众;另一方面,公众把自己了解的有关信息和想法反馈给政府,通过这样的信息互动,政府的情报部门便可以迅速收集有关信息和情报,并进行筛选,从而得出正确的信息与情报,为政府决策部门进行科学决策奠定了基础,从而有利于提高政府处置网络舆论危机的效率。

3. 危机康复期的形象修复功能

政府网络舆论危机在本质上是政府形象的危机。网络舆论危机的爆发,无疑给政府的形象造成巨大的负面影响。但是,正如管理学家查尔斯·E.贝克所说,危机沟通是组织的生命线,它发挥着一种维持和修复生命有机体的重要功能。② 我们要全面认识网络舆论,要看到"危"中有"机",网络舆论危机在给政府施加压力的同时,也为政府提供了与公众交流的机会。如果政府面对网络舆论危机,能及时采取有效措施,变被动为主动,与公众、媒体展开理性的对话,进行有效沟通,积极促进危机的解决,这样有助于加深政府与公众之间的互相理解,在新的高度上重构政府与公众间合作与信任的关系,恢复政府在大众心目中的好形象。

首先,在危机爆发后,如果政府的有关领导能亲临危机现场,与当事人或相关人员面对面地沟通,就可以让公众感受到政府是负责任的,是关心公众的,有助于重塑政府的形象。其次,通过沟通,政府及时公布有关信息,让公众的知情权得到政府的尊重,从而加强政府与公众的信息交流,改变公众心目中固有的政府官本位形象,以便在二者之间构建良好的互动关系。再次,通过沟通,让政府在危机后进一步了解到自身的不足,如果能更新观念、完善制度、改进工作作风等,就能使社会公众恢复对政府的信心,以利于重塑政府的形象,提升政府的公信力。

(二) 政府管理网络舆论中沟通能力不足的表现

近几年来,政府对网络舆论危机事件的不断重视,以及逐步提高的网络舆论危机信息处理水平,有效推动了我国政府应对网络舆论危机的能力,但是无论是与发达国家相比,还是与现实客观需求相比,都存在一定差距,主要

---

① 薛澜,张强,钟开斌.危机管理:转型期中国面临的挑战[M].北京:清华大学出版社,2003:51.
② [美]贝克.管理沟通:理论与实践的交融[M].康青,冯天泽,译.北京:中国人民大学出版社,2002:12.

表现为以下问题:

1. 缺乏强烈的沟通意识

美国管理学家艾伦·杰伊·查伦巴认为,"危机沟通包括辨别内外部的沟通受众,发生危机时他们最需要获取各种信息。危机沟通需要构想、创建和传播信息给这些内外部受众,同时对他们的回答做出反馈"①。然而,受各种主客观方面因素的影响,在遇到网络舆论危机事件时,部分地方政府及其公务员沟通意识淡薄,不能及时通报信息,甚至瞒报、漏报。究其原因,一是由于部分地方政府及其公务员官本位思想严重,没有意识到沟通是自己应当承担的义务,以至于不关注公众应当享有的知情权,从而将应当公开的信息予以隐瞒。二是对沟通的认识存在误区。部分地方政府担心信息公开会出现不必要的恐慌,于是不敢轻易发布信息,使得信息沟通严重滞后。三是出于自身利益的考虑。部分地方政府及其公务员担心危机事件外扬会影响到自身的政绩考评,于是拖延上报时间,甚至有意隐瞒危机信息。

2. 缺乏畅通的沟通渠道

沟通理论认为,沟通渠道越长,噪音越多,不确定的因素也越多,信息通过的层次越多,它到达最终接受者的时间也越长,这样信息经过层层筛选过滤,出现失真的可能性就越大。② 可见,信息沟通的一个重要方面就是要求信息能够通过顺畅的渠道不被扭曲地传达到受众那里。然而,根据现有的行政程序和惯例,下级政府发生了危机事件,不敢也不能擅自行动,而是需要层层汇报。同时,即使已经汇报给上级政府的主管领导,该主管领导往往也无法专断,要与同级其他领导商议后决定,有时还需要派可靠的人核实后再做决定。这种管理体制,虽然具有集中领导的优势,有利于发挥资源的最大效益,但也导致政府内部上下沟通不畅,信息在传递过程中严重滞后,有效信息减少,很容易导致决策失误。

3. 缺乏危机沟通的常设管理机构

目前,许多西方发达国家的政府机构都建立了危机沟通的专门机构,而我国政府中缺乏危机沟通的常设管理机构。在我国,政府内设置的具有危机沟通性质的机构是新闻发言人办公室。政府新闻发言人制度在我国肇始于1983 年,当时主要出于外交的考虑和外事宣传的需要,基本局限于国务院内设置。直到2003 年"非典"事件后,政府新闻发言人制度才开始逐步在地方

---

① [美]艾伦·杰伊·查伦巴.组织沟通[M].魏江,译.北京:电子工业出版社,2004:249.
② 孙宝银,于宝川.浅谈安全管理中的信息沟通与交流[J].安防科技,2005,(6).

政府机构内设置。自政府新闻发言人办公室设置后，在危机沟通中发挥了重要作用，但是其并非危机沟通的常设管理机构，没有固定的人员编制，而是由兼职人员组成，主要来源有三：一是主管领导，二是秘书长和办公厅主任等，三是宣传部门的负责人。新闻发言人办公室在职能上偏重于已经发生舆情的处置，在与社会大众沟通方面显得力不从心，难以顾及网络舆情的防范。这样的机构设置往往导致政府在网络舆论危机的处置过程中缺乏权威性，无法协调整合政府内部各部门，常常出现多头管理、责任不清的情况，最终导致政府无法有效与社会大众进行沟通。

4. 缺乏危机沟通的有效制度环境

要实现政府网络舆论危机中的有效沟通，离不开相应的制度环境予以保障。当前，我国政府处置网络舆论危机依据的法律主要是《突发事件应对法》（2007年8月30日第十届全国人民代表大会常务委员会第二十九次会议通过）、《政府信息公开条例》（2007年1月17日国务院第165次常务会议通过）。从上述这些法律法规的内容来看，一方面缺乏沟通的具体规定，在《突发事件应对法》中，没有具体、详细规定沟通内容、沟通时限、沟通方式、沟通主体等方面的内容，从而使政府所负有的沟通义务因为缺乏法律规范而形同虚设；另一方面对于信息公开的规定则仍然过于原则和笼统，导致可操作性不强，比如《政府信息公开条例》仅仅规定政府应当及时发布突发事件的信息，而对于发布信息的范围、发布信息的方式、发布信息的时间、发布信息的主体、未及时发布所应当承担的相关责任等方面的规定不尽完善。以至于一些地方政府以此为借口拖延、拒绝、阻挠信息的发布，给网络舆论危机事件的及时、有效应对造成了巨大阻力。

（三）提升政府管理网络舆论的沟通能力

"互联网已经成为争议性事件爆发时公众表达舆情的重要场所，网民不再是无形的实体，而已成为危机管理专家需要认真对待的公众群体。"[①]网络舆论危机发生后，政府最关键的危机管理事项是，在最短时间内迅速做出反应，及时向媒体和公众发布信息，争取公众及有关方面的支持，为网络舆论危机的顺利处理提供一个良好轻松的舆论环境。因此，政府应当针对上述问题，查漏补缺，构建起有效的网络舆论危机沟通机制。

---

① Cho S, Cameron G T. Public nudity on cell phones: managing conflict in crisis situations[J]. Public Relations Review, 2006, 32(2):199-201. 转引自宗利永，顾宝炎. 危机沟通视角下的网络舆情演变问题研究评述[J]. 情报杂志, 2010, (6).

1. 树立以网民为本的沟通理念

在政府管理网络舆论危机过程中,要保证沟通的效果,必须注重网民的主体地位,使网民对政府所采取的措施产生"心理认同",这就要求政府必须树立以网民为本的沟通理念。一方面,政府应当充分尊重网民的个性和主体地位。长期以来,受传统官僚思想的影响,部分地方政府及其公务员头脑中仍然存在着一种强烈的管制观念,习惯于自上而下的命令式管理,以至于忽视网民等社会大众有参与政府管理网络舆论危机的机会。其实,沟通的过程,不仅是传递网络舆论热议的危机事件信息,它往往是信息、思想与情感的融合。如果政府在传达信息的同时,能够表达出对网民的重视与尊重,就可以赢得网民和社会公众的共鸣与理解。在此基础上,网民与其他社会公众更加信赖政府,愿意积极和政府进行有效的信息沟通,理解和支持政府,共同应对和处理网络舆论危机事件。因此,要实现有效沟通,政府应当扭转以往忽视或排斥网民参与的心理,牢固树立起"网民为本"的理念,在思想上真正将网民视为与自己同等重要的沟通主体。

另一方面,政府应当保障网民知情权得以实现。在信息技术高度发达的现代社会,尊重网民的知情权是政府的理性选择。政府封锁信息会导致谣言四起,而政府发布的不真实信息一旦被网民"证伪",就会因此丧失公信力。当政府面临网络舆论危机时,遵从管理学专家的建议不失为一种明智的选择,即"经历危机时,高层管理者必须就公开和诚实取得共识……为了计划好完整的危机沟通活动,组织必须公开、透明地进行沟通,不能没有信用。在沟通中要遵守道德准则、要诚实。这种道义上的责任感是进行公开、诚实沟通的保证"①。这就要求政府实现信息公开,以保障网民的知情权。因此,政府在处置网络舆论危机事件的过程中,应当真实、准确、及时地向网民和其他社会公众公开危机管理中的行政信息,而不能借维护国家安全为名,限制公开危机管理中的有关信息。唯有"对特定的国家利益造成了可以识别的损害"②,才能纳入免除公开的范围。

2. 增强政府管理网络危机的沟通技能

政府掌握高超娴熟的危机沟通技能是实现有效沟通的重要保障,也是当代公共管理者必须具备的危机管理能力的重要组成部分。政府危机沟通能力的提高,不是虚幻的,必须依赖于专门沟通机构的完善和全体公务员沟通

---

① [美]艾伦·杰伊·查伦巴.组织沟通[M].魏江,译.北京:电子工业出版社,2004:252.
② 徐伟新.国家与政府的危机管理[M].南昌:江西人民出版社,2003:35.

能力的提升。

其一,设置科学的危机沟通管理机构。政府舆论危机事件的有关信息是极其纷繁复杂的,零散的个人和部门是无法胜任庞大的信息群并加以处理的。因此,需要设置一个科学的危机沟通管理机构,对社会信息进行收集、处理、发布、反馈,同时应当具有协调其他各子系统、监测社会信息环境、决策咨询和传播策划、解释宣传法规政策、动员教育公众、协调关系和整合资源、塑造政府形象的重要功能。① 按照现有政府管理宣传和信息发布的机构,笔者认为,可以由新闻发言人办公室来承担此项任务。但是,需要明确新闻发言人办公室的独立地位,使其具有独立的机构和人员编制,同时明确其具体的职责范围。同时,对于常设性的危机沟通机构,新闻发言人办公室不仅要及时获取危机事件发生后的信息,更重要的是要及时获取危机事件发生之前的监测、预警性信息。

其二,提升政府公务员的沟通能力。一方面,加强对政府公务员进行网络舆论危机防范与应对教育。通过教育,让政府公务员树立正确的危机意识,敢于披露事实真相,与网民和其他社会大众进行有效的信息沟通,增强政府公务员应对危机的能力,推动危机事件的妥善解决。另一方面,让所有政府公务员养成上网习惯,提高上网技术。当前,一些政府公务员忙于执行公务,难有上网的机会,对网络技术的理解不多。虽然近年来有部分政府公务员甚至是政府的部分领导开博客,但由于受传统因素影响,他们常被视为"异端"。因此,要使政府公务员养成上网的习惯,在观念和技术等方面还有很多工作要做。此外,落实国务院办公厅印发的《关于在政务公开工作中进一步做好政务舆情回应的通知》②的要求,进一步加大业务培训力度,由国务院新闻办牵头对各省(区、市)人民政府、国务院各部门分管负责同志和新闻发言人进行轮训;由各省(区、市)新闻办牵头对省直部门、市县两级政府的分管负责同志和新闻发言人进行轮训。

3. 培养和提升网民的沟通能力

在政府应对网络舆论危机过程中,网民是其中一方沟通主体,其沟通能力的高低也会影响到沟通效果的好坏。当前,网民的沟通能力较低的现状,

---

① 房杰. 警方危机传播研究[D]. 上海:复旦大学,2009.
② 国务院办公厅印发的《关于在政务公开工作中进一步做好政务舆情回应的通知》要求,进一步加大业务培训力度,利用两年时间,国务院新闻办牵头对各省(区、市)人民政府、国务院各部门分管负责同志和新闻发言人轮训一遍,各省(区、市)新闻办牵头对省直部门、市县两级政府的分管负责同志和新闻发言人轮训一遍。

影响到其沟通主体作用的发挥。因此,提高网民的沟通能力也应当成为政府改善危机沟通中不容忽视的一部分。其一,提高网民的文化素质。据调查显示,2006年,我国公民具备基本科学素养水平的比例达到1.98%,但2000年美国公民达到基本科学素养水平的比例为17%;1992年欧共体公民科学素养水平已经达到5%。① 可见,我国公民整体素质目前仍然相对偏低,直接影响到网民的参与能力与技能,即使他们具有强烈的沟通意愿,也不一定能转化为有效的沟通行为。这就需要政府教育部门和社会有关单位,采取有效措施提高网民的文化素质。其二,提升网民法律意识。网民具有较强的法律意识,有利于减少网络无政府主义行为。网络社会的高自由度和开放性,极容易受到无政府主义的支配,政府网络舆论危机的沟通由此很容易受到干扰,从而使危机沟通的效果大打折扣。因此,政府应当配合相关法制宣传部门,加大法制宣传力度,使网民成为守法公民,自觉遵守上网的法律法规,从而减少网络无政府主义行为。其三,提高网民的社会责任感。在网络社会,政府及其公务员与网民之间就公共事务很难达成共识,实现有效沟通,有时甚至招致谩骂或网络恶搞,除了政府及其公务员的自身因素外,网民的社会责任感缺失也是其中一个重要原因。因此,在民主政治建设的进程中,如何引导公民增强社会责任感也是政府不容忽视的一个方面。

4. 培植网络危机沟通的中介力量

沟通就是由一个人或团体,即传送者(sender)利用各种可行的媒体(media),将信息(messages)传送给另一个人或团体,即接受者(receiver)的过程。② 可见,在政府网络舆论危机应对中运用沟通,除了政府和网民是沟通的双方主体外,中间的媒介力量作用发挥的程度,也将直接影响到沟通的效果。因此,培育作为沟通媒介的社会力量也是提升沟通效果值得关注的重要方面。基于现状,笔者认为,当前迫切需要引导媒体成为危机沟通中政府的代言人。西方国家的媒体作为政府危机管理主体的个人组成部分,扮演着政府危机信息代言人的重要角色,被誉为"政府危机管理形象的塑造者"③。政府网络舆论危机发生后,媒体的合理报道,可以在第一时间向社会公众提供准确信息,有助于避免公众因信息缺乏而导致的恐慌,从而为政府处理网络舆论危机创造良好的环境。因此,在网络舆论危机的治理过程中,政府不应当

---

① 谭量天,刘雪明.公共政策制定中的公民有序参与研究[J].湖北省社会主义学院学报,2006,(6).
② 苏国平.论公共危机管理中政府与媒体的沟通[D].上海:上海交通大学,2007.
③ 王麒.公共危机管理体制中的沟通机制研究[D].成都:电子科技大学,2007.

将媒体视为敌对力量,而应当主动与媒体沟通,具体而言,可以通过召开新闻发布会、记者招待会等形式,及时将有关危机的真实信息向媒体发布。媒体将自己接收到的相关信息,运用自身的报道技巧向公众予以报道,对于澄清相关事实,修复政府的形象大有裨益。另一方面,媒体凭自身在社会上广阔的涉足,还有利于收集到社会公众的看法和意见,这些信息如果能及时反馈到政府,则能对政府的科学决策发挥重要功效。因此,政府应当为媒体的合理报道提供更多自由的空间和帮助,积极引导他们成为危机沟通中的政府的代言人。

5. 推进网络危机沟通的制度化建设

美国学者亨廷顿认为:"制度化是组织与程序获得价值和稳定性的过程。"[①]在网络舆论危机时期,信息传播的过程往往也就是危机演变本身的组成部分,政府要有效管理网络舆论危机,就必须完善包括法律在内的相关制度,使危机信息的收集、处理、传输和应用有章可循,才能保障网络舆论危机的管理实效以及危机沟通的顺利进行。诚然,制度层面的变革是一个复杂的系统工程,需要相当长的一段时间,有待于社会公共治理结构、政治经济体制建设的协调发展。但根据目前的有关制度现状,我们认为,当前紧急需要完善、健全的法律制度主要有:

其一,健全危机沟通方面的法律法规。目前,政府管理网络舆论危机还是一个全新的领域,还没有一部专门的法律法规对其进行规范。实践中,政府在应对网络舆论危机时,主要沿用《突发事件应对法》,但该部法律中对于危机沟通的规定欠缺体系化,也不尽详细。因此,要实现危机沟通的制度化,我们还需要借鉴国外的相关做法,在修改《突发事件应对法》、制定《〈突发事件应对法〉实施条例》,以及地方政府出台或修改《〈突发事件应对法〉实施细则》时,应当注重增加危机沟通方面的规定。具体而言,要克服危机沟通规定过于原则、笼统等弊端,增加政府进行危机沟通时涉及的沟通主体、沟通的具体内容、沟通的时限、沟通的方式以及对不依法沟通的政府部门及其公务员的责任追究,以增强相关法律法规关于危机沟通方面规定的可操作性。

其二,完善信息公开方面的法律法规。政府应对网络舆论危机中的沟通,是"信息凭借一定符号载体,在个人或群体间从发送者到接受者进行传递,并获取理解的过程"[②]。可见,信息公开的程度决定着危机沟通的效果。

---

① [美]塞缪尔·亨廷顿.变革社会中的政治秩序[M].李盛平,杨玉生,译.北京:华夏出版社,1988:12.

② 苏勇,罗殿军.管理沟通[M].上海:复旦大学出版社,1999:13.

当前,规范信息公开的基本法律是《中华人民共和国政府信息公开条例》(以下简称《政府信息公开条例》),这一法规的出台打破了政府长期垄断公共信息的局面,规定了政府信息公开的范围。然而,《政府信息公开条例》实施两年多以来,也充分暴露了这部法规自身的缺陷,使大量的政府信息难以得到切实披露,政府信息公开制度呈现出一种虚化的趋势,主要表现为公开豁免的信息的范围过于模糊、判断标准过于抽象,以至于缺乏实际的可操作性,导致信息公开的限制范围过于宽泛,极易为政府以保护"国家秘密"为借口压缩公开的范围,损害公民的知情权。① 可见,在政府应对网络舆论危机实施沟通过程中,这种制度上的缺陷,导致依赖于信息公开的沟通必然无法达到应有的效果。因此,完善《政府信息公开条例》,扩大信息公开的范围,也应当成为推进政府网络危机沟通制度化建设的应有之意。

总之,进入21世纪以来,互联网、流媒体、电子论坛以及手机网络等特殊的传播媒介在人们生活中普遍被运用,标志着我们已经步入了崭新的网络时代。由于网络使用成本极低,越来越多的人乐于利用网络自由表达意见和进行心理宣泄,由此产生的网络舆论和网络谣言也就容易促使公共危机事件转变为政府网络舆论危机事件。政府如果还是照搬过去,对公共危机事件信息进行封堵,不主动与网民等社会大众进行有效沟通,事实证明将很难起到积极效应,甚至会严重损害政府的形象和执法权威。要想消除网络舆论危机的消极影响,政府应当积极应对,采取有效措施与网民进行沟通,接受网民的监督,取信于民,从而使公民网络政治参与形成的网络舆情成为一种网络民主动力而不是破坏力。通过梳理政府网络舆情工作中的沟通现状及其存在的问题,及时捕捉舆论热点,把社会公众的诉求转化为行政决策,将有利于巩固政府工作的群众基础,重塑政府良好形象,提升政府社会公信力。

第三节 完善公民网络政治参与的制度

党的十八大报告指出,坚持用制度管权管事管人,保障人民知情权、参与权、表达权、监督权,是权力正确运行的重要保证。报告同时指出,推进权力运行公开化、规范化,完善党务公开、政务公开、司法公开和各领域办事公开制度,健全质询、问责、经济责任审计、引咎辞职、罢免等制度,加强党内监督、民主监督、法律监督、舆论监督,让人民监督权力,让权力在阳光下运行。

---

① 韩永.信息公开博弈[J].中国新闻周刊,2008,(26).

现代政治体制必须具有高度的自主性、适应性和凝聚性,才能快速推进公民政治参与的扩大和民主政治的发展。作为新媒体时代的政治参与,其效度的提升离不开政治环境的改善,依赖于政治体制的健全与完善。一方面,决策者摒弃过去以管理者自居的理念,转变为秉承民主治理理念是这场政治体制现代化改革的关键。民主治理理念要求将公众当作社会治理中的合作者,认真倾听公民的声音,尊重公民的意见和建议,并及时进行信息反馈。另一方面,决策者应当为公民参与提供制度保障,才能"使公民的各种愿望、要求、意见、建议等能充分而顺利地向政治系统进行表达……不断完善和发展各种有效的利益表达渠道、机制、场所等,并使之制度化、程序化,为公民提供一个稳定的、经常的政治参与渠道"①。基于公民政治参与的鲜明特色,当前亟须完善的公民网络政治参与制度主要包括政府信息公开制度、听证程序制度以及政府回应制度。

一、完善政府信息公开制度

"公众要想成为自己的主人,就必须用可得的知识中隐含的权力武装自己;政府如果不能为公众提供充分的信息,或者公众缺乏畅通的信息渠道,那么所谓的面向公众的政府,也就沦为一场滑稽剧或悲剧或悲喜剧的序幕。"②信息的开放且真实是公民有效开展网络政治参与的前提,一方面,缺乏必要的信息,公民网络参与中运用知识就会变得异常困难,必将制约公民实施网络参与的行动能力。另一方面,缺乏必要的信息,公民网络参与中极容易产生网络谣言,甚至导致网络群体性事件的发生,破坏政治秩序有序运行。因此,完善公共决策的信息公开制度对于促进公民网络参与效度的提升具有十分重要的意义。

(一)政府信息公开的制度现状

1. 行政机关的信息公开制度现状

当前,我国行政机关信息公开的法律依据是《政府信息公开条例》。《政府信息公开条例》经2007年1月17日国务院第165次常务会议通过,自2008年5月1日起施行,属于国务院制定的一部行政法规。该条例的第二条规定:"本条例所称政府信息,是指行政机关在履行职责过程中制作或者获取的,以一定形式记录、保存的信息。"可见,《政府信息公开条例》只适用于行

---

① 孙力.利益代表机制的政治分析[M].上海:学林出版社,2008:67.
② 王锡锌.当代行政的"民主赤字"及其克服[J].法商研究,2009,(1).

政机关的信息公开。在信息公开范围上,《政府信息公开条例》一方面规定了行政机关应当主动公开的政府信息:(1)涉及公民、法人或者其他组织切身利益的;(2)需要社会公众广泛知晓或者参与的;(3)反映本行政机关机构设置、职能、办事程序等情况的;(4)其他依照法律、法规和国家有关规定应当主动公开的。另一方面规定了行政相对人可以申请政府公开相关信息,即公民、法人或者其他组织还可以根据自身生产、生活、科研等特殊需要,向国务院部门、地方各级人民政府及县级以上地方人民政府部门申请获取相关政府信息。此外,《政府信息公开条例》还规定了公开的方式和程序。

2. 人民法院信息公开的制度现状

(1)关于互联网公布裁判文书的制度。人民法院在互联网公布裁判文书,是保障人民群众参与司法的重要举措。2013年7月1日,《最高人民法院裁判文书上网公布暂行办法》生效实施。按照该办法,除法律有特殊规定的以外,最高人民法院生效裁判文书全部在中国裁判文书网公布。同时,最高人民法院在该网站率先集中公布第一批裁判文书。这是最高人民法院贯彻落实中央关于加大司法公开力度政策,积极回应人民群众对司法公开的关注和期待,有助于公众了解人民法院裁判文书,对法院审判活动进行监督。

2013年11月21日,最高人民法院审判委员会第1595次会议通过《最高人民法院关于人民法院在互联网公布裁判文书的规定》(法释〔2013〕26号)。该规定明确公开裁判文书应当贯彻"依法、及时、规范、真实"的原则,规定除涉及国家秘密与个人隐私的、涉及未成年人违法犯罪的、以调解方式结案的、其他不宜在互联网公布的四种特殊情形外,其余的生效裁判文书均应在中国裁判文书网公布。

2016年7月25日,为回应社会各界对裁判文书公开的力度、范围提出的更高要求,进一步强化法官的责任意识,最高人民法院审判委员会第1689次会议讨论通过了修订后的《最高人民法院关于人民法院在互联网公布裁判文书的规定》(法释〔2016〕19号)。修订后的文书上网规定强调人民法院在互联网公布裁判文书应当贯彻"依法、全面、及时、规范"的原则,扩大了裁判文书的公开范围,规定了人民法院作出的下列裁判文书应当在互联网公布:刑事、民事、行政判决书;刑事、民事、行政、执行裁定书;支付令;刑事、民事、行政、执行驳回申诉通知书;国家赔偿决定书;强制医疗决定书或者驳回强制医疗申请的决定书;刑罚执行与变更决定书;对妨害诉讼行为、执行行为作出的拘留、罚款决定书,提前解除拘留决定书,因对不服拘留、罚款等制裁决定申请复议而作出的复议决定书;行政调解书、民事公益诉讼调解书;其他有中止、终结诉讼程序作用或者对当事人实体权益有影响、对当事人程序权益有重大影响的裁判文书。

（2）关于人民法院执行公开。2006年12月31日，最高人民法院发布《最高人民法院关于人民法院执行公开的若干规定》，明确执行公开的内涵，即"本规定所称的执行公开，是指人民法院将案件执行过程和执行程序予以公开"；明确执行公开的方式，即"人民法院应当通过通知、公告或者法院网络、新闻媒体等方式，依法公开案件执行各个环节和有关信息，但涉及国家秘密、商业秘密等法律禁止公开的信息除外"；并进一步明确了执行公开的范围，如"人民法院应当向社会公开执行案件的立案标准和启动程序""人民法院应当向社会公开执行费用的收费标准和根据，公开执行费减、缓、免交的基本条件和程序"等。

2014年9月3日，为贯彻落实执行公开原则，规范人民法院执行流程公开工作，进一步提高执行工作的透明度，推进执行信息公开平台建设，最高人民法院制定了《关于人民法院执行流程公开的若干意见》（法发〔2014〕18号）。该执行流程公开意见确定了人民法院执行流程信息遵循"以公开为原则、不公开为例外"的原则。并进一步规定，对依法应当公开、可以公开的执行流程及其相关信息，一律予以公开，实现执行案件办理过程全公开、节点全告知、程序全对接、文书全上网，为当事人和社会公众提供全方位、多元化、实时性的执行公开服务，全面推进阳光执行。

3. 人民检察院的信息公开制度现状

人民检察院的信息公开制度主要体现为2014年6月20日最高人民检察院第十二届检察委员会第二十四次会议通过的《人民检察院案件信息公开工作规定（试行）》。该规定主要规定了：(1)案件程序性信息查询。一方面规定了人民检察院应当依法、及时履行法律规定的通知、告知、送达、公开宣布等职责；另一方面规定了当事人及其法定代理人、近亲属、辩护人、诉讼代理人，可以依照规定，向办理该案件的人民检察院查询案由、受理时间、办案期限、办案部门、办案进程、处理结果、强制措施等程序性信息。(2)重要案件信息发布。规定了人民检察院应当及时向社会发布下列重要案件信息：有较大社会影响的职务犯罪案件的立案侦查、决定逮捕、提起公诉等情况；社会广泛关注的刑事案件的批准逮捕、提起公诉等情况；已经办结的典型案例；重大、专项业务工作的进展和结果信息；其他重要案件信息。(3)法律文书公开。其一，人民检察院制作的法律文书，应当依照法律规定，及时向当事人、其他诉讼参与人和有关单位送达、宣布。其二，人民检察院作出撤销案件、不批准逮捕等决定的法律文书,可以通过在本院设立电子触摸显示屏等方式提供查阅。其三,人民检察院制作的下列法律文书,应当在人民检察院案件信息公开系统上发布:人民法院所作判决、裁定已生效的刑事案件起诉书、抗诉书;不起诉决定书;刑事申诉复查决定书;最高人民检察院认为应当在该系统发布的其他法律文书。

(二)政府信息公开制度的实施效果

1. 无法满足基层民众对当地政府信息的强烈需求

上述信息公开制度的实施,有效推动了政府信息公开,但总体情况还不容乐观。《中国行政透明度观察报告(2010—2011)》显示,国务院下设机构的信息公开状况,及格率仅为20.9%;省级政府及其行政单位的信息公开状况较好,除西藏(未开展调查)外的30个省级行政单位及格率为66.7%;省级往下,政府信息公开落实程度递减,县级政府信息公开得分非常低。① 这种状况显然与基层民众对于当地政府信息的强烈需求形成了鲜明的对比。究其原因,其中最重要的因素之一在于法律对公开与不公开的界定不太明确,导致实践中政府掌握着信息的主动权,甚至将信息公开作为施舍;从一些地方政府主动公开的信息内容来看,由于缺乏自愿性,只是为了完成硬性规定实施公开,公开了公众并不需要的信息,而对于公众关注、需要的信息,却基于多方面缘由而很难公开。

2. 政府信息公开的行政诉讼频发

近年来,政府信息公开类案件已成为行政诉讼新的热点和增长点,并呈现出行政机关在此类案件中的败诉率远高于普通行政案件平均败诉率的显著特征。宁波市政府发布的《政府信息公开行政诉讼案件基本情况通报》中指出,2011年9月至2014年8月政府信息公开案件的平均败诉率为17%,2013年败诉率甚至高达20%,远高于普通行政案件约9%的平均败诉率。② 青岛市中级法院的行政审判白皮书显示,2015年全市法院共审结一审政府信息公开案件192件,在判决结案的156件案件中行政机关败诉占60件,败诉率高达31.3%。③ 聊城市中级人民法院的司法审查报告显示的败诉率更是惊人,以2014年为例,全市法院所审理的101起政府信息公开行政案件中,

---

① 魏铭言,郭少峰.政府信息公开条例实施4年 执行难完成率不足2成[N].新京报,2012-05-15.

② 王文燕.政府信息公开行政诉讼案件基本情况通报[EB/OL].宁波政府法制信息网 http://www.nbfz.gov.cn/info.jsp? aid=37253.

③ 王晓易.信息公开案,政府败诉率三成[N].半岛都市报,2016-04-28.

行政机关败诉79件,败诉率达78.2%,比较行政诉讼案件整体败诉率的15%要高出5倍多。①

为更好地了解政府信息公开行政诉讼的状况,我们以公安机关政府信息公开类诉讼为例加以分析。作为政府的一个重要职能部门,公安机关肩负着维护社会治安和打击违法犯罪的双重职责,掌握着大量与公众人身权财产权密切相关的政府信息,成为公众申请信息公开的关键部门,一旦公众对政府信息的诉求得不到满足,由此引发的公安行政诉讼案件就会时有发生。如北京市高级法院司法审查报告的统计数字显示,政府信息公开行政案件虽广泛存在于不同行政领域,但绝大多数政府信息公开案件主要涉及征地、拆迁、公安、社保等管理领域。② 聊城市中级人民法院的司法审查报告同样显示,2014年受理的101件政府信息公开诉讼案中,38件涉及公安部门,占整体信息公开诉讼案的37.6%。③ 梳理近年来发生的公安机关信息公开类诉讼案件,不难发现,行政相对人和利害关系人对公安机关在治安管理、刑事侦查、司法鉴定、公安消防管理方面的信息有着强烈的需求,由此引发的信息公开类诉讼案件所占比例位居前列。

一是起诉治安管理信息公开的诉讼案件。治安管理信息是指公安机关行使治安管理处罚职责过程中记载于接处警登记表、受案回执单、调查询问笔录、行政处罚决定书等法律文书中形成的相关信息。《治安管理处罚法》第五条规定,实施治安管理处罚应当遵循公开原则,公安部出台的《公安机关执法公开规定》第十六条规定,公安机关应当向控告人,以及被侵害人或者其家属公开行政案件办理情况和结果。随着人们权利意识的增强,起诉治安管理信息公开的诉讼案件日益增多,并表现出起诉主体扩大化、起诉争议标的多样化的显著特征。如在"王松忠诉北京市公安局政府信息公开告知案"中,王松忠向北京市公安局申请公开天安门分局认定其非正常上访扰乱公共场所秩序的立案信息的相关材料、移送天津市公安机关继续处理的相关过程性信息,后因不服北京市公安局做出"申请获取的政府信息不存在"这一答复向北京市东城区人民法院起诉。④

二是起诉刑事侦查信息公开的诉讼案件。我国《刑事诉讼法》第十八条

---

① 庞玉伟.聊城:政府信息公开案增多,近八成行政机关败诉[N].聊城晚报,2015-10-29.
② 王殿学,吴斌.报告称近年申请信息公开案激增[N].南方都市报,2013-10-16.
③ 赵宗锋.聊城去年受理101件政府信息公开诉讼案[N].聊城晚报,2015-04-22.
④ 王萍.王松忠诉北京市公安局政府信息公开告知案二审行政判决书[EB/OL].http://www.bj148.org/zhengfa/zfsfgk/zfcpws/xz/201409/t20140910_668223.html.

第一款规定："刑事案件的侦查由公安机关进行，法律另有规定的除外。"作为公诉案件的必经程序，刑事侦查是通过收集证据以确定对犯罪嫌疑人是否起诉的准备活动，正是基于其关键环节的地位，故侦查过程中形成的刑事立案与不立案的依据、刑事办案人员名单等办案材料，往往成为当事人及利害关系人急切想获取的信息，当他们得不到满意答复时，往往选择向法院起诉寻求司法救济。如在"安徽六安陈家杨诉霍邱县公安局案"中，陈家杨于1995年8月因被怀疑为杀害朱大国的凶手被关押，三个月后因朱大国的出现随即被释放，陈家杨于2015年7月向霍邱县公安局申请公开自己当年被刑拘所涉嫌的罪名、被羁押的法律手续、从事讯问的民警姓名及现在工作单位等11项信息，因霍邱县公安局未在法定时间内予以答复而提起诉讼。

三是起诉公安鉴定信息公开的诉讼案件。公安机关作为重要的刑事侦查机关，设置司法鉴定机构，运用科学技术或者专门知识对诉讼涉及的专业性问题进行鉴别和判断并提供鉴定意见。行政诉讼实践中，这种鉴定意见如伤残鉴定结论书、终止伤残鉴定书面通知中所承载的信息往往是当事人和利害关系人迫切想获取的，由此引发的政府信息公开诉讼案件时有发生。如在"白文平诉鄢城分局信息公开案"中，白文平作为死者樊晓才的妻子，在鄢城分局根据尸检结论认定樊系"生前溺水死亡"并下达不予立案通知书后，申请鄢城分局公开樊晓才死因的所有检验鉴定报告、现场勘验报告及所有与樊死亡有关的照片等全部信息，后因对警方以涉及国家秘密为由予以拒绝的情形不服，向鄢城区法院起诉。① 可见，由于公安机关所作司法鉴定意见是查明案情、解决案件中某些专业性问题的重要保障，当事人和利害关系人因无法获取或获取的信息不全面时，会选择向法院起诉，并希望借助法院的力量促使公安机关公开相关信息。

四是起诉公安消防信息公开的诉讼案件。《中华人民共和国消防法》规定，公安机关消防机构负有对建设工程消防设计审核、消防验收、公众聚集场所投入使用（营业）前消防安全检查、消防产品监督检查、消防监督检查、火灾事故调查等职责。行政诉讼实践中，当事人和利害关系人因对公安机关消防机构的信息公开不服提起行政诉讼的案件较为常见。如"张某诉广州市公安消防局信息公开案"中，张某因担心所购房屋的小区消防不过关，向广州市公安消防局申请公开该小区A1栋商品房住宅建设项目的消防工程及管道燃气工程的申请验收时间及消防局签发《建设工程消防验收意见书》的时间等政

---

① 何晖.丈夫死亡农妇起诉警方信息不公开，法院裁定受理[N].大河报，2013-01-24.

务信息,因公安消防局超过法定期限未公开向法院起诉。① 可见,公安消防机构在履行职责过程中形成的信息,往往关涉到相关利害关系人的财产权甚至是人身权的保护问题,如果没有依法提供,容易成为信息公开类案件的诉讼标的。

(三) 政府信息公开制度的完善

1. 建议相关部门提升信息公开立法的效力层次

无论是作为政府信息公开的基本立法《政府信息公开条例》,还是涉及具体操作层面的地方政府部门制定的信息公开规定,由于其立法的制定主体都属于行政机关,一直被学者和其他社会公众认为"这是行政系统对信息公开的自我规定,在范畴上仍属于'主动'公开,而非民众通过法律的规定对政府行为的强制性规范"②。同时,由于其居于行政法规、行政规章甚或是其他行政规范性文件的法律位阶地位,且公开与不公开的事项范围不是十分明朗,由此引发公众对政府信息公开规定的质疑。为此,需要提升政府信息公开立法的效力层次,交由全国人大及其常委会在征求意见、表决通过的基础上形成《中华人民共和国信息公开法》,对政府信息公开的范围、程序以及法律责任等方面做出更明确的规定。

2. 完善政府信息公开的范围

其一,明确政府信息中不予公开的档案信息范围。基层政府部门在从事政府信息公开工作中,不仅要适用政府信息公开法律规定,同时需要考虑《中华人民共和国档案法》及其实施办法的规定,否则可能导致违反档案法规,泄露国家秘密或商业秘密,损害国家利益、社会公共利益以及其他公民的合法权益。因此,部分基层公务员担心违反档案法规承担责任做出不予公开的决定,或是以行政相对人申请的政府信息属于档案信息为由拒绝公开。为防止上述情形的出现,政府信息公开规定应当明确不予公开的档案信息范围。根据《档案法》第十九条规定:"国家档案馆保管的档案,一般应当自形成之日起满三十年向社会开放。"可见,依法不予公开的档案信息应当是存放在档案馆保管的档案承载的信息,至于未移交到国家档案馆仍然保存于政府系统内部的政府信息,则一般属于政府应当公开的政府信息。

其二,明确政府信息中不予公开的内部信息范围。行政诉讼审判实践中,政府部门在庭审中往往主张自己拒绝公开的信息属于内部信息,但许多

---

① 李朝涛. 广州公布行政诉讼案例,民告官消防公安房管败诉[N]. 信息时报,2007-06-21.
② 杨健. 公安机关政府信息公开制度建设探析[J]. 净月学刊,2014,(1).

情形下其主张并未得到人民法院的支持。然而,内部信息的公开"可能对坦率的意见交换、意思决定的中立性造成不当损害、可能产生国民间的混乱、可能不当地给予特定的人利益或不利益的信息"①。为解决内部信息公开还是不公开的矛盾,应当明确不予公开的内部信息范围。综观国外信息公开立法,内部信息往往指涉及行政机关内部的常规工作,与公共利益无关的信息,如美国《联邦信息自由法》确定的内部信息主要指机关人员病假、午餐时间规定、使用停车设施的规则等事务,或者是政府调查人员或者检查人员的操作指南、程序手册,统称为"机构内部的人员管理制度和惯例"。《日本行政机关拥有信息公开法》规定"国家机关和地方公共团体内部或相互之间有关审议、讨论或协议的信息"为内部信息并归入不予公开的范围。借鉴国外立法,梳理分析我国司法实践做法,我国政府信息公开规定可以将内部信息界定为与公共利益无关的纯内部事务信息,并采用类型列举的方式明确诸如纯属行政机关内部管理的人事与财务的相关信息、由行政机关内部科室制作的与外部行政执法行为无关的信息等情形属于内部信息,并规定为不予公开的内部信息。

其三,明确政府信息中不予公开的过程性信息范围。所谓过程性政府信息,是指处于行政机关讨论、研究或者审查中的过程信息。基于过程性政府信息的公开可能影响行政管理目的实现、损害国家利益和社会公共利益以及过程性信息未成熟的特点,一些地方政府信息公开立法中明确规定过程信息应当纳入不予公开的范围。② 如《郑州市政府信息公开规定》第十条规定:正在调查、讨论、处理过程中,公开后可能影响检查、调查、取证等,或者可能威胁个人安全的,不予公开。我国政府信息公开规定亟须明确过程性信息的判断标准,尤其是对于行政相对人和利害关系人特别关注的,对应立案、调查、事先告知、审核等执法环节形成的立案审批表、调查报告、事先告知书、审核意见等文书,应当明确是否属于不予公开的过程性信息。以当前行政诉讼审判实践为考察对象,一般应当区分被申请公开的法律文书所处的执法阶段,如果尚处于行政机关执法过程中的法律文书则应当纳入不予公开的范围,如果行政机关已经作出行政处理决定并送达给当事人即执法过程已经结束,则除非符合其他保密规定,应当属于公开的范围。

---

① 浙江省高级人民法院课题组.政府信息公开行政诉讼案件疑难问题研究——以浙江法院审理的行政案件为实证样本[J].行政法学研究,2009,(4).
② 杨小军.过程性政府信息的公开与不公开[J].国家检察官学院学报,2012,(2).

二、健全公民网络政治参与的程序制度

（一）改进公民网络政治参与的听证程序制度

在公民网络参与的过程中，听证程序的透明与直接，受到网民的青睐，也成为立法机关、司法机关、执法机关利用网络与民众沟通的重要途径。以微博听证程序为例，一些地方开启了立法、执法、司法的微博听证模式，取得了较好的效果。在立法微博听证方面，如浙江省政府在舟山举行《浙江省无居民海岛开发利用管理办法》立法听证会，将现场讨论的内容通过微博滚动直播，而网友评论被带回会场，作为旁听意见供立法参考；在执法微博听证方面，如重庆市交通执法大队直属支队龙头寺大队借助社交网络平台开通"微博听证"栏目，针对"黑车"司机万某从事非法营运，首次违法后考虑到其家庭困难减轻过处罚，再次违法该不该再次减轻处罚问题，以微博投票的方式向网友征求意见；在司法微博听证方面，宿迁市宿城区检察院以"庭审"模式对一起不捕案件公开听证，并通过官方微博图文直播听证全过程，引起广大网友的回帖关注，在参考公开听证结果后，宿城区检察院认为犯罪嫌疑人的行为涉嫌侵占罪，并已获得被害人谅解，根据刑诉法中告诉才处理的犯罪，没有告诉或者撤回告诉的，不追究刑事责任的规定，决定不批准逮捕。

上述立法、执法、司法微博听证模式，吸纳了广大网友的参与，赢得了社会好评。但是，网络听证应当遵循的具体程序是什么？怎样保障网络听证的建议落实进公共决策？网络听证后是否应当反馈？

要解决这些问题，就必须对网络听证程序予以合理的制度安排。其一，网络听证议题及相关材料应当提前半个月予以公布，以便公民在充分了解情况的基础上参与网络听证，才能避免"零意见"或者"随便说说"的局面，让自己深思熟虑的建议对公共决策产生实质性影响。其二，网络听证过程中，要保障公众有机会充分发表自己的意见与看法。其三，网络听证会结束后，必须保障公众合理网络建议的吸纳，对于不合理的网络建议，则应当提出没有被采纳的原因予以反馈，以避免网络听证涉嫌"走过场"而降低公民网络政治参与的积极性。

（二）健全公民网络政治参与的政府回应制度

"政府回应性是现代国家的政府必须具备的时代特征。"[1]"公共行政面临的核心问题在于，确保公共行政管理者能够代表并回应民众利益。否则民

---

[1] 李树桥.回应性是现代政府的时代特征[N].经济观察报,2007-07-09.

主制度便可能无以为继。"①网络政治参与必须与政府回应构成互动流程,没有政府回应的网络政治参与是低效甚至是无效的。政府与网民的互动有助于民众通过网络平台表达自己的诉求,也有助于政府全面了解民众意愿与社会需求,以便做出正确的公共决策。李克强总理2013年9月主持召开国务院常务会议时,特别强调要主动回应社会关切,把人民群众的期待融入政府的决策和工作之中,努力增强提升政府公信力、社会凝聚力的软实力。2013年10月1日国务院办公厅发布的《关于进一步加强政府信息公开回应社会关切提升政府公信力的意见》(国办发〔2013〕100号)中明确,要健全舆情收集和回应机制。该意见要求各地区各部门要建立健全舆情收集、研判和回应机制,密切关注重要政务相关舆情,及时敏锐捕捉外界对政府工作的疑虑、误解,甚至歪曲和谣言,加强分析研判,通过网上发布消息、组织专家解读、召开新闻发布会、接受媒体专访等形式及时予以回应,解疑释惑,澄清事实,消除谣言。同时强调,回应公众关切要以事实说话,避免空洞说教,真正起到正面引导作用;有关主管部门要进一步加大网络舆情监测工作力度,重要舆情形成监测报告,及时转请相关地方和部门的关注和回应。

之后,各级地方政府对民众诉求的回应具有更强的主动性和及时性,东莞等地在其《政府工作报告》中也明确提出要建立起回应型政府。但是,政府对网络政治参与的回应依然存在着诸多问题亟待解决:一是某些地方政府官员由于缺乏与民合作理念"不愿回应";二是某些地方政府担心回应不好形象受损故"不敢回应";三是某些地方政府欠缺回应技巧导致"不会回应"。如此种种,阻碍着政府回应的效果,也制约着网络政治参与的有效性提升。

当前,健全政府对公民网络政治参与的回应制度可以从以下三个方面入手:一是完善有关政府回应民意的立法,明确政府回应的法定范围、回应的法定方式、回应的法定责任,才能解决"不愿回应""不敢回应"的问题。二是完善有关政府回应民意的培训制度,落实对政府机关工作人员尤其是负责政务网络回应的人员、新闻发言人等人员的专业培训工作,提升其回应技巧,才能有效解决"不会回应"的问题。三是建立政府回应的监督制度,监督方式和内容包括两个方面:一方面是政府部门自身的监督,即由政府部门设立专门监督机构进行定期、不定期监督,并建立起完善的考核制度。如安徽省办公厅发出通知,对15天以上未更新的"僵尸"政务微博进行通报整改;整改不到位

---

① [美]戴维·H.罗森布鲁姆,罗伯特·S.克拉夫丘克.公共行政学:管理、政治和法律的途径[M].张成福,等,译.北京:中国人民大学出版社,2002:9.

的,坚决予以关停;考核结果纳入年度全省政府网站绩效考核和政务公开工作考评。安徽省马鞍山政府部门由外宣部门牵头,监督本地政务微博的回应状况,采取"'@马鞍山发布'叫醒'僵尸微博',做好自监督"的措施,如"@马鞍山发布"先后于7月18日和8月30日两次发布微话题#曝光台#,曝光本市多个"至少一周时间没有及时更新的"僵尸微博,成为政务微博发展自监督的典型案例。① 上述做法取得很好的实效,也值得其他地方政府借鉴,为保障这些措施的持久性,应当由省级以上政府出台行政规范性文件加以确认,明确具体的监督主体、监督程序以及未履行好回应义务的政府部门应当承担的责任。另一方面,则是由政府外的社会组织和公民个人进行监督。同样,为保障社会监督能真正发挥效应,也应当由省级以上政府出台有关规范性文件,确认社会监督的程序,规定接收公民和社会组织举报的具体政府机构及其职权和职责,以及未履行好回应义务的政府部门应当承担的责任。

第四节 优化公民网络政治参与的环境

"人肉搜索""网络暴力""网络谣言"等极端现象在网络空间不时上演,欺骗了社会公众的感情、阻碍着社会公众对真实信息的了解,不利于网络政治参与活动的正常有序开展。可见,公民网络政治参与的有效运行和有序发展离不开秩序良好的网络环境。针对当前网络社会发展过程中出现的影响公民网络政治参与的因素,首先应当确立网络环境治理的原则,并在此基础上,重点做好国内国际网络空间的环境治理,主要体现为:一方面是完善国内立法对网络谣言予以规制;另一方面则是防范美国网络单边主义对国际网络环境的破坏。

一、确立网络环境治理的四个有机结合原则

互联网的迅速发展促进了人与人之间的思想交流,成为政府汇聚民意的有效通道,拉近了政府与民众的距离,但网络作为一个虚拟的空间,具有极强的隐蔽性,也容易成为一个藏污纳垢的场所,衍生网上销售违禁品、网络淫秽色情、网络赌博、网络诈骗、黑客攻击破坏等一系列网络违法犯罪活动,侵害公民和组织的合法权益,危害社会秩序,甚至危及国家安全。对此,中国共产

---

① 李静,朱明刚.2016第三季度《人民日报·政务指数微博影响力报告》发布[EB/OL]. http://yuqing.people.com.cn/n1/2016/1109/c209043-28847914.html.

党与中国政府一直高度重视,党的"十八大"报告中就明确指出,要"加强和改进网络内容建设,唱响网上主旋律。加强网络社会管理,推进网络依法规范有序运行"①。习近平主席进一步强调,"要从国际国内大势出发,总体布局,统筹各方,创新发展,努力把我国建设成为网络强国"②。2015年4月,中共中央办公厅、国务院办公厅印发《关于加强社会治安防控体系建设的意见》,将"加强信息网络防控网建设"作为"加强社会治安防控体系建设"的重要组成部分,并明确提出"建设法律规范、行政监管、行业自律、技术保障、公众监督、社会教育相结合的信息网络管理体系"③。在这样的时代背景条件下,思考和探索网络社会治理中如何实现治理主体的结合、治理手段的结合、治理方式的结合,以推动网络社会的健康有序发展,无疑应当成为学界、实务界以及社会各层面力量的重要使命。

(一)法治手段与德治手段相结合

网络信息技术的迅猛发展与广泛运用,无论是对一个国家的政治、经济、文化领域,还是对该国民众的思想观念和行为方式,都产生了重要的影响,"网络社会已经形成"的现实成为人类的共识。随着网络社会的形成与发展,我们逐渐意识到:网络社会不再是当初一些学者界定的"虚幻空间",而是一种客观存在的公共领域;网络社会并非独立于现实社会,网络社会中出现的问题,其实是现实社会问题的投射;网络空间出现的网络谣言、网络诈骗、网络洗钱、网络赌博、网络恐怖活动等违法犯罪行为,其实施主体是现实社会客观存在的人。可见,网络社会治理应当成为当下国家治理的重要组成部分。相对于传统现实社会的治理,网络社会无组织、无领袖、无中心的特点使得其治理显得愈发复杂与艰难。法治对传统社会治理所具有的优势,在网络社会治理中有时很难发挥有效作用,网络社会治理更强调网络企业和网民的自律,这种自律在很大程度上依赖于人们具有良好的道德品质。因此,网络社会治理的成效,不仅仅取决于法治水平,还取决于德治程度,需要法律和道德协同发力。

1. 单纯网络法治治理面临的困局

随着网络立法的完善、网络执法的强化,我国网络社会治理工作取得了

---

① 胡锦涛.坚定不移沿着中国特色社会主义道路前进为全面建成小康社会而奋斗——在中国共产党第十八次全国代表大会上的报告[M].北京:人民出版社,2012:33.
② 张紫.习近平:把我国从网络大国建设成为网络强国[J].计算机与网络,2014,(4).
③ 王吉全.中办国办印发《关于加强社会治安防控体系建设的意见》[N].人民日报,2015-04-14.

明显的成效。然而,网络谣言的盛行、网络诈骗的肆意横行、网络突发事件的频繁发生,表明网络社会问题仍然没有得到有效遏制或解决,也反映出仅仅依靠法治手段治理网络社会的局限性。

(1)网络法律调控范围的局限性。法律调整网民行为,但不能调整其思想。法律是一种行为规范,能为网民提供行为标准,指引网民可以这样行为、应该这样行为或者是禁止这样行为;判断、衡量网民行为是否合法;制裁、惩罚网络违法犯罪行为。但是,网民的思想感情存在于其内心,在外化为具体的行为之前,对国家、对社会、对他人并不会产生影响,就不宜采用法律这种具有强制性的外部力量进行规制。正如毛泽东同志指出:"企图用行政命令的方法,用强制的方法解决思想问题,是非问题,不但没有效力,而且是有害的。"①历史上就存在因对思想加以法律强制导致社会动乱乃至王朝倾覆的反面例子。如法家思想认为,"刑加罪所终,则奸不去,赏施于民所义,则过不止。刑不能去奸,而赏不能止过者,必乱。故王者刑用于将过,则大邪不生;赏施于告奸,则细过不失"②。其中,"刑用于将过"就是主张对将要犯罪而尚未构成犯罪的思想犯处以重刑,这一做法极力压缩了人们自由的空间,最终导致民众逆反心理愈加强烈,进行暴力反抗,导致秦朝二世而亡。

法律调整网民行为,但不能调整其所有行为。网民在网络空间从事的行为是多种多样的,比如访问网站、收发邮件、网络游戏、上传和下载文件、即时通信、聊天、论坛等,由此形成了一个庞大的网络行为体系。其中,有些网络行为需要法律强制性调整,如网络欺诈、网络毁谤、网络攻击、网络恐怖主义行为等;而有些网络行为则不需要或者不宜适用强制性调整,如正常的收发邮件、下载文件、微信聊天等。否则,就有可能因压制网络言论自由而备受诟病。如2006年发生在重庆市的"彭水诗案",秦中飞因写了一条名为《沁园春·彭水》的短信在内容上针砭时弊而获罪被押,后经调查认定属于一起政法部门不依法办案、党政领导非法干预司法的案件。对于此案,参加两会的一些全国人大代表和全国政协委员认为堪称现代版"文字狱",是民主法治时代粗暴压制言论自由的行为,令司法公正蒙羞。③

法律调整网民行为,但无力调整其所有行为。法律调整网络行为时,必

---

① 中央文献出版社.建国以来毛泽东文稿(第六册)[M].北京:中央文献出版社,1992:321-322.
② 石磊.商君书[M].北京:中华书局,2009:35.
③ 令伟家,朱薇,王宇.部分代表委员抨击一些党政官员干涉"彭水诗案"使司法公正蒙辱[EB/OL]. http://www.npc.gov.cn/npc/xinwen/dbgz/dbzs/2007-03/04/content_359080.htm.

须"以事实为根据",重视证据的运用,否则容易导致冤假错案的发生。网络违法犯罪留下的痕迹不再是传统意义上更多以物理形态存在的、可以轻易察觉到和触摸到的痕迹,而是以电子数据的状态存在着。这些电子数据的无形性、表现多样性、极易销毁性等属性,导致网络违法犯罪的证据难于收集和固定。随着网络违法犯罪手段的不断变化和种类的日益增加,尤其是由过去的"单干"型网络违法犯罪发展为有组织的团伙犯罪,其技术性、专业性、分散性强的特点进一步增加了证据收集和固定的难度。当前,涉众型网络犯罪是重要的犯罪形式,而其破案率却大概只有1.5个百分点。① 可见,基于网络违法犯罪证据的收集和固定难度,某些情形下不得不因为证据不足而让部分网络违法犯罪嫌疑人逍遥法外,逃避了法律的制裁。

(2)网络法律滞后于治理的需要。法律天然具有滞后性,这是一个不争的事实。在我国,尽管经过法律界的共同努力,网络立法的进程经过了三个阶段:第一阶段是1994—1998年期间,基于互联网在中国的发展处于起步阶段,本阶段调整网络行为的法律规定数量很少,零散存在且缺乏系统性;第二阶段是1999—2005年期间,本阶段对网络立法更加重视,开始就互联网内容管理建立起相关制度;第三阶段是2005年之后,随着针对签名法、信息传播、新闻出版、视听节目等多个领域出台专门的法律,尤其是《网络安全法》于2016年11月7日发布,标志着我国互联网法律体系的初步建立。② 但是,网络法律规范受立法周期和立法者预见能力的影响,不可避免地滞后于网络社会治理的需要。

立法周期较长导致网络法律规范滞后于治理的需要。根据学者对"摩尔定律"的研究,互联网等高科技的更新周期在两年左右③,但基于法律的制定和修改关乎人们的权利义务,必须要经过多方调研、反复讨论和修改。以全国人大常委会的立法程序为例,一项法律草案的通过,至少需要经过三次以上会议审议,现有记录中最快的立法周期是2年,通常情况下都需要3~5年才能获得通过。而当新的网络立法颁布实施后,却发现网络技术迅猛发展带来的新问题又出现了。但是,基于法律应当具有安定性这一基本特征,不能对法律立马进行修改。当下,网络社会治理面临的较大问题之一,就是调整网络行为法律规范的滞后性,且比以往任何时期更为凸显。

立法者的预见能力限制导致网络法律规范滞后于治理的需要。网络空

---

① 仇飞,罗聪冉.公安部:电子证据是打击网络犯罪的最佳证据[N].法制日报,2015-11-25.
② 谢永江,纪凡凯.论我国互联网管理立法的完善[J].国家行政学院学报,2010,(10).
③ 孙泉.解读摩尔定律[J].集成电路应用,2004,(8).

间层出不穷的新技术、新应用问题给网络立法与监管带来重大挑战,要求网络立法具有极强的前瞻性以应对急速变化发展的网络环境。然而,即使再高明的立法者,他毕竟生活在一定的物质生活环境中,不可能保障其参与制定的立法所具有的前瞻性达到理想目标。这是因为,"其一,立法者的观察能力有限,不可能预见将来的一切问题。其二,立法者的表现手段有限,即使预见到将来的一切问题,也不可能在立法上完全表现"①。既然立法者无法预见未来网络空间将发生的所有情况,在新型的网络治理问题发生后,就很可能由于法律漏洞而无法进行有效调整。

(3)网络法律调控的成本相当高。2004年国务院颁布的《全面推进依法行政实施纲要》就明确提出:要"积极探索对政府立法项目尤其是经济立法项目的成本效益分析制度。政府立法不仅要考虑立法过程成本,还要研究其实施后的执行成本和社会成本"。可见,法治是需要成本的。网络社会相对于传统的现实社会,其边界的无限广阔性、变化的频率高速性、发展趋势的难预见性等特殊属性,决定了网络法治进程中所需的立法成本、执法成本以及社会成本都将是异常高昂的。

网络立法需要成本。网络立法的过程通常包括调研、征询意见、专家咨询、论证等主要环节。传统意义上的立法往往是由公职人员负责操办,对他们从事立法活动付出的劳动无须额外支付劳务费,以至于立法活动所耗费的成本没有进行核算,也没有引起重视。然而,现代意义上的立法强调多元主体参与,所需要的人力资源不再单纯来自公职人员,还需要调动专家学者以及广大群众共同参与立法活动,对他们按劳取酬的观念应当予以尊重,这也符合市场经济的发展规律。尤其是网络立法对网络技术专家和网络治理理论学者的需求性更强,决定其付出的劳动报酬更多。其次,网络立法过程的开放性更强,强调采取立法座谈会、论证会、听证会、问卷调查等形式广泛听取意见,需要耗费大量的会议经费。其三,网络立法的技术性更强,强调技术的检测和实践,也需要支付高昂的技术费用。

网络执法需要成本。网络执法与其他执法一样,在执法机构的开办、日常运营、设备购置、人员工资等方面需要付出费用。同时,与传统意义上的普通执法相比,网络执法所需成本更高。其一,网络执法所属装备的科技含量更高,所需费用相当昂贵。如根据政府采购信息网中标公告信息显示,电子数据取证系统设备的价格为551.95万元/套,互联网信息分析系统设备的价

---

① 王洪.司法判决与法律推理[M].北京:时事出版社,2002:25.

格为112.25万元/套,智能手机检验系统设备73.308万元/套。① 其二,网络执法人员需要掌握更多的专业知识和技术能力,他们参加专业培训所需费用也是执法成本的重要组成部分。

此外,无论是网络立法,还是网络执法,都会导致社会成本的产生。尤其是当网络立法欠缺科学性,网络执法的不合法或明显不当情况发生后,不仅会损害到相关民众的利益,还会损害政府形象,降低政府执法公信力。

2. 道德对网络法治的滋养

道德与法律一样,能够起到约束、规范人们行为的作用。与网络法律规范不同的是,道德强调网络行为主体内在的自律,能够评价任何涉及他人利益和社会公共利益的网络行为,其劝善的功能贯穿于主体实施网络行为的全过程,甚至包括行为前的动机。道德的上述属性,能够弥补单纯网络法治的弊端,对网络立法、执法、守法等法治建设的各环节具有补益功能,从而促进网络法治治理的健康、有序发展。

(1)道德促进网络良法体系的构建。习近平同志在党的十八届三中全会上指出:"不是什么法都能治国,不是什么法都能治好国。"接着,他在党的十八届四中全会进一步指出,"法律是治国之重器,良法是善治之前提"②。网络社会的治理要达到善治目标,良法是其前提和基础。何谓良法?古希腊时期的政治学家亚里士多德的定义一直被学者推崇,他认为,"良法的标准可以总结为三点:良法是为了公共利益而不是为了某一阶级(或个人)的法律;良法应该体现人们所珍爱的道德价值(对古希腊人而言就是自由);良法必须能够维护合理的城邦制度于久远"③。在网络立法过程中,要生成良法,同样离不开道德的内在支撑。

道德是网络良法体系形成的助推器。网络法律不是纯粹的技术规范,蕴含着国家以法律的名义回应社会公众提出网络空间可以做什么、应当做什么以及禁止做什么的要求,需要立法者基于社会公众利益、国家利益乃至国际利益的立场对网络行为的善与恶、正当与不正当、正义与非正义等方面进行价值判断,以决定对哪些网络行为予以肯定甚至鼓励,对哪些网络行为予以否定甚至惩罚。同时,道德能够及时纠正不符合社会正义的法律。正如美国伦理学家彼彻姆所说:"当我们发现法律和政治结构的道德缺陷和道德上不

---

① 中国政府采购网. 中国刑事警察学院网络安全执法与公安技术信息化项目第二批采购中标公告[EB/OL]. http://www.ccgp.gov.cn/cggg/dfgg/zbgg/201508/t20150806_5671232.htm.
② 中共中央关于全面推进依法治国若干重大问题的决定[N]. 人民日报,2014-10-29.
③ [古希腊]亚里士多德. 政治学[M]. 吴寿彭,译. 北京:商务印书馆,1995:199.

完善时,我们就修改、订正和推翻法律与政治结构。在重新制订某些法律之前,我们常常指责旧的法律是'不公正的'、道德上是贫乏的。"①当网络法律偏离了社会公认的基本道德准则时,立法部门就应当启动修改程序,让新法律获得道德支撑。

道德是网络良法体系形成的重要来源。道德规范基于调控人们行为的实际效果,自古以来就是法律规范的重要来源。人们在网络空间的活动自由度得到了无限放大,网络行为的轨迹更难于被发现,更需要遵守网络道德规范。网络道德是随着网络社会的形成而产生的,是传统社会道德适应信息网络行为调控的产物,成为网络空间人与人、人与社群关系的行为准则,作为网络行为动机或行动上是非善恶的判断标准。经过实践证明能有效调控网络行为的道德,通过一定的立法程序将道德的基本要求融入有关法律和具体制度中,既能保障网络道德借助法律的强制性和权威发挥更有力的规制功能,也能促进法律正当性的增长,为法律获得社会认同感奠定伦理基础。

道德是网络良法体系形成的信念支撑。"法律的制定说到底是为实现社会公共福利,必须以整个社会的福利为其真正的目标。"②网络立法是一件公共事务,涉及权利与义务的分配、职权与职责的配置,理应关注公共利益。然而,网络立法的过程往往涉及部门利益和公众利益的博弈,部门利益法律化的痼疾在我国立法工作中长期存在。对此,党的十八届四中全会明确提出,要明确立法权力边界,从体制机制和工作程序上有效防止部门利益和地方保护主义法律化。2015年修订的《立法法》作为规范立法的法,通过对部门规章、地方政府规章设定权的规制,意欲达到消减部门利益立法化的目的,但是行政部门钻立法空子谋求部门利益,以及基于行政部门起草网络法律、网络行政法规草案的职权便利带来的部门利益问题依然没有得到遏制。要使部门利益立法化问题得到根本性解决,最根本的是改变行政部门领导和具体责任人员的思想观念和道德修养,需要他们树立起人民利益至上、公共利益至上的道德信仰,自觉克服与民争利、急功近利、懒政的传统思维惯性。

(2)道德促进网络公正执法的实现。道德促进网络执法良吏的培育。正如明人吕坤所说:"有美意,必须有良法,乃可行;有良法,又须有良吏,乃能成。"网络法治化建设不仅依赖于良法,还强调良法的实施者必须是良吏。何谓"良吏"？尽管古今中外的学者界定不一,但整体上看都强调良吏应当具备

---

① [美]汤姆·L.彼彻姆.哲学的伦理学[M].雷克勤,等,译.北京:中国社会科学出版社,1990:8.
② [意]阿奎那.阿奎那政治著作选[M].马清槐,译.北京:商务印书馆,1982:105.

良好的法律职业素养。一般认为,法律职业素养包括两个层面,第一层面为法律职业技能,即指执法者应当具备的职业语言、职业知识、职业思维、职业技术;第二层面为法律职业技能,具体包括职业信仰与职业道德。其中,前一个层面是"才"的要求,后一个层面则是"德"的要求。简言之,良吏应当是"德才兼备"的执法者。可见,道德素养是衡量执法者优劣的重要标准。正如习近平总书记指出:"执法不严、司法不公,一个重要原因是少数干警缺乏应有的职业良知。"作为网络执法者,如果执法道德水平不高尚,就容易受到金钱与物质、权力与情感的诱惑,在网络执法中因为关注自身利益的获取或是担心自身利益受损,不遵循"以事实为根据,以法律为准绳"的执法标准,或是罔顾事实,或是选择性执法,导致不公正现象的产生。因此,一般而言,网络执法者的职业道德越高尚,其执法的公信力就越高,所产生的法律效果和社会效果就越好,也就越能维护执法的公正。

道德指引网络执法权的正确行使。"其身正,不令而行;其身不正,虽令不从。"网络执法者道德素质的高低,对执法公平公正产生极其重大的影响。其一,道德规制网络执法自由裁量权的行使。英国法学家戴维·M.沃克认为,"自由裁量权,指酌情作出决定的权利,并且这种决定在当时情况下应是公正、正确、公平和合理的"①。自由裁量权行使的过程是网络执法者根据公平正义的原则对案件事实进行判断,并做出符合立法目的和精神,体现伦理道德的决定的过程,包含执法者的道德认同和价值判断。"所有的自由裁量权都有可能被滥用"②,对自由裁量权的规制是网络法治化实现的重要路径之一。程序的设定、内部监督与外部监督的设置、自由裁量基准的确立等措施的实施,的确能减少自由裁量权的滥用几率,但道德控制手段的择取,基于网络执法者内心信念的养成而形成的自律机制,则是其中最为有效的规制手段。其二,道德指引网络执法推理的实施。法律推理是网络执法活动的组成部分,其目的是为网络执法决定提供正当理由。在具体网络执法实践中,要求执法者以法律所追求的普遍正义为逻辑起点,以法律规则为依据,充分考虑个案之间的特殊性、差异性,对案件事实及其依赖的证据进行逻辑推演,凭借执法良知,做出符合公正原则的决定。③ 作为法律推理大前提的法律规范,基于网络高速发展带来新问题出现法律漏洞,或是现有法律条文规定含糊不清,或是法律规定相抵触等情形,就需要网络执法者在进行法律推理时充分

---

① [英]戴维·M.沃克.牛津法律大辞典[M].邓正来,等,译.北京:光明出版社,1988:261.
② [英]威廉·韦德.行政法[M].徐炳,等,译.北京:中国大百科全书出版社,1997:70.
③ 李叙明.法官自由裁量权的伦理规制研究[J].湖南大学学报(社会科学版),2013,(5).

发挥主观能动性。网络执法者在发挥主观能动性进行法律推理的过程中，必须谨守职业道德操守和执法良知，遵循立法宗旨与法律原则，才能确保主观能动性的正确方向。

（3）道德促进网民守法习惯的养成。道德指引网民守法的方向。对于网络法律法规的内容，人们不一定清楚，但循着网络道德指示的方向，能够知道哪些网络行为可以从事，哪些网络行为不能从事。如被认为是网络道德规范典范的"计算机伦理十戒"，从宏观上为网络行为的实施提供了边界，即不得侵犯他人权益、公共利益。如"你不应该用计算机去伤害他人"，要求网民使用网络时不得损害他人的人身权、财产权；"你不应该去影响他人的计算机工作"，要求网民不得妨碍他人使用计算机；"你不应该到他人的计算机文件里去窥探""你不应该到他人的计算机去偷盗"，要求网民尊重他人的隐私权和网络虚拟财产权；"你不应该拷贝或使用你没有购买的软件""你不应该使用他人的计算机资源，除非你得到了准许或给予了补偿""你不应该剽窃他人的精神产品"，强调不得侵犯他人在网络空间拥有的知识产权；"你应该注意你正在写入的程序和你正在设计的系统的社会效应"，则是告诫网民从事网络行为不得损害社会公共利益。上述网络伦理表明，网络道德规范遵循的最基本准则是"无害原则"，正如理查德·A.斯皮内洛指出，"不允许对他人造成伤害的被动强制令有时被称为最低道德标准，也就是说，不管选择什么样的道德准则，都应包括这条强制令"①。法律是最低限度的道德。如果网民的网络行为完全能符合网络道德规范的要求，他就不应担心自己因网络行为被追究法律责任。相反，网民的行为构成违法犯罪时，他一定也违反了网络基本道德。因此，网络即使对网络法律规范知之甚少，抑或全然不知，但只要他能遵守网络道德基本规范，也就不至于违法犯罪。

道德增进网民的法律信仰。"法律必须被信仰，否则它将形同虚设。"②网络空间不断涌现网络诈骗、网络盗窃、网络黑客、网络赌博、网络欺凌等违法犯罪现象，就是因为网民缺乏对法律的信仰。法律信仰是网民发自内心地认同法律，自愿服从法律的约束，在行动上能积极主动投入网络法治建设。法律信仰的形成，是道德中包涵的自由、平等、博爱的基本精神与法律相互促进并且融合发展的产物。当网民树立了法律至上的规则意识，并且在网络公共领域活动时能产生"以守法为荣，以违法为耻"的内心信念时，意味着其法

---

① [美]理查德·A.斯皮内洛.世纪道德：信息技术的伦理方面[M].刘钢，译.北京：中央编译出版社，1999：51.

② [美]哈罗德·J.伯尔曼.法律与宗教[M].梁治平，译.北京：中国政法大学出版社，2003：28.

律信仰基本形成。这时,法律"既不是铭刻在大理石上,也不是铭刻在铜表上,而是铭刻在公民们的心里;它形成了国家的真正宪法;它每天都在获取新的力量;当其他的法律陈旧或消亡的时候,它可以复活那些法律或替代那些法律,它可以保持一个民族的创造精神,而且可以在无形中以习惯的力量代替权威的力量"①。网络法治化实现的内在标志,在于法治的道德底蕴真正形成,网民遵守法律不再是因为畏惧、忌惮法的强制力,而是发自内心地尊重法律和信仰法律。

(二)政府管理与社会自律相结合

激进的后现代主义黑客约翰·巴洛宣称,"互联网是无主自由之地",应当"拒绝层级统治、拒绝权威、拒绝政府"。② 面对随处可见的网络谣言、网络欺诈、网络攻击等一系列网络社会问题,他的说法显然不适应当前网络社会发展状况,不能满足人们对网络社会稳定秩序的诉求,甚至威胁着国家网络主权的维护。于是,大多数民众逐渐认识到,"网络空间的自由绝非来源于政府的缺席。自由,在那里跟在别处一样,都来源于某种形式的政府控制"③。诚然,网络社会是一种多节点、多中心、虚拟化的新型社会形态,单凭政府的力量注定无法实现对网络空间的全面有效管理。因而,面对网络社会治理的难题,我们需要思考的问题是:政府在网络社会管理中如何定位?政府对网络社会的管理模式怎样实现创新?政府与社会力量如何有效结合以形成网络社会防控的有效合力?这些问题的正确解决,是实现网络社会管理创新的关键。

放眼网络社会发达国家,他们在网络社会治理过程中获取的成功经验能够为我们提供启示。以英国为例,在网络社会治理方面呈现出行业自律与政府监管相得益彰的特色。一方面,英国的行业自律在网络社会治理中发挥着主导作用。英国的互联网行业自律肇始于1996年成立的"网络观察基金会"(IWF),在英国政府组织下,IWF与50家网络提供商组成的ISPA、伦敦网络协会(LINX)及英国城市警察署、国内事务部的代表共同签署了"安全网络:分级、检举、责任"④(R3 Safety—Net)的协议。IWF的主要职责在于:其一,鼓励公众投诉并依法处理。其二,支持网络服务商对网站内容进行分级和过

---

① [法]让·雅克·卢梭.社会契约论[M].何兆武,译.北京:商务印书馆,2003:57.
② 董青岭.多元合作主义与网络安全治理[J].世界经济与政治,2014,(11).
③ [美]劳伦斯·莱斯格.代码:塑造网络空间的法律[M].李旭,等,译.北京:中信出版社,2004:5.
④ 范卫国.网络谣言的法律治理:英国经验与中国路径[J].学术交流,2015,(2).

滤。其三,监看服务器架设在英国之外的非法网站。IWF在网络社会治理实践中发挥的行业自律作用是显著的,据《英国的成年网民:2008年研究报告》的统计数据显示,97%受访者愿意向IWF举报儿童色情制品问题,94%的受访者认为儿童色情网站应该从互联网上删除,92%的女性受访者和81%的男性受访者愿意放弃一些上网自由,帮助制止网上儿童色情制品。① 另一方面,英国政府在网络社会治理中扮演着间接监管的角色。英国政府对网络不良信息制造者予以处理,往往是在行业自律组织IWF对网络信息进行筛查和梳理后提交政府决断的。当然,对关乎英国社会稳定和经济发展的重要网络信息,政府会主动监管,甚至可动用皇家警察或网络警察对危害国家安全及公共利益的网络信息实施截取。可见,行业自律与政府监管已经成为英国网络社会治理的两股有效力量,两者互为补充,共同捍卫着英国网络社会的秩序与发展。除英国外,无论是美国的"政府指引、社会自律"网络治理模式,还是日本的"政府指导、行业自律"网络治理模式,抑或是新加坡的"政府主导、行业自律"网络治理模式,都彰显出这样一种网络治理模式的图景:政府在网络社会治理体系中是不可或缺的,但政府不应当成为网络空间唯一的治理权威,也不是网络空间安全与秩序这一公共物品的唯一提供方,而是应当建立起"政府管理"与"社会自律"相结合的模式。

与美国、英国、日本等国不同,中国在网络社会发展的初期,网络社会管理更强调政府管控,体现出浓厚的行政色彩。诚然,政府运用国家强制力对互联网进行管控往往能起到立竿见影的效果,但在网络社会治理中绝不是最好的方式。一是网络社会具有虚拟性、易变性、广泛性等不同于现实社会的属性,光靠政府的力量是无法治理好网络社会的;二是网络社会治理的成本相当之高,也是政府自身难以承受的;三是网络社会的属性决定了政府治理往往只能是"治标不治本"。对此,中国政府正视网络社会发展的需求,将虚拟社会管理创新作为"加强和创新社会管理"的重要组成部分,并且在2011年发布的《中共中央关于深化文化体制改革推动社会主义文化大发展大繁荣若干重大问题的决定》中提出,"加强网络法制建设,加快形成法律规范、行政监管、行业自律、技术保障、公众监督、社会教育相结合的互联网管理体系"。这一重大决策部署的提出,为改进网络社会管理提出了行政纲领,但实现"政府监管"与"社会自律"的有机结合绝非易事,当前依然面临着不少难题:(1)网络社会治理主体间的管理责任边界不清。一方面,政府习惯于"包揽

---

① 徐颖.英国互联网行业自律及其启示[D].武汉:华中科技大学,2010.

一切",忽视发挥网络行业自律、网络企业自律、网民自律等社会力量的作用;另一方面,网络行业、网络企业、网民缺乏参与维护网络公共秩序的积极性,认为网络空间的问题应当由政府解决。(2)治理网络社会的行政管理体制和管理方式有待改善。面对互联网技术应用的飞速发展,现行网络社会管理体制存在明显弊端,主要体现为多头管理、职能交叉、权责不一、效率不高。在我国,负责网络社会管理的中央行政管理部门主要有中宣部、国家互联网站管理工作协调小组(挂靠在工信部)和国家互联网信息办公室(与国家新闻办公室为"两块牌子一套班子"的关系)、工信部、文化部、公安部、广电新闻出版总局、国务院新闻办公室、教育部、工商总局等,呈现"九龙治水"的格局,并且各部门的职责有交叉的情况,如国家互联网站管理工作协调小组、文化部、国务院新闻办公室、教育部均负有网络文化建设的职能。职能不清往往造成责任边界不明,容易导致不作为或者超越职权的情况发生,影响网络社会管理的整体效果。在网络社会管理方式方面,一些地方政府依然简单依靠行政、管控、命令,习惯于单纯采用"封""删""堵"等方式应对网络社会问题。(3)网络行业组织的培育管理滞后于网络社会发展的需要。如中国互联网协会就带有明显的行政印记,给社会公众的印象往往是受制于政府操控,以至于自律作用的发挥较为欠缺。同时,部分网络行业协会组织机构不健全,内部治理不完善,自律性不高,社会公信力不足。

要实现政府监管与社会自律的有效结合,我国政府在推进网络社会管理创新中亟须从以下四个方面下功夫:(1)各级政府需要尽快转变网络社会管理理念。政府及其行政管理人员应当将传统的政府管制理念转变为社会治理理念,深刻认识到网络社会的治理是一种包括政府、网络企业、网络行业组织、网民等在内的多主体参与的多元合作共治。(2)明确网络社会治理不同主体的责任边界。完善制度是明确责任的保障,不同网络治理主体的地位如何、网络治理主体之间如何开展合作等问题的解决需要有科学的制度安排,才能促进各治理主体既各司其责、又相互协作的常态化发展。就国家行政管理体制而言,应当专设部级行政机关负责网络管理,其他有网络管理职能的行政机关予以协助,形成明晰的网络行政管理体制,并且理顺它们的关系,避免职责交叉的情况发生。就网络行政管理机关与其他网络社会治理主体的关系而言,则应当尽量减少网络行业组织、网络企业组织、网民等网络社会治理主体对行政机关的依附,更好地发挥其自律作用。(3)提升政府对网络社会的治理能力。网络社会治理能力是个综合体,包含政府治理网络社会的多种能力,其中有两种能力最亟待提升。一是政府的主导整合能力。面对网络行业组织发育不成熟、网络企业自律精神不强、公民参与理性有待加强的中国国情,政府在网络社会治理中需要充分发挥主导作用。政府主导不等于政府主控,而是要求政府在网络社会治理中,发挥自身优势,积极培育网络行业组织、引导网络企业自律、拓宽网民参与网络社会管理的渠道,整合各种社会力量在网络社会治理中的主体作用,形成网络社会治理的有效合力。二是政府网络社会治理的应对能力。网络社会的错综复杂、瞬息万变,要求政府在网络社会治理中具有很强的灵活应对能力。政府网络治理能力的高低,说到底取决于各级政府的领导干部。因此,提升政府领导干部的网络治理能力是关键。各级政府有必要通过改进思想政治工作,提升领导干部对网络社会治理重要性的高度认识;通过教育培训,提升领导干部对网络问题的辨识能力和网络治理的执行能力,自觉遵守法定程序、选择正确的方式方法应对各种网络社会问题。(4)推动公民有序参与网络社会治理。公民有序参与固然需要法律和制度的外在约束,但更需要公民自律的内在约束。公民自律离不开慎独精神的自我锤炼,也同样需要政府的宣传教育。政府应当引导各级各类学校在大学、中学、小学甚至幼儿园的不同阶段,根据学生不同年龄阶段的认知能力和领悟能力,开展网络媒介素养教育;同时通过各种宣传活动,引导全体网民在网络社会治理中既能自律,又能积极参与,揭露各种违背网络道德的行为,举报网络违法犯罪行为,形成政府治理网络社会最值得依赖的群众基础。

(三) 立法防控与技术防控相结合

在网络社会兴起的初期阶段,由于网络相关法律的欠缺,技术决定论者在"网络治理依靠法律还是技术"的争论中占了优势,尤其是过滤屏蔽软件成功处理并排除了大量网络色情、网络谣言、网络欺诈信息在网络空间的传播,他们欣喜若狂地认为,网络技术是"人类活动每一个领域中通过理性获得的具有绝对效率的方法的总和"①。但随后技术防控的实践给了技术决定论者沉重一击,技术防控的机械性导致"该屏蔽的没有屏蔽,不该屏蔽的却被屏蔽了"时有发生。如过滤软件在清除网络淫秽色情信息时,往往采用设置关键词的方法予以屏蔽,以至于将健康和性教育的内容或者相关文学艺术作品等合法内容一起给屏蔽了。"在线方针团体""电子前线基金会"安装过滤软件后的测试结果报告显示,被错误过滤的网页数以万计,而应当屏蔽的不健康

---

① 胡颖.技术与法律的博弈——网络空间治理之道探究[J].福建师范大学学报(哲学社会科学版),2013,(3).

网站却有20%被放过①,由此,技术控制的准确性受到质疑。与此同时,网络色情、网络暴力、网络欺诈等网络违法犯罪活动越来越猖獗,美国、英国、日本、新加坡等国政府纷纷出台网络法律,弥补技术防范的不足。经过长时间的网络社会治理实践,立法防控与技术防控在上述网络发达国家实现了有效结合,收到了较好的治理成效,由此被视为"车之两轮""鸟之双翼"。我国在网络社会治理实践中,已经认识到立法防控与技术防控综合运用的现实意义,但受各种主客观因素的影响,无论是在立法防控方面,还是在技术防控方面,皆存在明显不足。因此,需要借鉴网络发达国家的有益经验,并基于本国国情予以完善,才能更好发挥法律与技术的双重作用,促进我国网络社会的有效治理。

1. 完善网络立法体系

我国政府非常重视网络立法工作,据不完全统计,涉及网络社会治理的法律、行政法规、部门规章已经超过70部。有的学者据此认为,我国政府"建立了全世界最充分最完善的网络监管和网络规章制度"②。然而,立法的数量多寡与网络社会治理的质量并不成比例,我国网络立法体系依然存在明显缺陷,不能适用网络社会管理的需要。突出表现为:其一,网络立法的效力层级较低,影响法律的权威。在现行网络立法体系中,属于法律层面的只有全国人大常委会制定的《关于维护互联网安全的决定》,但这部法律算不上网络基本法,不能很好发挥指导和规范下位法的制定与修改的作用。其他网络立法绝大多数是行政法规、部门规章甚至是地方政府的规章,立法效力层级较低,影响到网络立法的权威性和有效性。其二,网络立法的内容体现出重行政刑事、轻民商的特点。由于立法主体主要是行政机关,决定立法内容方面主要考虑政府对网络社会实施管理,至于公民、法人、其他组织的合法权益受到网络行为侵犯,如何获得法律救济,现有立法忽视了应有的人文关照,导致网络违法犯罪行为侵权不能得到更好的民事制裁,影响网络社会治理的效果。其三,网络立法主体多头化易造成立法冲突,降低法律的可操作性。如2000年由信息产业部出台的《互联网电子公告服务管理规定》与2002年由新闻出版总署、信息产业部联合制定的《互联网出版管理暂行规定》,对于网络经营者违法应当承担的法律责任规定就有冲突,显然给立法的适用带来困惑。此外,网络立法缺乏诸如对"损害国家利益""色情信息""低俗信息"等

---

① 饶传平.网络法律制度——前沿与热点专题研究[M].北京:人民法院出版社,2005:102.
② 李梁,余力.14部委联合"净化"互联网[N].南方周末,2005-08-18.

进行明确界定,造成法律的模糊性,降低了网络立法的可操作性。

针对上述网络立法问题,我国需要"既改革不适应实践发展要求的体制机制、法律法规,又不断构建新的体制机制、法律法规,使各方面制度更加科学、更加完善,实现党、国家、社会各项事务治理制度化、规范化、程序化"①。为此,我们首先应当确立完善网络社会立法体系的原则。在遵循网络社会发展规律,尊重我国基本国情的基础上,完善网络社会立法体系至少要遵循以下原则:(1)前瞻性原则,网络的瞬息万变要求法律具有超前性,这就要求网络立法者具有更强的预见能力。(2)遵循网络技术发展规律原则,网络立法与网络技术紧密相连,随着网络技术的产生而形成,也随着网络技术的发展而不断修改,在网络立法过程中,应当吸纳深谙网络技术的人士参与,才能保证网络立法的科学性。(3)民主性原则。针对"相当一部分的行政法规没经过较大范围的社会讨论,仅在行政部门的'办公会议'通过"②现象,造成立法适用性不强、执行力欠缺的弊端,应当保障网络立法过程的公开性,采取有效渠道,让社会大众广泛参与网络立法。遵循上述网络立法原则,当前我国亟须从以下方面完善网络立法:一是由最高立法机关尽快出台网络社会基本法,确立网络立法应当遵循的指导原则和基本规范,从而保障网络立法体系的统一性和权威性。二是制定专门网络立法、修改已有网络立法,保障网络立法跟上网络技术更新的步伐,解决现实生活中面临的网络治理问题。三是修改非专门网络立法,适用网络社会治理的现实需要,增强现有立法对网络社会的调控广度和力度。最近通过的《刑法》修正案(九)树立了很好的典范,明确网络服务提供者履行网络安全管理的义务,完善网络犯罪的相关规定,增加编造、传播虚假信息犯罪的规定,进一步解决网络侵权受害人举证难的问题。其他法律如《治安管理处罚法》也可以顺应网络社会发展需要作出相应修改;而类似《侵权责任法》尽管在第36条规定了网络用户和网络服务提供者的侵权责任,但是"法条本身仅作出了原则性的规定,对于责任主体的范围、责任承担的限额等问题还需要运用解释论的方法予以进一步明确和细化"③。

2. 改进技术防控体系

我国在治理网络社会方面采用的网络技术措施主要有防火墙(Firewall)

---

① 习近平.切实把思想统一到党的十八届三中全会精神上来[J].求是,2014,(1).
② 张卓,王翰东.中国网络监管到网络治理的转变[J].湘潭大学学报,2010,(1).
③ 张新宝,任鸿雁.互联网上的侵权责任:《侵权责任法》第36条解读[J].中国人民大学学报,2010,(4).

技术、数据加密技术、过滤技术、身份认证技术、数字签名技术等,但面对网络社会的虚拟性、复杂性、广泛性,在内容监管方面仍然存在着技术壁垒,如图像识别和音视频内容智能分析、网络非法传播取证等技术还达不到监管要求,对于阻隔网络色情信息、打击网络违法犯罪无法发挥很好的治理效果。① 此外,由于我国自主可控的基础产品、核心信息技术、各种基础软件和应用软件都比较缺乏,从应对威胁能力的角度来说,还不足以应对大型跨国集团及国家之间的对抗,对比网络空间霸权国家,基本处于"非对称"的状态。② 因此,改进技术防控体系成为我国当前治理网络社会亟须解决的又一个难题。

技术防控体系的完善并非易事,需要政府采取一系列有效措施:一是依靠国内力量自行开发网络防控新技术。政府应当提供政策支持、加大资金投入,促进网络防控技术的研发与创新;同时,鼓励网络企业、网络服务提供商参与网络管理技术的创新,如新浪网积极采取技术手段阻断虚假信息的传播,主动向用户传递真相,在治理网络谣言方面发挥了较好的示范效应。二是引进国外网络防控先进技术。引进国外先进技术可以节约自行开发新技术的成本,但引进新技术时,必须充分考虑我国国情以及现有法律制度,同时对引进的新技术进行必要的监测,防止新技术对我国国家安全带来潜在危害。三是培育网络技术专业人员队伍。"以技术治网"表面是对技术的依赖,其背后实际依靠的是人,既需要网络技术专业人员对网络防控技术的研发,也需要他们运用技术,发现、分析、归纳网络社会存在的各种问题。因此,我国政府既要重视国内已有网络技术教育资源的充分利用,又要关注国外网络技术教育培训的优势,遵循"请进来、送出去"原则,采取聘请网络发达国家网络技术专家来我国任教、将我国网络技术专业人员送出国门培训相结合的方式,提升网络技术专业人员队伍的素质与能力。

3. 实现法律防控与技术防控的有效结合

"在一个成熟的法治社会,恰恰是诸多机制共同完成协调社会关系的任务,而并不是每一件事情和问题都必须通过法律机制才能得到解决。"③网络社会秩序的调控,既需要法律防控机制,也需要技术防控机制,同时,两者不是孤立存在的,而是互为补充,甚至是相互渗透的。

一方面,技术防控的正当性需要法律保障。"网络安全对法律的需求,实际上来源于人们在面临网络技术革命过程中产生的种种新可能的时候,对这

---

① 刘声.从严治理网络色情低俗现象迫在眉睫[N].中国青年报,2014-03-11.
② 雷璟.网络空间攻防对抗技术及其系统实现方案[J].电讯技术,2013,(11).
③ 齐爱民.信息法原论[M].武汉:武汉大学出版社,2010:294.

些可能性做出选择扬弃、利益权衡和价值判断的需要。"①网络防控技术作为一种网络技术,本身无法做出利益权衡和价值判断,易致公民合法权益遭受损害。譬如目前被广泛采用的 PKI 技术(Public Key Infrastructure——公钥基础设施),对网民身份的真实性提出更高要求,用户在登录时必须经过身份验证,需要填写姓名、身份证号、手机号码、e-mail 等,这一防控技术对网络安全的维护的确有效,但容易造成个人信息的泄露,侵犯公民财产权或人身权,因而遭到社会公众的质疑。可见,网络安全防控技术的使用及其程度,往往需要兼顾国家安全和公民基本权利,并在二者之间寻求最佳的平衡点,这是技术防控正当性的集中体现。要达到这一目标,仅仅靠技术及其标准规范显然行不通,而是需要另辟蹊径,寻求法律规范的支持,因为法律具有价值评判功能,良法被要求既维护秩序又保障自由、既能实现正义又能促进效率。法律对网络防控技术正当性的捍卫,是通过"法特别是法治之法的形式理性和价值理性抑制科学技术的负面效应,保障科学技术为人类福祉服务的方向"②实现的。具体而言,法律对网络防控技术正当性的保障,主要通过以下路径:一是确立网络防控技术的开发与利用应当遵循的基本原则,即在维护网络社会秩序的同时,也要维护网络空间的自由,避免防控技术的过度使用损害公民合法权益和阻碍互联网的正常发展;二是设定网络防控技术的开发研制标准,防止这些技术标准损害国家利益、社会利益以及公民的合法权益;三是确定网络防控技术实施的义务主体,互联网服务提供者、联网使用单位有义务落实互联网安全保护技术措施,并保障互联网安全保护技术措施功能的正常发挥;四是明确对网络防控技术实施情况的监督管理,考虑公安机关在维护网络社会秩序中的地位及其执法经验,法律可以规定由公安机关公共信息网络安全监察部门负责监督,对于没有依规定采取网络防控技术的互联网服务提供者、联网使用单位,法律可以规定由公安机关对其实施行政处罚并责令其纠正,保障网络防控技术措施的真正落实。

另一方面,法律规制的有效性来自网络技术的渗透与支持。网络社会的法律规制是一个系统工程,其有效性首先来自于立法的科学性,在此基础上,还需要执法、司法、守法等环节予以保障。首先,网络技术的渗透是科学立法的基础。网络社会在本质上并没有超出马克思提出的"社会是人们交互作用的产物"这一理论命题,是人们普遍交往的社会结构。但与马克思定义

---

① 曹建明.法治与国际和谐社会[M].北京:人民法院出版社,2006:755.
② 张文显.法理学[M].北京:高等教育出版社,2003:492.

的传统社会比较,网络社会"是一个基于互联网(Internet)技术的发展而产生的网络空间中人们的互动关系发生的社会形式"①。由此,调控网络社会的法律必然要超越传统立法,将网络技术渗透其中。这就要求,网络立法应当遵循网络技术发展规律,尤其需要重视对网络防控技术标准的吸纳,增强网络立法的针对性和可操作性。其二,网络技术是严格执法的保障。网络空间的执法主要包括对网络企业活动实施许可、对网络违法行为实施处罚或者采取行政强制措施,无论何种执法活动,首先需要运用网络技术识别相应事实的存在,同时由熟悉网络技术的执法人员运用相关网络立法做出判断,是否给予行政许可、实施行政处罚或者行政强制,以及确定行政处罚的种类与幅度、行政强制的手段与方式。其三,网络技术提升司法审判的效果。网络技术通常使网络违法犯罪嫌疑人、受害人、证人身处不同省份,甚至是不同国家,使司法审判活动面临前所未有的挑战。司法机关唯有善于运用网络技术,才能走出困局,如对证人异地作证的问题,采取视听传输技术作证就是一条很好的解决之道。自新《民事诉讼法》实施以来,重庆、河南、辽宁等省市利用QQ视频通信的视听传输技术作证取得了较好的审判效果②。其四,网络技术促进全民守法。守法既包括正确履行义务又包括充分行使权利,在履行义务方面,网络服务商、联网单位需要采取技术防控措施,保障网络空间的安全有序;在行使权利方面,网民应当自觉安装防火墙等网络防控技术,防范网络病毒的传播,在自身权益受网络行为侵犯时,应当学会运用网络技术固定证据,为制裁网络违法犯罪行为、保护自身合法权益奠定基础。

(四)国内治理与国际合作相结合

互联网具有很强的开放性,使得网络犯罪呈现出国际性和跨地域性的特点,不少网络犯罪案件涉及的犯罪嫌疑人与受害人分别处在不同国家,故在网络社会治理中坚持"闭关守国"的政策显然无法行得通;但另一方面,多元合作主义宣扬的"网络空间正在进入一个后现代'超主权(beyond sovereignty)'世界""国家作为国际关系中心主体的地位正在消弭""政府的权威在不断遭遇碎片化(fragmented)"③的观点同样站不住脚,尤其是美国商务部发布"绿皮书"认为美国政府拥有对国际互联网的直接管理权,更是网络霸权主义

---

① [美]迈克尔·海姆.从界面到网络空间——虚拟实在的形而上学[M].金吾伦,刘钢,译.上海:上海科学普及出版社,2000:93.

② 李峰.司法如何回应网络技术进步——兼论视听传输技术作证的运用规则[J].现代法学,2014,(3).

③ 董青岭.多元合作主义与网络安全治理[J].世界经济与政治,2014,(11).

的体现,由此遭到除美国外几乎所有国家及机构的反对成为必然事实。正如习近平指出,"虽然互联网具有高度全球化的特征,但每一个国家在信息领域的主权权益都不应受到侵犯,互联网技术再发展也不能侵犯他国的信息主权"。因此,"国际社会要本着相互尊重和相互信任的原则,通过积极有效的国际合作,共同构建和平、安全、开放、合作的网络空间,建立多边、民主、透明的国际互联网治理体系"①。

1. 网络空间国际合作治理面临的困境

随着网络攻击事件频发,网络犯罪越演越烈,网络恐怖主义日趋严重,许多国家已经认识到治理网络社会不能完全依靠本国力量,在治理实践中开始谋求国际合作。如美国与日本、韩国、以色列等国建立了网络治理合作关系;土耳其政府同阿尔巴尼亚、阿塞拜疆、突尼斯、伊朗等周边国家建立了网络安全合作伙伴关系;巴西、俄罗斯、印度、中国、南非以"金砖国家"的名义向联合国提出《加强国际合作,打击网络犯罪》的决议草案,要求进一步加强联合国对网络犯罪问题的研究和应对。② 然而,由于各国追求的利益不同、国情不同、国力悬殊,因此网络空间全球治理仍然处于一种国际无政府状态,网络空间国际合作治理仍然面临着诸多障碍。③

(1) 网络霸权主义阻碍国际合作。法国埃里克·勒布歇在《回声报》网站发表《美国从超级大国变为网络强国》一文指出,美国在军事方面转向孤立主义的同时,也显示出其在网络方面的霸权意愿。④ 美国的网络霸权意愿所主张的是,美国在网络空间的行为不应受到限制,而为了美国的利益应当限制他国的网络行为。美国在网络空间的内政与外交政策充分显示其网络霸权主义的风格:①从事全球网络窃听和攻击行动。斯诺登事件披露美国对全球网络实施监听活动,经查证,我国互联网新闻研究中心发表《美国全球监听行动纪录》指出,美国利用自己在政治、经济、军事和技术等领域的霸权,对各国领导人、政府机关、企业、科研机构甚至是普通网民采取监听行动,明显超出了美国自称的"反恐"需要,属于典型的网络霸权主义。⑤ 同时,美国凭借其网络技术优势,对他国进行网络攻击,如中国国家互联网信息办公室的数据显示,仅在两个月内源自美国的网络攻击直接控制了中国 118 万台电脑,

---

① 习近平.弘扬传统友好共谱合作新篇——在巴西国会的演讲[N].新华每日电讯,2014 - 07 - 18.

② 方祥生.治理网络犯罪加强国际合作[N].光明日报,2013 - 04 - 27.

③ 檀有志.网络空间全球治理——国际情势与中国路径[J].世界经济与政治,2013,(12).

④ 寇莱昂.法报:美加强网络控制欲将互联网变为霸权工具[N].参考消息,2015 - 02 - 25.

⑤ 刘雪玉.《美国全球监听行动纪录》曝光美秘密监听中国行径[N].京华时报,2014 - 06 - 21.

美国黑客对中国目标进行的"后门"袭击为5.7万次,"钓鱼"尝试为1.4万次。① 尽管中国多次向美方提出严正交涉,但美国拒绝采取行动停止其错误行为。②诬陷他国实施网络攻击。美国诬陷中国军方实施"网络攻击",五角大楼提交国会的报告指出,"在2012年,全世界无数的计算机系统,包括那些受控于美国政府的主机,都接连不断地受到侵扰,其中一些入侵事件显示和中国政府或军方有直接关系。这些入侵活动的目的在于获取机密信息"②。其编造"中国对美展开网络攻击"谎言的真正目的,在于向国会开口要钱以壮大网络部队的队伍,强化其网络空间的霸权地位。③奉行网络空间属于"全球公域"。美国《国家安全战略报告》指出,全球公域是"不为任何一个国家所支配而所有国家的安全与繁荣所依赖的领域或区域",并认为"全球公域安全问题"主要有四类,海上安全、外太空安全、网络安全、航空安全。美国奉行网络空间属于"全球公域",排斥主权国家对网络空间的拥有,以维护网络自由为幌子,试图用美国制定的网络空间标准来统制整个网络空间。④推行网络文化霸权。"以美国为代表的西方国家,仰仗强大的经济实力、依托先进的信息技术、利用语言和网络文化方面的优势,把符合本国利益的价值观念和意识形态通过网络强加于其他国家,推行文化霸权。"③美国试图通过推行网络文化霸权,从意识形态上对他国网民实施思想控制,以强化自己在网络空间的霸主地位。

(2)国际数字鸿沟造成合作的不平等。所谓数字鸿沟,根据美国商务部的描述,即"在所有的国家,总有一些人拥有社会提供的最好的信息技术。他们有最强大的计算机、最好的电话服务、最快的网络服务,也受到了这方面的最好的教育。另外有一部分人,他们出于各种原因不能接入最新的或最好的计算机、最可靠的电话服务或最快最方便的网络服务。这两部分人之间的差别,就是所谓的'数字鸿沟'"④。简而言之,就是信息的富有者与贫乏者之间的鸿沟。世界经济论坛(WEF)发布的《2014年全球信息及技术报告:大数据的风险和回报》显示,发达国家和发展中国家的数字鸿沟正在扩大。发达国家平均每千人拥有300台电脑,而发展中国家仅为16台。而发达国家人口仅占世界总人口的17%,但网络用户却占世界总量的80%。发达国家平均

---

① 孙兴杰.双重标准使美国网络霸权主义显露无遗[EB/OL].http://theory.gmw.cn/2014-05/23/content_11406369.htm.
② 高婉妮.霸权主义无处不在:美国互联网管理的双重标准[J].红旗文稿,2014,(2).
③ 梁松鹤.西方网络文化霸权及其应对策略研究[J].人民论坛,2013,(26).
④ 刘邦凡.我国服务型政府建设中的数字鸿沟问题及其对策[J].科技管理研究,2009,(3).

68人有一人为网络用户,而发展中国家平均440人才有1人上网。① 随着数字鸿沟的进一步扩大,发展中国家与发达国家在经济、政治、文化方面的差距也会拉大,使得网络全球合作治理的平等基础受到更大的冲击,也不利于网络合作治理所需稳定环境的生成。

(3)利益冲突导致认识分歧。自互联网创立以来,网络空间的主权属性之争就一直存在。以美国为代表的一些国家认为,网络是没有物理边界的虚拟空间,属于全人类的"公域",如果承认国家对网络空间拥有主权,则是对网络自由的严重侵犯;而以中国、俄罗斯为代表的国家主张,与互联网有关的公共政策问题的决策权属于各国主权范畴,应尊重各国在网络空间的主权,尊重人权和基本自由,尊重各国历史、文化和社会制度多样性等。② 基于各国对网络空间是否享有主权的认识分歧,由此形成两大阵营,其观点的针锋相对在2012年召开的世界电信大会上表现得淋漓尽致:在表决新修订的《国际电信条例》时,中国、俄罗斯、巴西、伊朗等89个国家签署同意,而美国、澳大利亚、加拿大和日本等55个国家认为《国际电信条例》不能延展到网络空间使用,否则导致网络空间受制于政府和政府间机构的控制,使之失去创新性和民主性。③ 于是这些国家选择拒绝签署。认识分歧的背后,隐藏着是各国存在的利益冲突,这将是当前网络空间全球治理最难达成共识的核心问题之一。

2. 中国在网络空间全球治理中的责任担当

中国互联网络信息中心(CNNIC)发布的第36次《中国互联网络发展状况统计报告》显示,截至2015年6月,我国网民规模达6.68亿,手机网民规模达5.94亿,互联网普及率为48.8%。这些数据表明,我国已步入网络大国,是网络空间全球治理的重要力量之一。同时,我国也是受网络攻击的主要受害国,来自中国国家互联网应急中心的数据显示,仅在2015年9月7至2015年9月13日短短一周时间内,境内有87.8万个主机被病毒感染,3133个网站被恶意攻击,3140个网站境内被植入后门,新增信息安全漏洞数量144个。④ 因此,中国积极参与网络空间全球治理,既是维护本国网络安全的需要,也是树立负责任网络大国形象的需要。

---

① 邵培仁.关于消除中国数字鸿沟的思考与对策[J].浙江大学学报,2003,(1).
② 参见中俄等国向66届联大提交的《信息安全国际行为准则》[EB/OL]. http://www.fmprc.gov.cn/mfa_chn/ziliao_611306/tytj_611312/zcwj_611316/P020150316571763224632.pdf.
③ 蔡翠红.国家—市场—社会互动中网络空间的全球治理[J].世界经济与政治,2013,(9).
④ 2015年9月第2周网络安全报告:境内87.8万主机感染病毒[EB/OL]. http://www.dbnic.cn/ShowNews.asp? id=556,2015-9-21.

（1）加强我国的网络治理能力建设。"如何抢占第五维空间战略博弈制高点、未来发展制高点、国家安全制高点以及意识形态制高点,成为网络时代各国亟待解决的重大课题。"①我国要在网络空间全球治理的合作中取得话语权,必须加强我国的网络治理能力建设,尽快从"网络大国"迈向"网络强国"。提升我国网络治理能力的有效路径在于:一是"要有自己的技术,有过硬的技术";二是"要有丰富全面的信息服务,繁荣发展的网络文化";三是"要有良好的信息基础设施,形成实力雄厚的信息经济";四是"要有高素质的网络安全和信息化人才队伍"。②

（2）努力消减数字鸿沟。一方面,缩小我国的数字鸿沟。我国的"数字鸿沟"主要表现在两个方面:一是我国信息化总体水平与先进国家间的差距较大。《中国信息能力研究报告》将中国与世界28个国家的信息能力相比较之后的结果显示,美国信息能力总水平得分为73.76,名列世界第一位;日本得分69.97,名列世界第二位;而中国得分仅为6.17,仅为美国的8.6%,与韩国和巴西相比,也只分别为其15.3%和40.2%。③ 二是国内信息化发展不平衡,无论是城乡差距还是区域差距都呈扩大趋势。④ 上述两种数字鸿沟问题的解决,归根到底要从以下三方面提升我国的信息化水平。其一,继续从政策、财政资金、技术方面支持西部地区、农村的经济发展,这是解决国内地区间数字鸿沟的根本长效措施。其二,加快信息基础设施建设。落实《关于加强城市通信基础设施规划的通知》精神,统筹各类通信基础设施规划,推进通信基础设施建设和技术升级,提升通信网络覆盖范围和服务质量,促进通信基础设施又快又好发展。⑤ 其三,提升国民的网络信息素养。我国一直致力于普及互联网,在铺平"获取鸿沟"方面取得了明显成效;但基于受教育程度、文化水平、网络技术掌握程度,又形成了"新数字鸿沟"即"技能鸿沟",与"获取鸿沟"相比,技能鸿沟更强调使用者的素质与能力等内部性条件。⑥ 网络使用者的素质与能力是公民网络信息素养的核心组成部分。可见,"技能鸿沟"这一新数字鸿沟问题的解决,应当依赖于学校教育、社区宣传、网络文化

---

① 马振超.当前美国网络空间战略变化对我国家安全的影响及思考[J].江南社会学院学报,2012,(1).
② 习近平:努力把我国建设成为网络强国[N].新华每日电讯,2014-02-28.
③ 国家统计局国际统计信息中心.中国信息化水平测算与比较研究[EB/OL].http://www.malaysiaeconomy.net/a33563/1/2015-04-21/33478.html.
④ 芮益芳.网络安全上升至国家战略[N].海西晨报,2014-02-28.
⑤ 曹瀛.两部委:加强城市通信基础设施规划[N].大众证券报,2015-09-26.
⑥ 张涛甫.大时代的旁白[M].上海:复旦大学出版社,2013:283.

等诸多方式,提升国民的网络信息素养。

另一方面,支持发展中国家缩小与发达国家间的数字鸿沟。中国政府意识到网络的互联互通使整个世界联系在一起,非洲等发展中国家的网络发展与治理程度与世界各国的稳定与发展紧密相连。因此,在促进本国网络信息技术发展的同时,承担了帮助发展中国家缩小数字鸿沟的国际义务,在网络空间全球治理实践中发挥了很好的示范效应。一是中国政府为发展中国家提供无息贷款,援建互联网基础设施,如由中国政府援建、浪潮集团承建的津巴布韦高性能超级计算机中心(简称超算中心)于2015年年初已经交付使用;二是中国企业对非洲提供信息技术培训[①];三是中国企业帮助非洲国家发展网络通信设施,如华为或中兴修建和维护的通信网络遍布非洲绝大多数国家。在中国政府与企业的支持帮助下,非洲国家互联网普及率正在得到迅速提升。但是,要缩小非洲与发达国家间的数字鸿沟,依然受制于诸多因素,如基础设施仍有待改善、所需科研技术人才的培养、相关科技公司发展需要资金支持、通讯费用相对较高等。中国作为安理会常任理事国,一贯坚持履行维护世界和平与发展的国际义务,在支持非洲等发展中国家缩小数字鸿沟方面,除继续在资金、基础设施建设等方面对非洲发展中国家予以帮助,更应当"授之以渔",重视对发展中国家进行人员培训。

(3)支持联合国协调网络全球治理。联合国是一个由主权国家组成的国际组织,具有国际公认的合法性和权威性,自成立以来,在维护世界和平、促进世界各国经济、科学、文化的合作与交流方面,发挥着极其重要的作用。针对网络空间出现的问题,联合国及其下属机构在网络空间全球治理中做出的努力已经初见成效,如国际电信联盟在分配和管理全球无线电频谱与卫星轨道资源、制定全球电信标准、向发展中国家提供电信援助方面发挥着重要的作用;国际刑警组织致力于呼吁并协助各国打击全球网络犯罪。无论是从联合国的国际地位,还是从其在网络全球治理实践中所发挥的作用来看,联合国均应当成为应对全球网络问题的平台。我国一直主张联合国作为协调网络空间全球治理的国际性组织,并且于2011年与俄罗斯、乌兹别克斯坦等国共同向联合国递交了《信息安全国际行为准则》草案,其主要内容包括建立多边、透明和民主的互联网国际管理机制;充分尊重在遵守各国法律前提下信息和网络空间的权利和自由;帮助发展中国家发展信息和网络技术;合作打击网络犯罪;等等。尽管由于美国反对而没有通过,但中国仍应努力,支持

---

① 贝希尔.中国向非洲提供信息技术培训是双赢[N].经济参考报,2007-11-01.

联合国开展网络空间全球治理的工作,拥护联合国出台网络国际治理准则,积极开展打击国际网络违法犯罪的活动。

(4)积极参与网络空间治理国际合作谈判。尽管中国与其他国家的国情、历史文化背景以及互联网发展程度各有不同,网络治理模式和策略也存在差异,但都是"网络利益共同体",都有维护网络安全、促进网络发展的共同愿望,这是中国与他国开展网络空间治理合作谈判的现实基础。近些年来,中国一直致力于与他国之间进行网络空间治理的合作谈判,取得了一些突破,但依然存在诸多障碍。一是发达国家往往基于既得利益在谈判中不愿意让步,致使合作进度变数较大。如中美网络空间合作谈判开始于2011年5月的美中战略与经济对话,双方表示愿意在战略安全对话框架下建立网络工作组,但直到2013年7月中美网络工作组才开始首次对话,2014年5月美方捏造事实以所谓网络窃密为由宣布起诉5名中国军官,中方鉴于美方在通过对话合作解决网络安全问题方面缺乏诚意,决定中止中美网络工作组活动。[①]二是部分发展中国家对网络社会全球治理的重要性认识不够,或是对某些重要问题存在认识分歧,致使合作程度不深入。[②] 因此,中国在推进网络空间治理国际合作谈判中仍需继续努力:其一,与发展中国家进行网络空间合作治理谈判时,需要重点阐释网络空间全球治理的重要性,为这些国家提供技术、资金方面的国际援助,与这些国家建立反对网络霸权主义、防范网络攻击、打击网络犯罪的统一战线。其二,与发达国家进行网络空间合作治理谈判时,坚持主权原则、共治原则、互惠原则,注意把握谈判技巧,找准共同面临的网络安全问题,探讨共同的应对策略,努力争取在应对诸如网络恐怖主义、网络军国主义、网络犯罪等网络重大问题方面形成共同遵守的规则。诚然,无论是与发展中国家的网络治理合作谈判,还是与发达国家的网络治理合作谈判,在实现程度上取决于互相的理解和信任,而建立这种理解和信任将会是一个艰难的过程,需要长时间的不懈努力。

二、完善网络谣言的法律规制

网络谣言的有效规制依赖于健全的法律机制。网络在我国的发展是新生事物,一些法律法规还没来得及完善,在惩治网络造谣、传谣的违法犯罪方面还缺乏具体、明确、统一的规定,导致公安机关、法院等执法部门在实践中

---

① 国防部决定中止中美网络工作组活动[N].京华时报,2014-05-30.
② 杨嵘均.论网络空间治理国际合作面临的难题及其应对策略[J].南京工业大学学报,2014,(4).

不便操作,难以对网络造谣、传谣的违法犯罪实施准确有力打击。因此,不断完善民法、行政法、刑法领域中的相关规定,并使民法、行政法、刑法的规制协调一致,形成一个完善的防控系统,才能在更大程度上发挥法律的调控作用,有效控制、打击和制裁网络造谣、传谣行为。

(一) 完善网络谣言的民法规制

基于网络信息传播的高速化、无限复制性和延展性,网络谣言信息不再受时空的束缚而得以无限扩展,海量的网民通过转发、评论等方式散布谣言,导致公民个人、企事业组织法益受到更大的危害。就公民个人而言,网络谣言往往表现为损害公民名誉权,造成涉谣当事人身心受损,如中石化"牛郎门"网络谣言事件中张女士几乎精神崩溃;就企业组织而言,网络谣言会导致企业商业信誉下降,或者因谣言应对政府部门的调查取证而停产[①],由此带来生产停滞、营业收入减少,使企业组织生产经营受阻财产损失严重,有的甚至导致企业组织濒临破产[②]。"有权利必有救济,有损害必有赔偿",最大限度地保护公民和组织的合法权益是民法的基本理念。健全的民事责任追究体制,不仅是恢复公民和组织受损合法权益的重要保障,而且是打击网络谣言的重要手段。

综观当前民事责任追究体制,对网络谣言侵权纠纷予以调控的主要法律是《中华人民共和国侵权责任法》(以下简称《侵权责任法》)第36条的规定,即"网络用户、网络服务提供者利用网络侵害他人民事权益的,应当承担侵权责任。网络用户利用网络服务实施侵权行为的,被侵权人有权通知网络服务提供者采取删除、屏蔽、断开链接等必要措施。网络服务提供者接到通知后未及时采取必要措施的,对损害的扩大部分与该网络用户承担连带责任。网络服务提供者知道网络用户利用其网络服务侵害他人民事权益,未采取必要措施的,与该网络用户承担连带责任"。该条是针对网络虚拟空间中发生新的侵权问题,借鉴美国《千禧年数字版权法》(Digital Millennium Copyright

---

① 如2013年2月邓飞在其微博中爆料,在山东潍坊,化工厂、造纸厂将致命性污水通过高压水井压到地下逃避监管,并配有企业地下排污示意图,引发众多媒体、网民的热议,山东省环境保护厅开展调查,不少企业甚至暂停生产被挖地三尺。8月底武汉警方查获号称"中国最大的网络推广网站"的特大网络造谣传谣团伙,侦查发现其参与炒作"高压泵地下排污"事件,年获利100多万元,至此,"高压泵地下排污"事件认为网络谣言。参见周雁凌等.山东"高压泵地下排污"系谣言——参与炒作的特大网络造谣传谣团伙被警方查获[N].中国环境报,2013-09-04.

② 如从2011年6月开始,重庆商界永道传媒公司的营销总监文海军策划四篇文章,攻击南方金银花,每篇文章收费4万5千块。因受网络不实传言诋毁,湖南隆回金银花全面滞销,产业濒临破产。参见庞小琼.隆回金银花:网络造谣谋利,害惨一个产业[EB/OL]. http://www.zyctd.com/info - item - 590277 - 2 - 1. html.

Act,简称 DMCA)第512条中"提示规则"①而创制,成为目前解决网络侵权救济的法律指南。

然而,该条款在网络谣言侵权救济实施过程中暴露出"宣示性多于实效性,指引性多于操作性"②等问题。主要表现为:网络的虚拟性、匿名性带来网络谣言侵权人的身份信息不明确,而"有明确的被告"是《民事诉讼法》规定原告起诉成立的必备构成要件,由此往往出现这样一种情形:除非网络谣言制造者被公安机关抓捕归案,承认自己的违法犯罪事实,否则,受害人往往会因无法指明网络谣言侵权人而出现"权利受损无法获得救济"的尴尬局面。《侵权责任法》第36条似乎关注到了这点,因此继而规定网络服务提供者在知情后负有"采取删除、屏蔽、断开链接等必要措施"的法定义务,否则需要承担连带责任。然而,从法理层面看,该条款规定体现的是"过错归责原则",且遵循实行"谁主张,谁举证"。实践中依然会出现网络谣言的受害人因举证不能而不了了之。同时,受"立法宜粗不宜细"指导思想影响,"通知形式""采取必要措施是否及时""知道的内涵外延"等方面处于不确定状态,网络谣言的侵权人、网络服务商等极容易"逍遥法外"。

面对网络谣言的泛滥,《侵权责任法》第36条的功能显得有些疲软。正如有学者所言:"整个损害赔偿补偿制度必须随着社会经济发展重新评估,做适当的改进,使各种制度更能相互协力,有效率的配置社会资源,使被害人获得更合理公平的保障。"③如何给予网络谣言受害者强有力的法律武器,使他们自觉成为反击谣言的生力军,还需要完善相关规定。作为《侵权责任法》,属于法律层面的立法,固然不能"事无巨细",但我们可以及时出台《侵权责任法》的司法解释,主要明确以下事项:

其一,明确采取必要措施及时与否的判断标准。"及时与否"关系着网络服务提供者对侵权损害的扩大部分承担责任的起算点,关系着网络服务提供者承担责任的大小,关系着受害人的受损权益获得救济的几率。就网络谣言而言,相关司法解释可以依据现有技术的处理能力确定"及时"的界限。

其二,明确"知道"的内涵为"应知"。即网络服务提供者在对网络用户利用其服务制造传播谣言等侵权行为的情况应当知道,而没有采取必要的措施,则与该网络用户承担连带责任。之所以应当确定为"应知",主要是通过增强网络服务提供者的法律负担,更好地履行他们维护网络秩序的义务,减

---

① 郑赫南,吕卫红.网络侵权如何规制,专家会诊草案专条[N].检察日报,2009-12-07.
② 窦玉前.网络侵权救济的法律调适[J].学术交流,2011,(3).
③ 王泽鉴.侵权责任法[M].北京:中国政法大学出版社,2001:35.

少他们为了提升网站的点击率,以赢得广告商的赞助。对于具有"眼球"效应的网络信息,甚至是网络谣言,听之任之,由此导致网络谣言扩散,使涉谣公民个人和企业组织的权益受损程度更深。

其三,明确举证责任倒置。即由网络服务提供者证明自己无过错,才能免责。网络谣言等网络侵权行为具有匿名性,侵权事实容易被随时修改、删除而使得证据难于确定,受害人在举证方面处于弱势地位。相比之下,网络服务提供商拥有先进的网络技术设备、娴熟的专业技术人员,基于公平是法律的最基本价值,由网络服务提供商举证更为合理,这也是抑制网络谣言等侵权行为继续加深损害的重要保障。

(二) 完善网络谣言的行政法规制

"几乎每一次社会不安现象的出现,都有谣言的鼓动和伴随。"[①]新加坡前总理李光耀曾经指出:"新兴的网络媒体是极重要的战略阵地,对国家安全、社会人心影响巨大,网络上的意识形态一旦失守,后果不堪设想。"谣言一旦搭上网络平台,极容易形成疯狂传播之势,对国家安全、社会秩序或者他人的权利往往造成不可估量的危害。行政权存在目的,在于维护社会秩序、保障人类社会生存和发展所需的有序状态,因此,对网络谣言进行防范与治理成为网络时代行政权运行的主要任务之一。

行政权规制网络谣言必须依法进行,是现代法治建设的基本要求。当前,涉及行政权规制网络谣言的法律法规主要有:一是法律层面的《治安管理处罚法》;二是法规层面的《互联网信息服务管理办法》(2000年9月20日国务院第31次常务会议通过);三是规章方面的《计算机信息网络国际联网安全保护管理办法》(公安部1997年12月30日发布)。从上述法律法规的内容来看,需要解决两个方面的问题:

其一,增强现有法律法规中相关规定的可操作性。《治安管理处罚法》关于对网络谣言等网络言论管理的相关条款概括性非常强,导致公安机关在执法中无所适从,极易引起公众质疑执法机关滥用职权,引发舆论危机。如安徽砀山货车与面包车相撞致10人死亡,一于姓网民在其个人网络上发布"事故造成16人死亡"的虚假信息,公安机关对此做出行政拘留5日的处罚,立即引发公众质疑:是否属于"网络谣言"? 能否适用《治安管理处罚法》进行处罚? 究其原因,主要在于行政法律法规对于"谣言"没有界定,导致公安机

[①] 白龙,张洋.整治网络谣言是人心所向——专家学者谈网络谣言的危害及其治理[N].人民日报,2012-04-18.

关在认定中缺乏具体标准。同时,由于缺乏对情节"较轻""较重"的说明,在具体处罚标准方面也比较难于操作。对此,刚出台的《最高人民法院、最高人民检察院关于办理利用信息网络实施诽谤等刑事案件适用法律若干问题的解释》对利用信息网络实施诽谤、寻衅滋事、敲诈勒索、非法经营犯罪方面进行了非常明确的解释,为完善网络谣言的行政法规制提供了一个很好的范例。依据《宪法》和《全国人民代表大会常务委员会关于加强法律解释工作的决议》(1981年6月10日第五届全国人民代表大会常务委员会第十九次会议通过)的规定,不属于审判和检察工作中的其他法律、法令如何具体应用的问题,由国务院及主管部门进行解释。可见,为适应打击网络谣言的需要,国务院或者公安部应当尽快出台相关行政解释,对《治安管理处罚法》等相关法律法规中的"谣言"、"网络谣言"等予以解释,对情节"较轻"、"较重"的具体情形予以明确描述。

其二,消除下位法与上位法抵触的情形。在财产罚方面,《治安管理处罚法》仅仅规定可以并处五百元以下罚款。但是,《计算机信息网络国际联网安全保护管理办法》第20条则规定,对于"捏造或者歪曲事实,散布谣言,扰乱社会秩序的",由公安机关给予警告,有违法所得的,没收违法所得,对个人可以并处五千元以下的罚款,对单位可以并处一万五千元以下的罚款;情节严重的,并可以给予六个月以内停止联网、停机整顿的处罚,必要时可以建议原发证、审批机构吊销经营许可证或者取消联网资格。很显然,《计算机信息网络国际联网安全保护管理办法》规定的财产罚"并处五千元以下的罚款",与《治安管理处罚法》规定的财产罚"并处五百元以下的罚款"发生抵触。另外,《计算机信息网络国际联网安全保护管理办法》中关于"六个月以内停止联网、停机整顿"、"建议原发证、审批机构吊销经营许可证或者取消联网资格"等规定同样超越了《治安管理处罚法》的边界。古人云,"刑罚所以止恶,圣人不得已而用之"。对于网络谣言的治理,刑罚固然是最有效的,但刑法的谦抑性决定了刑罚使用的有限,只能在法定严重危害社会秩序、国家利益、个人权益的情形下使用。对于大多数网络谣言,需要行政法的有效规制。因此,基于打击网络谣言的现实需要,应尽快修改《治安管理处罚法》,提高财产罚的处罚标准,对于建议其他部门实施行为罚(或称"能力罚",如建议原发证、审批机构吊销经营许可证或者取消联网资格等)作出相应的规定,以消除法律与法规、规章之间的冲突,提升行政法规制的实效。

(三)完善网络谣言的刑法规制

借助网络平台的便捷性、匿名性,网络大谣实施诽谤、敲诈勒索、寻衅滋事等犯罪行为呈现愈演愈烈之势,严重侵害公民的人身、财产权利,严重危害国家安全、社会稳定,亟须刑法加以规制。鉴于网络谣言对现实社会造成严重的危害后果,司法机关以往根据《刑法》第105条第二款对以造谣等方式煽动颠覆国家政权、第181条对编造并且传播影响证券或期货交易的虚假信息、第221条对捏造并散布虚伪事实损害他人商业信誉和商品声誉、第246条规定的以暴力或者其他方法公然侮辱他人或者捏造事实诽谤他人、第274条规定的敲诈勒索、第291条对编造恐怖信息在明知是编造的恐怖信息而故意传播等行为作出有罪规定。但由于网络空间的特殊性,《刑法》有关此类犯罪的定罪量刑标准的模糊性,无法适用新形势下打击网络谣言对刑法的需求。基于此,"两高"根据利用网络谣言实施相关犯罪的发展态势,及时出台《最高人民法院、最高人民检察院关于办理利用信息网络实施诽谤等刑事案件适用法律若干问题的解释》(以下简称《两高解释》),明确解释网络犯罪主要涉及诽谤罪、寻衅滋事罪、敲诈勒索罪和非法经营罪四项罪行,并对利用信息网络实施诽谤犯罪的行为方式、定罪量刑标准、适用公诉程序的条件和寻衅滋事、敲诈勒索、非法经营等犯罪的认定及处罚原则等方面都作出了明确规定,为打击网络谣言类犯罪行为提供了更完备的法律依据,有利于推动打击网络谣言走向合法化、常态化。然而,综观《刑法》及其关涉网络谣言规制方面的司法解释,依然有一些问题值得我们反思。

其一,适度延长与相关罪名配套的刑期。基于网络谣言对现实社会的危害,《刑法》中的相关治理传统谣言的罪名固然可以用来打击网络谣言类犯罪行为。然而,与传统谣言相比,网络谣言不再是过去的"口口相传",而是借助网络科技的翅膀,突破时间、空间的限制,在几小时甚至几分几秒时间内传遍世界的每个角落,产生出比传统谣言多几十倍、几百倍甚至几千倍的社会危害。因此,与规制网络谣言配套罪名的法定刑期应当适度延长。一是需要适度延长利用信息网络诽谤他人的刑期。依据《刑法》第246条,以暴力或者其他方法公然侮辱他人或者捏造事实诽谤他人,情节严重的,处三年以下有期徒刑、拘役、管制或者剥夺政治权利。实践中出现诸如《两高解释》第2条中规定的"造成被害人或者其近亲属精神失常、自残、自杀等严重后果的"这类情形,如果只能依据《刑法》处以最高刑罚即三年有期徒刑,会出现违背"罪责刑相适应"原则的结果。因此,应当将"造成被害人或者其近亲属精神失常、自残、自杀等严重后果的"列作"情节特别严重的"的情形,处以三年以上十年以下有期徒刑。二是需要适度延长损害商业信誉、商品声誉罪的刑期。依据《刑法》第221条,捏造并散布虚伪事实,损害他人的商业信誉、商品声誉,给他人造成重大损失或者有其他严重情节的,处二年以下有期徒刑或者拘役,并处或者单处罚金。实践中,网络谣言导致某产品严重滞销,甚至企业濒临破产的情形已经出现,属于"特别重大损失",仍然以两年有期徒刑追责,显然过轻,无法有效打击网络谣言,建议列作"造成特别重大损失后果"的情形,处以三年以上七年以下有期徒刑。

其二,限制"其他情节严重的情形""其他严重危害社会秩序和国家利益的情形"类表述。《两高解释》为更广泛地打击网络谣言,使用了兜底条款,如第2条在认定《刑法》第246条第一款规定的"情节严重"时,在前三项列举的基础上,在第(四)项中使用"其他情节严重的情形";第3条在认定《刑法》第246条第二款规定的"严重危害社会秩序和国家利益"时,在前六项列举的基础上,在第(七)项中使用"其他严重危害社会秩序和国家利益的情形"。正如费尔巴哈所说:"无法律规定的刑罚则无犯罪。"在《两高解释》中,使用"其他情节严重的情形""其他严重危害社会秩序和国家利益的情形"这类兜底条款是违反罪刑法定原则的。所谓罪刑法定原则,是指何种行为构成犯罪和对这种行为处以何种刑罚,必须预先由法律明文加以规定的原则。① "其他情节严重的情形""其他严重危害社会秩序和国家利益的情形"的规定,往往给予司法机关很大的自由裁量权,容易出现运用类推解释裁判等有违罪刑法定原则的情形。事实上,在那些法治比较发达的国家,刑法中对各种情节是要具体列举出来的,"情节严重""情节特别严重"等抽象、模糊的表述实在罕见。②

其三,明确"情节恶劣""数额较大"等法律用语。《两高解释》第5条规定:"利用信息网络辱骂、恐吓他人,情节恶劣,破坏社会秩序的,依照刑法第二百九十三条第一款第(二)项的规定,以寻衅滋事罪定罪处罚。"第6条规定:"以在信息网络上发布、删除等方式处理网络信息为由,威胁、要挟他人,索取公私财物,数额较大,或者多次实施上述行为的,依照刑法第274条的规定,以敲诈勒索罪定罪处罚。"其中"情节恶劣""数额较大"等概念不明确,不仅不利于司法活动中定罪量刑标准的确定,也容易引发公众质疑。《两高解释》作为司法解释,是对司法机关如何具体应用《刑法》中相关条款所做的解释,明确性应当成为其基本属性,不宜再使用"情节恶劣""数额较大"等模糊语言。这种法律语言的明确性要求"法律的用语,对每一个人要能够唤起同

---

① 李希慧.罪刑法定原则与刑法有权解释[J].河北法学,2009,(5).
② 刘仁文.中国食品安全的刑法规制[J].吉林大学学报(社会科学版),2012,(4).

样的观念"①,否则就会出现贝卡利亚所论述的情形,"法律是用一种人民所不了解的语言写成的,这就使人民处于对少数法律解释者的依赖地位,而无从掌握自己的自由,或处置自己的命运。这种语言把一部庄重的公共典籍简直变成了一本家用私书"②。如果说《刑法》因为无法事无巨细加以规定而存在不明确规定,那么就寄希望于司法解释予以明确;如果司法解释再不明确,那么民众就无法预知自己的行为是否构成犯罪,法官也不知道手头案件能否适用该条款,也就失去了司法解释存在的实践意义。

三、有效防范美国的网络单边主义

著名未来学家阿尔温·托夫勒曾经预言,"谁掌握了信息,谁控制了网络,谁就将拥有整个世界"。当前,全球网络空间秩序处于极不平衡的状态,80%以上的网上信息和95%以上的服务信息都是由美国提供的。在国际互联网的信息流量中,超过2/3来自美国,而我国在整个互联网的信息输入、输出流量中仅占0.1%和0.05%。③ 利用掌握互联网信息输出途径的优势,以美国为代表的西方国家正把互联网作为策动中国"颜色革命"的"大本营""训练营",全方位、全天候、不间断地向我国输出西方的政治制度、意识形态、价值观念和文化思想。④ 美国前国务卿奥尔布赖特曾说过:"中国将随着信息流通而民主化,我们要利用互联网把美国的价值观送到中国去。"⑤美国情报机构每年拨出数亿美元资助大批写手在网上散布政治谣言、历史虚无主义、新自由主义等负面思潮,质疑共产主义与社会主义制度,恶意攻击我国政治制度,激发网民负面情绪,向我国政府决策和公共事务施加压力,试图对我国进行"和平演变"。⑥

奥巴马入主白宫后,同样选择利用美国拥有的网络优势资源推行"网络自由战略",对他国实施网络攻击与网络监视,牟取国家利益。奥巴马政府推

---

① [法]孟德斯鸠.论法的精神[M].张雁深,译.北京:商务印书馆,1982:297.
② [意]贝卡利亚.论犯罪与刑罚[M].黄风,译.北京:中国大百科全书出版社,1993:15.
③ 尹韵公.网络磅礴[EB/OL]. http://news.eastday.com/epublish/gb/paper29/20000827/class002900003/hwz174611.htm.
④ 时伟.努力推动我国网络社会精神文明建设[J].红旗文稿,2014,(23).
⑤ 方妍.互联网时代的意识形态渗透与反渗透[EB/OL]. http://www.kaiwind.com/llyt/201110/t135243.htm.
⑥ 周兵.互联网成为策动"颜色革命"重要平台[J].政工学刊,2016,(8).

行的网络外交政策,与小布什政治外交上的单边主义一脉相承①,只不过是将现实政治外交中的单边主义做法投射到网络空间。作为世界上唯一的超级大国,美国垄断和控制着互联网的关键资源,其网络外交政策必定对中国和世界其他各国产生巨大的影响。作为拥有网民规模达6.88亿的网络大国,中国既承担着维护全球网络社会秩序的国际义务,也承担着维护国内网络安全、保护网民和社会组织网络权益的国内责任。因此,研究美国在国际互联网治理中的单边主义立场及其危害,探寻防范美国网络单边主义立场对国际国内网络秩序造成严重危害的对策,对于维护我国公民网络政治参与的国际网络环境,具有十分重要的现实意义。

(一)美国在国际互联网治理中的单边主义立场

1. 垄断互联网的关键资源,掌管他国网络运作

互联网诞生之初,美国政府就牢牢把控着国际互联网根域名的控制权与IP地址的分配权。1998年初,美国商业部在网络域名和地址管理的绿皮书中宣称:美国政府对网络享有直接管理权,由此引发世界各国的反对。

迫于国际压力,美国在1998年底成立国际互联网名称和编号分配公司(ICANN),负责全球互联网IP地址的分配和互联网域名系统、根服务器系统的管理。尽管国际互联网名称和编号分配公司是一家民间性的非营利公司,但由于总部设在美国,加之运作资金受美国政府控制,因而互联网域名的控制权与IP地址的分配权依然控制在美国政府手中。"棱镜门"事件后,美国商务部下属的国家电信和信息局宣布:"美国政府将放弃对国际互联网名称和编号分配公司的管理权。"②美国这一表态获得国际社会的广泛支持,但至今一直未有实质性进展。

IP地址(IP Address的缩写)是互联网协议地址,一个国家对IP地址的拥有量关系该国的网络空间生存。由于IP地址的分配权掌握在美国政府手中,因而导致世界各国享有的IP地址数明显不均衡:美国拥有20多亿地址,占已分配地址的67%,平均每个美国人有9个IP地址;亚洲人口占到世界人口的56%,分配到的IP地址却只占9%,其中中国人均仅拥有0.06个地址;

---

① 单边主义是个现代国际政治学术语,主要指小布什入主白宫后美国奉行个人主义倾向的外交政策,具体表现为"国家依据自身的综合实力,在对外事务上以国家利益为指导,随时准备通过单边行动实现本国的对外政策目标"。参见王联合.美国单边主义:传统、历史与现实的透视[J].国际观察,2006,(5).

② 都市快报编辑部.美国计划移交互联网管理权[N].都市快报,2014-03-16.

印度拥有量更少,人均仅拥有 IP 地址 0.006 个。①

国际互联网名称和编号分配公司管理的根服务器系统是维护一张所有顶级域名(像 com、net、org 以及各国代码)的主列表且使其对所有路由器可访问的方式。全球主根服务器设在美国弗吉尼亚州,另外 12 台辅根服务器中的 9 台设在美国境内,受美国直接控制,其他 3 台设在英国、日本和瑞典,也受美国间接控制。一旦美国试图对他国进行打压,采用断开该国二级域名服务器与根服务器的链接的方式,无须过去的军事打击、经济制裁,就能使受制裁国在虚拟互联网世界中蒸发,成为与世隔绝的信息孤岛。② 譬如,2003 年伊拉克战争期间,美国政府授意国际互联网名称和编号分配公司终止对伊拉克顶级域名".iq"的申请和解析,瞬间导致伊拉克在互联网中消失。2014 年 1 月 21 日,中国互联网出现大范围异常,国内用户发现无法访问.com 域名网站,很多网站被解析到无法访问的美国 IP 地址,同时国内三分之二的域名系统(DNS)处于瘫痪状态,就是根域名服务器出问题所致。③

2. 奉行单边网络自由战略,干涉他国内政

美国 2005 年 3 月发布的《国防战略报告》指出,网络空间与陆、海、空、航天同等重要,是美国维持决定性优势的第五大空间。奥巴马担任美国总统后,更是将网络空间战略列为重中之重,试图构建一个包含网络自由、网络安全、网络经济、网络监控等在内的全方位战略,主导网络空间的权力、资源以及财富分配。④ 其中,由于网络自由战略有助于将美国价值观输入他国,从而控制国际互联网空间的政治传播,因而成为美国网络空间战略的重要组成部分。2009 年 11 月,奥巴马在访华期间批评中国的网络审查制度及言论自由问题,大力鼓吹"网络自由",将互联网自由划入人权范畴,强调网络信息自由流动好于安全流动,甚至还"很支持一个做法,就是不要限制互联网的使用、接触"⑤。随后,美国国务卿希拉里两次发表"网络自由"主题演说,在重申奥巴马立场的同时,指责中国、伊朗、越南、突尼斯等国加强对互联网的审查以及越南人民社交网站的权利因为网络监管突然消失,认为上述国家的做法是对信息自由流通的威胁,强调美国支持一个允许全人类平等享有知识和思想

---

① 银刀. 欧盟官员坦承全球 IP 地址缺失,中国印度最惨[EB/OL]. http://tech.sina.com.cn/t/2007-04-13/00451463239.shtml.
② 杜雁芸. 中美网络空间的博弈与竞争[J]. 国防科技,2014,(6).
③ 刘夏. 域名解析故障追踪:某境外反华中文网站涉入[N]. 新京报,2014-01-22.
④ 鲁传颖. 奥巴马政府网络空间战略面临的挑战及其调整[J]. 现代国际关系,2014,(5).
⑤ 昭进. 网络信息流动无安全就无自由[EB/OL]. http://www.88088.com/cytd/wscy/2010/0123/409844.shtml.

的互联网;在以《互联网的是与非:网络世界的选择与挑战》为题的演讲中,希拉里宣布为使身处"压制性国家"的网络活跃分子、持不同政见者和一般公众能够绕过网络检查,美国政府将投入 2500 万美元资助技术公司开发互联网访问工具。2011 年 5 月,美国政府出台《网络空间国际战略》,将"网络自由"作为美国网络空间国际战略的核心理念,强调"当网络世界面临威胁和入侵时,美国高度重视言论和结社自由、珍视个人隐私和信息的自由流动的原则",声称"美国鼓励全世界人民通过数字媒体表达观点、分享信息、监督选举、揭露腐败、组织政治和社会运动"。①

为推行"网络自由"战略,美国不惜成本采取一系列措施。一是成立专门机构推行"网络自由"战略。美国成立隶属国务院的网络协调员办公室,其职责在于统筹协调各部门的"网络自由"战略行动。网络协调员办公室成立后,为提高"网络自由"战略的知名度,组织实施了"公民社会 2.0""世界新闻自由日""全球网络倡议""网络治理论坛""网络自由跨区域声明"等活动。二是投入资金推行"网络自由"战略。美国中央司令部与洛杉矶的信息技术和服务公司签订价值 276 万美元的合同,开发"在线虚拟身份管理"软件,以帮助网络间谍们利用多个虚假身份在各大社交网站上参与聊天或发帖以制造亲美言论。② 美国国务院甚至为支持各国网络活跃分子在 2011 年的财政预支出中确定投入 3000 万美元;美国国务院拨款 150 万美元,以协助"法轮功"设立的"全球互联网自由联盟"软件公司研发"翻墙"软件,加强对中国的网络信息渗透。三是研发网络技术推行"网络自由"战略。美国着力开发新的网络技术工具的主要目的之一,在于使他国公民能够避开政治审查而进行自由表达。如美国投资开发的"影子"互联网系统,协助伊朗、叙利亚、利比亚等国的政府反对派避开本国政府的网络封锁而与外界联系与沟通。③

3. 推行美版网络技术标准,牵制他国

《国家信息基础设施:行动计划》的颁布和执行,表明美国政府建立一个以美国为中心的跨边界数字边疆的企图。为实现这一目标,美国从互联网问世之初就牢牢控制着网络技术标准,充分体现了"初创者往往是标准的创立者和信息系统结构的设计者,该系统的路径依赖发展反映了初创者的优势所在"④。当前,绝大多数国际互联网技术标准如用于数据传输的 IP 协议、让域

---

① 杨建平,赵磊.美国社会化媒体外交评析[J].国际问题研究,2013,(4).
② 张品秋.制造亲美言论的美国"网络水军"[N].中国青年报,2011-04-02.
③ 杨毅.美国全力打造"影子网络"[N].都市快报,2011-06-09.
④ 杜雁芸.美国网络霸权实现的路径分析[J].太平洋学报,2016,(2).

名与 IP 地址匹配的域名系统(DNS)、用于发送邮件的简单邮件传输协议(SMTP)和用于流量工程的多协议标记交换(MPLS)标准,均来自国际互联网工程任务组(IETF)的研发和制定。截至 2011 年 1 月,国际互联网工程任务组已经发表了 4500 多个解释互联网基础技术标准的文件,成为各国网络运营商天天必需参考的文件。① 尽管宣称为"一个公开性质的大型民间国际团体",但国际互联网工程任务组实则受制于美国政府,成为美国推广美版技术标准的工作机构。2013 年,美国国家安全局广泛监控互联网通信的消息曝光后,互联网工程任务组与互联网名称和编号分配公司、互联网协会、万维网联盟等 10 个互联网技术治理的组织曾表示"互联网技术基础设施应该摆脱美国政府的监控",但至今并未出现实质性进展。

国际互联网工程任务组研发的技术标准尽管屡次受到挑战,但由于有美国的支持而维持着其标准缔造者的地位。国际电信联盟(ITU)早在 20 世纪 70 年代,试图建构新的网络协议并以此掌控互联网。但由于美国军方支持构建的以终端用户为核心的阿帕网协议标准,已经由大量网络用户使用和接受,并且以此技术标准为基础组建的网络已经成为国际上规模最大的计算机网络,最终结果是国际电信联盟在竞争中以失败告终,未能取得互联网的控制权。面对其他国家质疑现有网络技术标准、提议制定新标准替代现有标准,美国总是竭力予以阻挠和打压,如前国务卿希拉里·克林顿 2011 年底在海牙举行的网络自由大会上演讲表示,"美国支持目前已有的政府与民间合作,对因特网技术发展采取即时管理……用一句美国俗语来说,我们的立场是'没有坏,就不要修'。而且,没有理由以一个压抑性的体制来取代一个有效的体制"。可见,自美国发明了现代计算机和网络系统,就试图"将美国人设计的技术标准变成了国际标准,确保在信息技术空间建构中符合美国利益的结构性权力得以嵌入"②。

4. 组建网络部队,威慑进攻他国

美国是世界上第一个建立网络部队的国家,其目的在于维护美国在全球互联网领域中的明显优势地位。早在 2002 年底,美国海陆空三军就组建自己的网络部队。奥巴马上台后,对三军网络部队进行了扩充和重组,2010 年 5 月 21 日正式启动"美国网络司令部",其职责在于"计划、协调、整合、执行任务,以指挥网络战,保护特定的国防部信息网络,执行网络全谱作战,确保

---

① 胡杨. 互联网标准组织 IETF 成立 25 周年[EB/OL]. http://news.cnw.com.cn/news-international/htm2011/20110117_216543.shtml.

② 杨剑. 美国网络帝国主义的形成[J]. 国际观察,2012,(2).

美国及其盟友在网络空间的行动自由,消除对手的行动自由"①。时隔一年,美国又连续发布两份战略报告:《网络空间国际战略》和《网络空间行动战略》,其中,后者可以被视为前者的实施纲要与细则,后者把针对美国的"网络入侵行为"分成若干等级,其中最高等级规定为"战争行为",即由一个国家对美国发起网络攻击行为时,可以进行传统方式的军事回击——"如果对方借助计算机网络破坏了我们的电网系统,也许,我们会向对方发射一枚导弹"②。尽管《网络空间行动战略》明确是对他国的网络攻击进行回击,但事实上以对伊朗实施"震网"病毒攻击为标志,美国开启了对他国进行网络攻击的时代。据斯诺登爆料,奥巴马曾密令对伊朗核设施发起代号为"奥运会"的网络攻击行动,在伊朗核设施的电脑系统中埋下名为"灯塔"的木马程序,窃取设备的内部运作蓝图,随后美国与以色列联合编制一种复杂的蠕虫病毒"震网",并利用间谍手段将病毒送入与互联网物理隔离的伊朗核设施内网系统。③ 2013 年夏,美国国防部又启动了网络战武器研发的"X-计划",开始开发全球感知、全球攻击、全球反制的网络战武器,进一步将美军网络战的触角延伸到全球网络空间。④

网络部队建立后,美国一直致力于扩大部队编制规模。2011 年 6 月,美媒大肆炒作中国山东蓝翔技校是"中国黑客大本营",2013 年称上海大同路边白楼系解放军"黑客总部",并借机扩充网络部队。一方面,扩大网络司令部的人数编制,在较短时间内将 900 人的编制增长至 4900 人,并建立"国家任务部队""作战任务部队"和"网络保护部队",明确其协助海外部队策划并执行全球网络攻击任务;另一方面,则是增加网络部队的数量和网络部队的人数,网络司令部司令亚历山大宣布拟成立 40 支网络战部队,并将其中 13 支部队进行全球部署、专门用于进攻。即便在 2013 年美国处于经济低迷的状况下,2014 年美国网络安全经费预算仍大幅增至 47 亿美元。2014 年 3 月,美国国防部发布《四年防务评估报告》,明确提出"投资新扩展的网络能力",目标是到 2018 年建立起一支由 133 个团、总计 6200 名人员组建的业务能力出众的队伍。这 133 个团队将由 68 支网络保护团队(面向国防部头号任务——网络防御)、13 支国家任务团队(旨在保卫国家关键性基础设施安全)、27 支作战任务团队(负责执行作战任务并辅助军事行动)以及 25 支技

---

① 韩旭东.警惕超高速武器研发加剧军备竞争[J].半月谈,2014,(19).
② 阿南.美将严重网络入侵视为"战争"[N].广州日报,2011-06-07.
③ 林昊.斯洛登:美国要打网络战[N].北京晚报,2015-01-22.
④ 逯海军.美军抢先制定网络战规则[N].中国青年报,2013-05-24.

术支持团队共同构成。此外,还将2000名现役军人作为储备力量。①

(二)美国单边主义立场对全球网络秩序的消极影响

1. 损害他国网络主权

为维持本国在网络空间的霸主地位,实现整个网络空间隶属于美国单一主权掌控之下的目标,美国极力宣扬网络是无国界的、声称不应存在网络主权,以此淡化他国民众心中的网络主权。事实上,网络主权是国家主权在网络空间的延伸,是主权国家抵制外部网络入侵和攻击、维护本国互联网健康发展、保卫本国互联网发展权益的根本法理依据。2003年《日内瓦原则宣言》和2005年《信息社会突尼斯日程》均有类似"网络主权已经成为国际社会真实而客观的实践"的表述。② 2013年召开的第六次联合国大会决议明确指出:"国家主权和源自主权的国际规范和原则适用于国家进行的信息通讯技术活动,以及国家在其领土内对信息通讯技术基础设施的管辖权。"③美国领导人就此多次发表有关"网络自由"主题的演说,指责"网络主权"是压制网络信息自由流动的"恶神",是主权国家为管制网络的借口。同时,美国的《网络空间国际战略》强调:"美国将继续确保网络的全球属性带来的益处,反对任何试图将网络分裂为一个个剥夺个体接触外部世界的国家内部网络的努力。"④有人撰文认为,美国推崇的"网络自由"实质是特定国家或者国家集团的一种地缘战略工具,华盛顿版本的互联网自由实际上是"死亡之吻"。⑤ 美国否认"网络主权"的真实意图是利用自身掌握的互联网关键技术和资源,为控制他国政治、经济、文化、军事等方面的网络信息中枢系统扫清障碍,其实质是不惜牺牲他国的网络主权以扩充自身网络主权的管辖范围,维护自身在网络空间的"霸主"地位。

2. 削弱联合国在国际互联网治理中的地位

美国布鲁金斯学会对外政策研究所所长理查德·哈斯说:"安理会只不过是一个可以利用的讨论场所……显然,我们应当有能力在没有得到联合国许可的情况下使用武力。"⑥这是美国政治外交中单边主义倾向的突出反映。在全球网络空间治理中,美国为将网络空间的一切事务纳入自己的势力范围,从而主导整个网络空间,反对赋予国际组织治理网络空间的实质性权力,

---

① 华政.美军已建成超过100支网络部队[N].人民日报,2016-04-07.
② 支振锋.网络主权植根于现代法理[N].光明日报,2015-12-17.
③ 麻晓超.网络主权是国家主权的自然延伸[N].人民日报,2014-06-24.
④ 阚道远.美国"网络自由"战略评析[J].现代国际关系,2011,(8).
⑤ 沈逸.网络空间国家主权的理论与实践[N].21世纪经济报道,2016-01-11.
⑥ 琴星.网络时代的军事安全[M].郑州:中原农民出版社,2000:35.

阻碍国际网络行为准则的形成,这势必削弱联合国在国际互联网治理中的地位,不利于网络弱国借助联合国力量维护自身的网络权益。

一是反对由联合国接管互联网域名的分配权。互联网域名是用于解决IP地址对应问题的一种技术方法,决定着电脑能否顺利寻找网络和发送电子邮件。互联网域名的分配权即是对"."后面的"com"和"org"等后缀的控制权,可以说谁控制了域名的分配权谁就控制了互联网。作为互联网发源地,美国自20世纪60年代起将互联网域名交予南加州大学计算机科学教授乔恩·波斯特尔(Jon Postel),由他代表美国国防部高级研究计划局对互联网域名进行管理。随着互联网域名分配权至关重要性的凸显,许多国家认为应当由联合国专管国际电信业务的国际电信联盟(ITU)接管互联网域名分配权。美国以保障互联网的开放性为由,反对由国际电信联盟掌控互联网域名分配权,于1998年10月新设互联网名称与数字地址分配机构管理。虽然国际互联网名称和编号分配公司成立时定性为非营利组织,但该公司15名董事会成员只受美国加州检察官和美国法律的管辖,这导致国际互联网名称和编号分配公司受美国政府控制,加之各国政府为使用顶级域名每年需要向国际互联网名称和编号分配公司缴纳巨额的授权费,因而颇受其他国家非议。在2007年召开的互联网管理论坛上,巴西文化部长吉尔伯特-吉尔(Gilberto Gil)指出:"互联网是国际的,它不应当被一个国家权力所控制或服从于少数几个国家。互联网应该成为大家共同的资源。"①针对巴西等国代表的质疑,美国锡拉丘兹大学教授米尔顿-米勒(Milton Mueller)承认,尽管危急的互联网资源成了全球性的管理问题,但域名应该依靠类似于国际互联网名称和编号分配公司的机构来管理,而不能由联合国干预。② 各国抗议美国管理互联网的呼声一直持续高涨,尤其在斯诺登披露美国国家安全局实施棱镜计划、对互联网通信进行广泛电子监听这一事件得以证实后,爆发出更为强烈的抗议声。奥巴马政府为缓和国家局势,宣布国际互联网名称和编号分配公司脱离美国的管控。2016年3月10日,国际互联网名称和编号分配公司低调向美国政府提交计划,准备脱离与美国政府的联系,随后遭到美国共和党总统候选人泰德·科鲁兹与两名参议员的"开火",他们以公开信形式质疑国际互联网名称和编号分配公司脱离美国控制可能带来的风险。美国电子商务贸易集团执行主管史蒂夫·德尔·比安科表示,这场风暴可能会带来严重的损

---

① 中国互联网违法和不良信息举报中心.巴西:互联网域名分配权不应该只由美国控制[EB/OL]. http://net.china.com.cn/ywdt/txt/2007-11/14/content_1882830.htm.
② 同①.

害,考虑到世界各地正在发生的网络限制,将国际互联网名称和编号分配公司转移联合国控制,可能减少互联网的隐私和自由表达。可见,美国的政务界与商务界依然不愿放弃对互联网域名的控制权,也坚决反对联合国接管互联网域名的分配权。

二是反对由联合国发布国际互联网的准则。近年来,黑客攻击、病毒泛滥、垃圾邮件、恶意软件等带来的网络安全问题日益突出,威胁世界各国尤其是发展中国家的政治、经济、社会、文化和国防的安全,已经引起国际社会的普遍关注,呼吁制定国际互联网准则、规范网络社会活动主体行为、维护国际互联网空间公共秩序的声音日益高涨。早在2011年,中国、俄罗斯、塔吉克斯坦、乌兹别克斯坦常驻联合国代表就向联合国提交了四国共同起草的"信息安全国际行为准则",并联名致函联合国秘书长潘基文,请求将上述准则作为第66届联大正式文件散发,由各国在联合国框架内展开讨论,以期在规范网络空间行为达成共识的基础上,尽早以联合国名义发布各国共同遵守的"信息安全国际行为准则"。然而,美国对此新提议并不愿意接受。随后,由国际电信联盟主办的世界电信大会于2012年12月在阿联酋迪拜召开,此次大会的主要议程之一是修改《国际电信规则》,修改中较为充分地关注到了发展中国家在未来国际电信运营环境中的地位,将"成员国拥有接入国际电信业务的权利"写入条文。《国际电信规则》的修订获得89个国际电信联盟成员的认可,但遭到美国及其盟国的抵制,他们拒绝在新条约上签字。无论是对"信息安全国际行为准则",还是对《国际电信规则》的新修订,美国均持否定态度。美国代表团团长特里·克莱默说:"有些提案建议国际电信联盟监管互联网内容。还有一些建议称政府应该管理互联网,监管内容包括人们在看什么,在说什么。这从根本上违反了民主理念和个人自由,我们将全力反对……我们不会支持任何为方便内容审查或阻止信息和思想自由流动而拓宽国际电信规则范围的努力。"①

3. 破坏全球网络社会秩序的健康发展

美国无视他国的网络安全,甚至炮制他国为假想敌,以扩充自己的网络军事力量。美国认为自身受到的网络攻击来自中国和俄罗斯。自2001年中美撞机事件后对外宣称中国的黑客不断对美国民用、政府和军事网络实施攻击,甚至炮制出"解放军在上海的一支部队很可能对全球逾140家公司发

---

① 方晓.网络监管"搅乱"国际电信大会[N].东方早报,2012-12-04.

起为期6年的持续不断的黑客攻击"的谣言。① 美国这样做的真实目的一方面在于说服国内民众,为扩充网络部队争编制、争地位、争经费;另一方面是为自身扩充网络部队营造国际舆论声势。美国网络部队的迅速崛起,使其他国家不得不加强军备,纷纷效仿美国建立和扩充网络部队。英国国防部宣称2012年拦截针对政府安全内网发起的高级别恶意攻击超过40万次,国防大臣哈蒙德随后声称将越来越多的国防预算用在计算机系统以及复杂的软件工具上,宣布英国国防部将组建一支联合网络预备役部队,让信息技术专家与军事专家通力合作,共同担负起国防的重任,同时招募即将退役的军人、前预备役部队成员甚至被执法人员抓获的网络黑客。② 日本早在2001年就提出"电子日本"战略,拨付大笔经费投入网战部队建设,分别建立"计算机系统通用平台"和"防卫信息通信平台",以促进自卫队各机关与部队网络系统的资源共享和相互交流,并于2011年建立起规模达5000人的"网络空间防卫队",致力于研制开发网络防御系统和网络作战"进攻武器",其网络作战"进攻武器"包括电脑病毒和新研发的专用木马。随后,日本防务省于2014年3月正式建立网络空间防御部队,2015年5月组建"网络安全战略本部",并出台最新的《网络安全战略》,2016年4月初又成立"网络安全对策总部"③。韩国2010年1月成立隶属于国防部情报本部的网络司令部,同年3月在司令部下新设网络防护小组,4月将网络司令部改为直属于国防部并设置了参谋作战部门,同时注重对网络部队的人才培养,设立了网络国防研究中心。随着各国网络部队的建立、网络军队规模的扩充、网络战技术的研发、网络战演习的频次的增加,网络战处于一触即发的状况,危及全球网络社会秩序的稳定与发展。仅2011年一年,美国对中国、俄罗斯等国就发起了231次网络攻击。2012年,中国国防部网和中国军网遭受的境外攻击中,来自美国的攻击占62.9%。④

(三)我国应对美国网络单边主义的主要对策

作为世界网络大国,中国正在为推进构建多边、民主、透明的国际互联网治理体系积极努力。互联网名称与数字地址分配机构总裁法迪·切哈德说:"中国不仅着眼于自身的发展,也在积极改变世界互联网,让所有人都感到中

---

① [英]丹尼尔·托马斯.中国反击网络战指控[N].金融时报,2013-03-01.
② 刘石磊.国家安全与商业安全并重的英国网络战略[N].曲靖日报,2013-08-13.
③ 南建阳.日本强化网络部队仅仅是为搞好东京奥运安保吗[EB/OL].http://military.people.com.cn/n1/2016/0420/c1011-28290669-2.html.
④ 张锡.国防部网月均受境外攻击超14万次,6成来自美国[EB/OL].http://news.youth.cn/jsxw/201302/t20130228_2920379.htm.

国的担当。"①习近平强调:"国际网络空间治理应该坚持多边参与,由大家商量着办,发挥政府、国际组织、互联网企业、技术社群、民间机构、公民个人等各个主体作用,不搞单边主义,不搞一方主导或由几方凑在一起说了算。"②针对美国网络单边主义,我国既要积极开展网络治理的国际合作,也要努力维护好国内的网络社会秩序。

1. 支持联合国在国际网络空间治理中的地位

联合国是由主权国家组成的国际组织,在促进国际安全、经济发展、社会进步、实现世界和平方面发挥着重要作用。当前,全球网络社会发展与全球经济发展一样,呈现以美国为首的网络发达国家与网络落后国家之间的差距悬殊。就互联网网民普及率而言,10年前美国的普及率接近70%,远领先于欧洲和中亚地区的40%,更领先于世界均值不足12.7%的互联网普及率;③2015年国际电信联盟提供的数据显示,发展中国家的家庭宽带接入率仍保持在31.2%的低水平,而非洲地区仅有10%的家庭接入互联网。④ 面对美国网络单边主义形成的强威,联合国的协调与促进能为网络弱国维护网络空间利益发挥重要作用。中国是联合国安全理事会常任理事国,一直致力于维护国际社会的安全和促进世界的和平与发展,主张应发挥联合国在国际互联网治理中的主导作用。早在2010年,中国国务院新闻办公室发布的《中国互联网状况》白皮书就表明,中国主张在联合国框架下建立互联网国际管理机构,依据国际公认的准则对互联网实施管理。⑤

中国的主张得到了广大网络发展中国家及部分网络发达国家的赞同,接下来需要进一步与其他国家一道商讨互联网国际管理机构以何种方式筹建、如何保障互联网国际管理机构的权威性与公正性以及互联网国际管理机构的具体职权职责等重大问题。其一,在筹建方式上,应当强调互联网国际管理机构必须通过民主程序产生,不能由几个网络强国凑在一起说了算,更不能在一方主导下建立,而应当由所有国家在联合国框架下共同商议筹建。其二,在维护权威性与公正性方面,应当强调互联网国际管理机构不得受控于某个网络强国或几个网络强国;在处理国际网络事务时,互联网国际管理机构应遵循公开、公正、公平的原则,同时注意保护网络弱国的合法权益,促进

---

① 曹磊.健康有序的市场竞争有利于社会效率提升[N].春城晚报,2014-11-24.
② 温婷.习近平:五项主张共建网络空间"命运共同体"[N].上海证券报,2015-12-16.
③ 胡启恒.不要忘记互联网在我国的普及率只有8%[J].中国信息界,2006,(8).
④ 翟琦.联合国报告:全球还有42亿人用不上互联网[N].第一财经日报,2015-10-15.
⑤ 中华人民共和国国务院新闻办公室.中国互联网状况[N].人民日报(海外版),2010-06-09.

网络弱国的发展。其三,在确定职权职责方面,应根据国际互联网发展的形势,强调互联网国际管理机构的主要职责应包括以下几方面:一是分配国际互联网基础资源。互联网基础资源是包括 IP 地址、域名、网站、网络国际出口带宽等资源的统称,其合理分配关系着国际互联网的发展与安全。要削减美国单边主义对国际互联网秩序的消极影响,扭转由美国控制网络基础资源的局面,支持互联网国际管理机构在各国协商参与下构建一个公开透明的资源分配体系,对互联网基础资源进行合理分配,促进全球互联网均衡发展。二是协调各主权国家间网络纠纷。近些年来,一些网络强国凭借自身的网络资源与技术优势对他国进行网络监控与网络攻击,通过网络平台向他国输入自身意识形态以干预输入国的网络舆论环境,严重威胁着他国的国家安全与社会稳定,进而破坏国际网络秩序的构建。互联网国际管理机构应建立起纠纷解决平台,对恣意侵犯他国网络主权、破坏国际网络秩序的主权国家进行制裁。三是承担打击网络恐怖主义的国际责任。网络恐怖主义将信息技术作为武器,通过对预定国的网络进行攻击,破坏目标国的政治稳定、经济安全与社会秩序,其破坏程度远高于传统使用常规手段进行威胁的恐怖主义,甚至被认为是仅次于核武器、生化武器的第三大全球性威胁因素。面对网络恐怖主义的威胁,仅仅依靠安理会和国际刑警组织的力量显然不足以有效打击,需要互联网国际管理机构统筹协调,组织各国力量共同参与打击网络恐怖主义。四是制定与完善国际互联网管理的法规体系。完善的国际互联网管理法规体系既是防范网络强国单边主义政策损害他国利益的需要,也是协调国家参与国际网络治理、打击网络犯罪的需要。在中国等国家提交的"信息安全国际行为准则"草案中,维护信息和网络安全的基本原则涵盖政治、经济、社会、军事、文化、技术等各方面,可以作为制定国际互联网信息安全管理法规的参考蓝本。

2. 有效开展网络社会治理的国际合作

从全球互联网领域的格局看,尽管少数国家奉行单边主义政策很难撼动,但各国应当积极行动,加强国际合作,共同突破单边主义的局限性,争取互联网平等发言权,共同维护网络安全,构建和平、安全、开放、合作的网络空间,建立多边、民主、透明的国际互联网治理体系。[①] 通过举办世界互联网大会、参与国际互联网治理论坛、参与打击国际网络犯罪等活动,中国积极呼吁

---

① 宋煦冬.习近平向首届世界互联网大会致贺词强调:共同构建和平、安全、开放、合作的网络空间,建立多边、民主、透明的国际互联网治理体系[N].人民日报,2014-11-20.

各国开展互联网治理合作,并以实际行动推动互联网治理的国际合作。面对网络安全问题复杂化程度加深、美国网络治理单边主义政策危害程度加大的局面,中国应进一步努力促进网络社会治理的国际合作,为国际互联网的健康发展做出贡献。

一是继续支持网络落后国家发展网络基础资源。加强信息基础设施建设,不断缩小网络落后国家与网络发达国家之间的信息鸿沟,是保障各国开展网络国际合作进行平等对话的物质基础。中国在实施"一带一路"战略、推进沿线智慧城市建设过程中,可以通过投资和技术支持等方式帮助沿线网络落后国家发展信息基础设施;对于互联网普及相对落后的非洲,中国政府可以发挥贷款、税收等优惠政策的杠杆作用,继续鼓励中国企业到非洲投资,促进非洲宽带普及率的迅速提升。

二是开展打击跨国网络犯罪的国际合作。基于互联网的开放性与全球化,网络犯罪呈现鲜明的跨国特性。我国公安部统计的数据显示,针对我国境内网民实施犯罪的诈骗网站、钓鱼网站、赌博网站,90%以上的服务器位于境外。[1] 面对愈演愈烈的跨国网络犯罪,单凭一国力量显然无法实现有效打击,只有开展国际合作,才是防范与打击网络犯罪的必由之路。尽管我国目前已经与德国、英国等20多国建立了双边警务合作关系,也与韩国、日本等国联合建立了亚洲计算机犯罪互联网络,还依托上海合作组织与各成员国建立了网络犯罪侦查取证协作机制,但仍需与更多国家和地区开展更深层次的国际合作,尤其在简化取证审批程序、共同实施取证、互通网络监测技术方面,需要进一步开展国际交流与沟通,共谋治理方式,共同维护网络环境的安全与稳定。

3. 提升国内网络社会治理能力

中国互联网已经成为全球第一大网,网民人数位居世界第一,联网区域也最广泛。中国互联网空间的治理关乎全球互联网秩序的稳定和发展,是国际互联网治理的重要组成部分。网络信息时代,主权国家政府的网络治理能力强弱,已经成为衡量一个国家综合国力和民族生存能力的重要标准。我国要应对美国网络单边主义治理外交政策带来的新挑战,承担起网络大国维护国际互联网秩序的责任,必须提升网络治理能力。

一是提升网络治理的法治化水平。提升网络治理的法治化水平,是疏解网民利益冲突、防控网络犯罪行为、维护网络社会稳定的根本路径。法治对

---

[1] 李丹丹. 公安部:逾九成诈骗、钓鱼、赌博网络服务器在境外[N]. 新京报,2015 - 09 - 14.

网络谣言、网络赌博、网络洗钱、网络诈骗等网络犯罪行为的肆意横行不仅有威慑作用,而且为国家机关治理网络公共领域提供制度保障;法治对网络空间的价值冲突与利益矛盾不仅提供解决问题的有效渠道,而且有助于各利益主体实现网络行为的自我约束。习近平针对网络立法问题明确要求:"要抓紧制定立法规划,完善互联网信息内容管理、关键信息基础设施保护等法律法规,依法治理网络空间,维护公民合法权益。"①针对网络社会出现的新情况、新问题,我国政府既要完善现有《刑法》《治安管理处罚法》等立法,实现对网络违法犯罪的有效防控与打击,也要尽快出台调控网络社会秩序的专门立法,尤其应当注重推动《网络安全法》《网络信息传播法》等法律法规的立法进程,实现网络社会治理在立法框架内的有序推进。

二是构建网络社会多元主体合作共治的机制。所谓治理,"就其构成而言,是由开放的公共管理元素与广泛的公民参与元素整合而成","实质上是将不同公民的偏好意愿转化为有效的政策选择的方法手段"。② 网络社会的数字化、开放性、互动性以及匿名性,决定了网络社会治理光靠严密的立法和政府部门的强威无法获得理想的效果,还必须依靠广大网民、网络社会组织等社会力量的鼎力相助,构建起政府主导、社会力量积极参与的多元主体合作共治机制。为保障这一机制的有效运转,亟须注重解决以下三个方面的问题:(1)政府把握好自身在网络社会治理中的地位。政府必须认识到,网络社会治理由政府大包大揽是行不通的,政府主要发挥的是引领作用,具体体现为主持制定维护网络社会秩序的法律法规,运用法律法规对违法犯罪者追究法律责任,大力宣扬社会主义核心价值观,鼓励网民和网络社会组织自律。(2)政府应保障网络治理的互动透明度。多元主体合作共治的前提是要实现网络治理主体间的信息互动交流。政府拥有专门的网络管理机构和专业的网络管理人员,凭借行政权的优势,掌握着大量的信息资源,只有依法实现信息公开,才能取得社会信任与支持,实现社会力量有效参与和共同治理。(3)政府激发社会力量参与网络社会治理的热情。政府既要重视网民和社会组织的诉求,及时解决他们提出的问题,让他们真正体会自身在网络社会治理中的主体作用,从而增强他们对自身网络社会治理主体的认同感;也要通过教育、宣传等多种方式,提升网民的网络自律意识和网络治理能力。

---

① 罗宇凡.开启中国互联网发展新时代——中国网信事业创造新成就取得新进展[N].浙江日报,2015-12-16.

② 罗豪才,宋功德.公域之治的转型——对公共治理与公法互动关系的一种透视[J].中国法学,2005,(5).

三是强化网络治理的科学技术水平。网络依靠科学技术的发展而形成，网络治理也必须依赖科技力量，这样才能保障网络社会治理的针对性、科学性和有效性。以"大数据技术"为例，要能够"在碎片化信息中建构主动搜索引擎，实现网络用户个人信息、痕迹数据的全景式汇聚，从而可以准确地刻画出每个网民的网络肖像，实现对网络的精准化管理"[①]。因此，政府应当始终秉持创新观念，培育网络技术的专业人才队伍，引导网络治理关键技术的开发利用。一方面，政府依靠自身力量提升网络治理技术水平。无论是网络谣言、网络色情、网络病毒、网络黑客等破坏网络环境的信息，还是网络洗钱、网络赌博、网络诈骗等网络违法犯罪行为的信息，抑或是引发网络突发事件、西方敌对势力实施网络渠道的思想渗透与颠覆活动的信息，如果负责网络治理的相关部门能尽早且全面掌握，就能拥有主动权加以调控，否则将导致公民、组织合法权益遭受严重损害，社会秩序稳定受到严重破坏。要保障上述相关网络信息的有效获取，政府组织技术人员研发完善的网络治理监测信息系统（包括互联网信息采集系统、互联网信息分析系统、互联网数据管理系统等子系统）显得尤为重要。同时，政府应适应网络社会发展需要，加快网络技术研发人员和网络信息采集与分析等技术人员的培育。另一方面，政府依靠社会力量提升网络治理技术水平。政府力量毕竟是有限的，存在互联网信息的监测方面的技术设备不健全、技术人才匮乏等不利因素，需要发挥社会组织的补充功能。当前，在我国一些专门从事网络资源搜集和互联网信息技术的研发、利用、生产、贮存、传递和营销信息商品的企业拥有先进的网络监测技术和网络专业人才，政府可采取政策优待、资金扶持等方式，充分发挥这些企业和人才在网络治理中的优势作用。

---

① 翟云.网络舆情治理的未来愿景、现实困境与实现路径[J].行政管理改革,2015,(1).

附　录

附录1　《国务院办公厅关于进一步加强政府信息公开回应社会关切提升政府公信力的意见》

（国办发〔2013〕100号）

各省、自治区、直辖市人民政府，国务院各部委、各直属机构：

依法实施政府信息公开是人民政府密切联系群众、转变政风的内在要求，是建设现代政府，提高政府公信力，稳定市场预期，保障公众知情权、参与权、监督权的重要举措。《中华人民共和国政府信息公开条例》施行以来，政府信息公开迈出重大步伐，取得显著成效。随着互联网技术的迅猛发展和信息传播方式的深刻变革，社会公众对政府工作知情、参与和监督意识不断增强，对各级行政机关依法公开政府信息、及时回应公众关切和正确引导舆情提出了更高要求。与公众期望相比，当前一些地方和部门仍然存在政府信息公开不主动、不及时，面对公众关切不回应、不发声等问题，易使公众产生误解或质疑，给政府形象和公信力造成不良影响。为进一步做好政府信息公开工作，增强公开实效，提升政府公信力，经国务院同意，现提出以下意见。

一、进一步加强平台建设

（一）进一步加强新闻发言人制度建设。要以主动做好重要政策法规解读、妥善回应公众质疑、及时澄清不实传言、权威发布重大突发事件信息为重点，切实加强政府新闻发言人制度建设，提升新闻发言人的履职能力，完善新闻发言人工作各项流程，建立重要政府信息及热点问题定期有序发布机制，让政府信息发布成为制度性安排。国务院新闻办公室要围绕国务院常务会议等重要会议内容、国务院重点工作、公众关注热点问题，及时组织新闻发布会，把国务院新闻办公室新闻发布厅建设成中央政府重要信息发布的主要场所。与宏观经济和民生关系密切以及社会关注事项较多的相关职能部门，主要负责同志原则上每年应出席一次国务院新闻办公室新闻发布会，新闻发言人或相关负责人至少每季度出席一次。国务院各部门要建立健全例行新闻发布制度,利用新闻发布会、组织记者采访、答记者问、网上访谈等多种形式发布信息,增强信息发布的实效;与宏观经济和民生关系密切以及社会关注事项较多的相关职能部门,要进一步增加发布的频次,原则上每季度至少举办一次新闻发布会。各省(区、市)人民政府要建立政府主要负责同志依托新闻发布平台和新媒体发布重要信息的制度,并指导本级政府各部门和市、县级政府加强新闻发布工作,进一步增强信息发布的权威性、时效性,更好地回应公众关切。

（二）充分发挥政府网站在信息公开中的平台作用。各地区各部门要进一步加强政府网站建设和管理,通过更加符合传播规律的信息发布方式,将政府网站打造成更加及时、准确、公开透明的政府信息发布平台,在网络领域传播主流声音。加强政府信息上网发布工作,对各类政府信息,依照公众关注情况梳理、整合成相关专题,以数字化、图表、音频、视频等方式予以展现,使政府信息传播更加可视、可读、可感,进一步增强政府网站的吸引力、亲和力。涉及群众切身利益的重要决策,要在政府网站公开征求意见;重要政策法规出台后,要针对公众关切,及时通过政府网站发布政策法规解读信息,加强解疑释惑;对涉及政务活动的重要舆情和公众关注的社会热点问题,要积极予以回应,及时通过政府网站发布权威信息,讲清事实真相、有关政策措施以及处理结果等,地方政府和部门负责同志应主动到政府网站接受在线访谈。拓展政府网站互动功能,围绕政府重点工作和公众关注热点,通过领导信箱、公众问答、网上调查等方式,接受公众建言献策和情况反映,征集公众意见建议。完善政府网站服务功能,及时调整和更新网上服务事项,确保公众能够及时获得便利的在线服务。加强政府网站数据库建设,逐步整合交通、社保、医疗、教育等公共信息资源,以及投资、生产、消费等经济领域数据,方便公众查询。

（三）着力建设基于新媒体的政务信息发布和与公众互动交流新渠道。各地区各部门应积极探索利用政务微博、微信等新媒体,及时发布各类权威政务信息,尤其是涉及公众重大关切的公共事件和政策法规方面的信息,并充分利用新媒体的互动功能,以及时、便捷的方式与公众进行互动交流。开通政务微博、微信要加强审核登记,制定完善管理办法,规范信息发布程序及公众提问处理答复程序,确保政务微博、微信安全可靠。

此外,要进一步加强政府热线电话建设和管理,清理整合有关电话资源,确保热线电话有人接,能及时答复公众询问。

二、加强机制建设

（四）健全舆情收集和回应机制。各地区各部门要建立健全舆情收集、研判和回应机制，密切关注重要政务相关舆情，及时敏锐捕捉外界对政府工作的疑虑、误解，甚至歪曲和谣言，加强分析研判，通过网上发布消息、组织专家解读、召开新闻发布会、接受媒体专访等形式及时予以回应，解疑释惑，澄清事实，消除谣言。回应公众关切要以事实说话，避免空洞说教，真正起到正面引导作用。有关主管部门要进一步加大网络舆情监测工作力度，重要舆情形成监测报告，及时转请相关地方和部门关注、回应。

（五）完善主动发布机制。各地区各部门要围绕党和政府中心工作，针对公众关切，主动、及时、全面、准确地发布权威政府信息，特别是政府重要会议、重要活动、重要决策部署，经济运行和社会发展重要动态，重大突发事件及其应对处置情况等方面的信息，以增进公众对政府工作的了解和理解。对发布的政府信息，要依法依规做好保密审查，涉及其他行政机关的，应与有关行政机关沟通确认，确保发布的政府信息准确一致。统筹运用新闻发言人、政府网站、政务微博微信等发布信息，充分发挥广播电视、报刊、新闻网站、商业网站等媒体的作用，扩大发布信息的受众面，增强影响力。

（六）建立专家解读机制。重要政策法规出台后，各地区各部门要及时组织专家通过多种方式做好科学解读，让公众更好地知晓、理解政府经济社会发展政策和改革举措。有关部门可根据工作需要，组建政策解读的专家队伍，提高政策解读的针对性、科学性、权威性和有效性，让群众"听得懂"、"信得过"。

（七）建立沟通协调机制。各地区各部门要加强与新闻宣传部门、互联网信息内容主管部门以及有关新闻媒体的沟通联系，建立重大政务舆情会商联席会议制度，建立政务信息发布和舆情处置联动机制，妥善制定重大政务信息公开发布和传播方案，共同做好政府信息发布和舆论引导工作。

三、完善保障措施

（八）加强组织领导。各地区各部门要把做好政府信息公开、提高信息发布实效摆上重要工作日程，做到政府经济社会政策透明、权力运行透明，让群众看得到、听得懂、能监督，不断把人民群众的期盼融入政府决策和工作之中，努力增强提升政府公信力、社会凝聚力的"软实力"。地方政府和部门主要负责人要亲自过问，分管负责人要直接负责，逐级落实责任，确保各项工作措施落实到位。要加强工作机构建设,已经设置专门机构的,要加强力量配置,把专业水平高、责任心强的人员配置到关键岗位,特别是要选好配强新闻发言人;尚未设置专门机构的,要明确专人负责,确保在应对重大突发事件以及社会热点事件时不失声、不缺位,有条件的应尽快成立专门机构,保障必要的工作经费。同时,要为信息公开工作人员、新闻发言人、政府网站工作人员、政务微博微信相关人员参加重要会议、掌握相关信息提供便利条件。

(九)加强业务培训。各地区各部门要建立培训工作常态化机制,经常组织开展面向信息公开工作人员、新闻发言人、政府网站工作人员、政务微博微信相关人员等的专业培训,及时总结交流经验,不断提高相关人员的政策把握能力、舆情研判能力、解疑释惑能力和回应引导能力。有关部门要把政府信息公开工作列为公务员培训内容,进一步加大培训力度,扩大培训范围。

(十)加强督查指导。国务院办公厅和国务院新闻办公室、国家互联网信息办公室要协同加强对政府新闻发言人制度、政府网站、政务微博微信等平台建设和管理工作的督查和指导,进一步完善相关措施和管理办法,加强工作考核,加大问责力度,定期通报有关情况,切实解决存在的突出问题,确保平台建设和机制建设的各项工作落实到位。

国务院办公厅
2013年10月1日

附录2 国务院办公厅关于在政务公开工作中进一步做好政务舆情回应的通知

(国办发〔2016〕61号)

各省、自治区、直辖市人民政府,国务院各部委、各直属机构:

近年来,随着互联网的迅猛发展,新型传播方式不断涌现,政府的施政环境发生深刻变化,舆情事件频发多发,加强政务公开、做好政务舆情回应日益成为政府提升治理能力的内在要求。经过多年努力,各地区各部门政务公开和舆情回应工作取得较大进展,发布、解读、回应衔接配套的政务公开工作格局基本形成。但是,与互联网对政府治理的要求相比,与人民群众的期待相比,一些地方和部门仍存在工作理念不适应、工作机制不完善、舆情回应不到位、回应效果不理想等问题。为进一步做好政务舆情回应工作,经国务院同

意,现就有关事项通知如下:

一、进一步明确政务舆情回应责任。各级政府及其部门要高度重视政务舆情回应工作,切实增强舆情意识,建立健全政务舆情的监测、研判、回应机制,落实回应责任,避免反应迟缓、被动应对现象。对涉及国务院重大政策、重要决策部署的政务舆情,国务院相关部门是第一责任主体。对涉及地方的政务舆情,按照属地管理、分级负责、谁主管谁负责的原则进行回应,涉事责任部门是第一责任主体,本级政府办公厅(室)会同宣传部门做好组织协调工作;涉事责任部门实行垂直管理的,上级部门办公厅(室)会同宣传部门做好组织协调工作。对涉及多个地方的政务舆情,上级政府主管部门是舆情回应的第一责任主体,相关地方按照属地管理原则进行回应。对涉及多个部门的政务舆情,相关部门按照职责分工做好回应工作,部门之间应加强沟通协商,确保回应的信息准确一致,本级政府办公厅(室)会同宣传部门做好组织协调、督促指导工作,必要时可确定牵头部门;对特别重大的政务舆情,本级政府主要负责同志要切实负起领导责任,指导、协调、督促相关部门做好舆情回应工作。

二、把握需重点回应的政务舆情标准。各地区各部门需重点回应的政务舆情包括:对政府及其部门重大政策措施存在误解误读的、涉及公众切身利益且产生较大影响的、涉及民生领域严重冲击社会道德底线的、涉及突发事件处置和自然灾害应对的、上级政府要求下级政府主动回应的政务舆情等。舆情监测过程中,如发现严重危害社会秩序和国家利益的造谣传谣行为,相关部门在及时回应的同时,应将有关情况和线索移交公安机关、网络监管部门依法依规进行查处。

三、提高政务舆情回应实效。对涉及特别重大、重大突发事件的政务舆情,要快速反应、及时发声,最迟应在24小时内举行新闻发布会,对其他政务舆情应在48小时内予以回应,并根据工作进展情况,持续发布权威信息。对监测发现的政务舆情,各地区各部门要加强研判,区别不同情况,进行分类处理,并通过发布权威信息、召开新闻发布会或吹风会、接受媒体采访等方式进行回应。回应内容应围绕舆论关注的焦点、热点和关键问题,实事求是、言之有据、有的放矢,避免自说自话,力求表达准确、亲切、自然。通过召开新闻发布会或吹风会进行回应的,相关部门负责人或新闻发言人应当出席。对出面回应的政府工作人员,要给予一定的自主空间,宽容失误。各地区各部门要适应传播对象化、分众化趋势,进一步提高政务微博、微信和客户端的开通率,充分利用新兴媒体平等交流、互动传播的特点和政府网站的互动功能,提升回应信息的到达率。建立与宣传、网信等部门的快速反应和协调联动机制,加强与有关媒体和网站的沟通,扩大回应信息的传播范围。

四、加强督促检查和业务培训。各地区各部门要以政务舆情回应制度、回应机制、回应效果为重点,定期开展督查,切实做到解疑释惑、澄清事实,赢得公众理解和支持。进一步加大业务培训力度,利用2年时间,国务院新闻办牵头对各省(区、市)人民政府、国务院各部门分管负责同志和新闻发言人轮训一遍,各省(区、市)新闻办牵头对省直部门、市县两级政府的分管负责同志和新闻发言人轮训一遍,切实增强公开意识,转变理念,提高发布信息、解读政策、回应关切的能力。

五、建立政务舆情回应激励约束机制。各地区各部门要将政务舆情回应情况作为政务公开的重要内容纳入考核体系。各级政府办公厅(室)要定期对政务舆情回应的经验做法进行梳理汇总,对先进典型以适当方式进行推广交流,发挥好示范引导作用;对工作落实好的单位和个人,按照有关规定进行表彰。要建立政务舆情回应通报批评和约谈制度,定期对舆情回应工作情况进行通报,对工作消极、不作为且整改不到位的单位和个人进行约谈;对不按照规定公开政务,侵犯群众知情权且情节较重的,会同监察机关依法依规严肃追究责任。

国务院办公厅
2016 年 7 月 30 日

附录3 《关于全面推进政务公开工作的意见》实施细则
(国办发〔2016〕80 号)

为贯彻落实中共中央办公厅、国务院办公厅《关于全面推进政务公开工作的意见》要求,进一步推进决策、执行、管理、服务、结果公开(以下统称"五公开"),加强政策解读、回应社会关切、公开平台建设等工作,持续推动简政放权、放管结合、优化服务改革,制定本实施细则。

一、着力推进"五公开"

(一)将"五公开"要求落实到公文办理程序。行政机关拟制公文时,要明确主动公开、依申请公开、不予公开等属性,随公文一并报批,拟不公开的,要依法依规说明理由。对拟不公开的政策性文件,报批前应先送本单位政务公开工作机构审查。部门起草政府政策性文件代拟稿时,应对公开属性提出明确建议并说明理由;部门上报的发文请示件没有明确的公开属性建议的,或者没有依法依规说明不公开理由的,本级政府办公厅(室)可按规定予以退文。

(二)将"五公开"要求落实到会议办理程序。各地区各部门要于2017年底前,建立健全利益相关方、公众代表、专家、媒体等列席政府有关会议的制度,增强决策透明度。提交地方政府常务会议和国务院部门部务会议审议的重要改革方案和重大政策措施,除依法应当保密的外,应在决策前向社会公布决策草案、决策依据,广泛听取公众意见。对涉及公众利益、需要社会广泛知晓的电视电话会议,行政机关应积极采取广播电视、网络和新媒体直播等形式向社会公开。对涉及重大民生事项的会议议题,国务院部门、地方各级行政机关,特别是市县两级政府制定会议方案时,应提出是否邀请有关方面人员列席会议、是否公开以及公开方式的意见,随会议方案一同报批;之前已公开征求意见的,应一并附上意见收集和采纳情况的说明。

(三)建立健全主动公开目录。推进主动公开目录体系建设,要坚持以公开为常态、不公开为例外,进一步明确各领域"五公开"的主体、内容、时限、方式等。2017年底前,发展改革、教育、工业和信息化、公安、民政、财政、人力资源社会保障、国土资源、交通运输、环保、住房和城乡建设、商务、卫生计生、海关、税务、工商、质检、安监、食品药品监管、证监、扶贫等国务院部门要在梳理本部门本系统应公开内容的基础上,制定本部门本系统的主动公开基本目录;2018年底前,国务院各部门应全面完成本部门本系统主动公开基本目录的编制工作,并动态更新,不断提升主动公开的标准化规范化水平。

(四)对公开内容进行动态扩展和定期审查。各地区各部门每年要根据党中央、国务院对政务公开工作的新要求以及公众关切,明确政务公开年度工作重点,把握好公开的力度和节奏,稳步有序拓展"五公开"范围,细化公开内容。各级行政机关要对照"五公开"要求,每年对本单位不予公开的信息以及依申请公开较为集中的信息进行全面自查,发现应公开未公开的信息应当公开,可转为主动公开的应当主动公开,自查整改情况应及时报送本级政府办公厅(室)。各级政府办公厅(室)要定期抽查,对发现的应公开未公开等问题及时督促整改。严格落实公开前保密审查机制,妥善处理好政务公开与保守国家秘密的关系。

(五)推进基层政务公开标准化规范化。在全国选取100个县(市、区)

作为试点单位,重点围绕基层土地利用总体规划、税费收缴、征地补偿、拆迁安置、环境治理、公共事业投入、公共文化服务、扶贫救灾等群众关切信息,以及劳动就业、社会保险、社会救助、社会福利、户籍管理、宅基地审批、涉农补贴、医疗卫生等方面的政务服务事项,开展"五公开"标准化规范化试点工作,探索适应基层特点的公开方式,通过两年时间形成县乡政府政务公开标准规范,总结可推广、可复制的经验,切实优化政务服务,提升政府效能,破解企业和群众"办证多、办事难"问题,打通政府联系服务群众"最后一公里"。

二、强化政策解读

(一)做好国务院重大政策解读工作。

国务院部门是国务院政策解读的责任主体,要围绕国务院重大政策法规、规划方案和国务院常务会议议定事项等,通过参加国务院政策例行吹风会、新闻发布会、撰写解读文章、接受媒体采访和在线访谈等方式进行政策解读,全面深入介绍政策背景、主要内容、落实措施及工作进展,主动解疑释惑,积极引导国内舆论,影响国际舆论,管理社会预期。

国务院发布重大政策,国务院相关部门要进行权威解读,新华社进行权威发布,各中央新闻媒体转发。部门主要负责人是"第一解读人和责任人",要敢于担当,通过发表讲话、撰写文章、接受访谈、参加发布会等多种方式,带头解读政策,传递权威信息。对以国务院或国务院办公厅名义印发的重大政策性文件,起草部门在上报代拟稿时,应一并报送政策解读方案和解读材料,并抓好落实。需配发新闻稿件的,文件牵头起草部门应精心准备,充分征求相关部门意见,经本部门主要负责人审签,按程序报批后,由中央主要媒体播发。要充分发挥各部门政策参与制定者和掌握相关政策、熟悉有关领域业务的专家学者的作用,围绕国内外舆论关切,多角度、全方位、有序有效阐释政策,着力提升解读的权威性和针对性。对一些专业性较强的政策,进行形象化、通俗化解读,多举实例,多讲故事。

充分运用中央新闻媒体及所属网站、微博微信和客户端做好国务院重大政策宣传解读工作,发挥主流媒体"定向定调"作用,正确引导舆论。注重利用商业网站以及都市类、专业类媒体,做好分众化对象化传播。宣传、网信部门要加强指导协调,组织开展政策解读典型案例分析和效果评估,不断总结经验做法,督促问题整改,切实增强政策解读的传播力和影响力。

国务院政策例行吹风会是解读重大政策的重要平台,各部门要高度重视,主要负责人要积极参加,围绕吹风会议题,精心准备,加强衔接协调,做到精准吹风。对国际舆论重要关切事项,相关部门主要负责人要面向国际主流媒体,通过集体采访、独家访谈等多种形式,深入阐释回应,进一步提升吹风会实效。遇有重大突发事件和重要社会关切,相关部门主要负责人要及时主动参加吹风会,表明立场态度,发出权威声音。对各部门主要负责人参加国务院政策例行吹风会的情况要定期通报。

(二)加强各地区各部门政策解读工作。

各地区各部门要按照"谁起草、谁解读"的原则,做好政策解读工作。以部门名义印发的政策性文件,制发部门负责做好解读工作;部门联合发文的,牵头部门负责做好解读工作,其他联合发文部门配合。以政府名义印发的政策性文件,由起草部门做好解读工作。解读政策时,着重解读政策措施的背景依据、目标任务、主要内容、涉及范围、执行标准,以及注意事项、关键词诠释、惠民利民举措、新旧政策差异等,使政策内涵透明,避免误解误读。

坚持政策性文件与解读方案、解读材料同步组织、同步审签、同步部署。以部门名义印发的政策性文件,报批时应当将解读方案、解读材料一并报部门负责人审签。对以政府名义印发的政策性文件,牵头起草部门上报代拟稿时应将经本部门主要负责人审定的解读方案和解读材料一并报送,上报材料不齐全的,政府办公厅(室)按规定予以退文。文件公布前,要做好政策吹风解读和预期引导;文件公布时,相关解读材料应与文件同步在政府网站和媒体发布;文件执行过程中,要密切跟踪舆情,分段、多次、持续开展解读,及时解疑释惑,不断增强主动性、针对性和时效性。

对涉及群众切身利益、影响市场预期等重要政策,各地区各部门要善于运用媒体,实事求是、有的放矢开展政策解读,做好政府与市场、与社会的沟通工作,及时准确传递政策意图。要重视收集反馈的信息,针对市场和社会关切事项,更详细、更及时地做好政策解读,减少误解猜疑,稳定预期。

三、积极回应关切

(一)明确回应责任。按照属地管理、分级负责、谁主管谁负责的原则,做好政务舆情的回应工作,涉事责任部门是第一责任主体。对涉及国务院重大政策、重要工作部署的政务舆情,国务院相关部门是回应主体;涉及地方的政务舆情,属地涉事责任部门是回应主体;涉及多个地方的政务舆情,上级政府主管部门是回应主体。政府办公厅(室)会同宣传部门做好组织协调工作。

(二)突出舆情收集重点。重点了解涉及党中央国务院重要决策部署、政府常务会议和国务院部门部务会议议定事项的政务舆情信息;涉及公众切身利益且可能产生较大影响的媒体报道；引发媒体和公众关切、可能影响政府形象和公信力的舆情信息；涉及重大突发事件处置和自然灾害应对的舆情信息；严重冲击社会道德底线的民生舆情信息；严重危害社会秩序和国家利益的不实信息等。

（三）做好研判处置。建立健全政务舆情收集、会商、研判、回应、评估机制，对收集到的舆情加强研判，区别不同情况，进行分类处置。对建设性意见建议，吸收采纳情况要对外公开。对群众反映的实际困难，研究解决的情况要对外公布。对群众反映的重大问题，调查处置情况要及时发布。对公众不了解情况、存在模糊认识的，要主动发布权威信息，解疑释惑，澄清事实。对错误看法，要及时发布信息进行引导和纠正。对虚假和不实信息，要在及时回应的同时，将涉嫌违法的有关情况和线索移交公安机关、网络监管部门依法依规进行查处。进一步做好专项回应引导工作，重点围绕"两会"、经济数据发布和经济形势、重大改革举措、重大督查活动、重大突发事件等，做好舆情收集、研判和回应工作。

（四）提升回应效果。对涉及群众切身利益、影响市场预期和突发公共事件等重点事项，要及时发布信息。对涉及特别重大、重大突发事件的政务舆情，要快速反应，最迟要在5小时内发布权威信息，在24小时内举行新闻发布会，并根据工作进展情况，持续发布权威信息，有关地方和部门主要负责人要带头主动发声。针对重大政务舆情，建立与宣传、网信等部门的快速反应和协调联动机制，加强与有关新闻媒体和网站的沟通联系，着力提高回应的及时性、针对性、有效性。通过购买服务、完善大数据技术支撑等方式，用好专业力量，提高舆情分析处置的信息化水平。

四、加强平台建设

（一）强化政府网站建设和管理。各级政府办公厅（室）是本级政府网站建设管理的第一责任主体，负责本级政府门户网站建设以及对本地区政府网站的监督和管理；要加强与网信、编制、工信、公安、保密等部门的协作，对政府网站的开办、建设、定级、备案、运维、等级保护测评、服务、互动、安全和关停等进行监管。建立健全政府网站日常监测机制，及时发现和解决本地区、本系统政府网站存在的突出问题。推进网站集约化建设，将没有人力、财力保障的基层网站迁移到上级政府网站技术平台统一运营或向安全可控云服务平台迁移。加快出台全国政府网站发展指引，明确网站功能定位以及相关标准和要求，分区域分层级分门类对网站从开办到关停的全生命周期进行规范。

（二）加强网站之间协同联动。打通各地区各部门政府网站，加强资源整合和开放共享，提升网站的集群效应，形成一体化的政务服务网络。国务院通过中国政府网发布的对全局工作有指导意义、需要社会广泛知晓的重要政策信息，国务院各部门和地方各级政府网站要即时充分转载；涉及某个行业或地区的政策信息，有关部门和地方网站应及时转载。国务院办公厅定期对国务院部门、省级政府、市县政府门户网站转载情况进行专项检查。要加强政府网站与主要新闻媒体、新闻网站、商业网站的联动，通过合办专栏专版等方式，提升网站的集群和扩散效应，形成传播合力，提升传播效果。

（三）充分利用新闻媒体平台。新闻媒体是政务公开的重要平台。各级政府及其部门要在立足政府网站、政务微博微信、政务客户端等政务公开自有平台的基础上，加强与宣传、网信等部门以及新闻媒体的沟通联系，充分运用新闻媒体资源，做好政务公开工作。要通过主动向媒体提供素材，召开媒体通气会，推荐掌握相关政策、熟悉相关领域业务的专家学者接受媒体访谈等方式，畅通媒体采访渠道，更好地发挥新闻媒体的公开平台作用。积极安排中央和地方主流媒体及其新媒体负责人列席有关会议，进一步扩大政务公开的覆盖面和影响力。

（四）发挥好政府公报的标准文本作用。政府公报要及时准确刊登本级政府及其部门发布的规章和规范性文件，做到应登尽登，为公众查阅、司法审判等提供有效的标准文本。各级政府要推进历史公报数字化工作，争取到"十三五"期末，建立覆盖创刊以来本级政府公报刊登内容的数据库，在本级政府网站等提供在线服务，方便公众查阅。

五、扩大公众参与

（一）明确公众参与事项范围。围绕政府中心工作，细化公众参与事项的范围，让公众更大程度参与政策制定、执行和监督。国务院部门要重点围绕国民经济和社会发展计划、重大规划，国家和社会管理重要事务、法律议案和行政法规草案等，根据需要通过多种方式扩大公众参与。省级政府要重点围绕国民经济和社会发展规划、年度计划，省级社会管理事务、政府规章和重要政策措施、重大建设项目等重要决策事项，着力做好公众参与工作。市县级政府要重点围绕市场监管、经济社会发展和惠民政策措施的执行落地，着力加强利益相关方和社会公众的参与。

（二）规范公众参与方式。完善民意汇集机制，激发公众参与的积极性。

涉及重大公共利益和公众权益的重要决策,除依法应当保密的外,须通过征求意见、听证座谈、咨询协商、列席会议、媒体吹风等方式扩大公众参与。行政机关要严格落实法律法规规定的听证程序,提高行政执法的透明度和认可度。发挥好人大代表、政协委员、民主党派、人民团体、社会公众、新闻媒体的监督作用,积极运用第三方评估等方式,做好对政策措施执行情况的评估和监督工作。公开征求意见的采纳情况应予公布,相对集中的意见建议不予采纳的,公布时要说明理由。

(三)完善公众参与渠道。积极探索公众参与新模式,不断拓展政府网站的民意征集、网民留言办理等互动功能,积极利用新媒体搭建公众参与新平台,加强政府热线、广播电视问政、领导信箱、政府开放日等平台建设,提高政府公共政策制定、公共管理、公共服务的响应速度,增进公众对政府工作的认同和支持。

六、加强组织领导

(一)强化地方政府责任。地方各级政府要充分认识互联网环境下做好政务公开工作的重大意义,转变理念,提高认识,将政务公开纳入重要议事日程,主要负责人亲自抓,明确一位分管负责人具体抓,推动本地区各级行政机关做好信息公开、政策解读、回应关切等工作。主要负责人每年至少听取一次政务公开工作汇报,研究推动工作,有关情况和分管负责人工作分工应对外公布。要组织实施好基层政务公开标准化规范化试点工作,让政府施政更加透明高效,便利企业和群众办事创业。

(二)建立健全政务公开领导机制。调整全国政务公开领导小组,协调处理政务公开顶层设计和重大问题,部署推进工作。各地区各部门也要建立健全政务公开协调机制。各级政府政务公开协调机制成员单位由政府有关部门、宣传部门、网信部门等组成。

(三)完善政务公开工作机制。各地区各部门要整合力量,理顺机制,明确承担政务公开工作的机构,配齐配强工作人员。政务公开机构负责组织协调、指导推进、监督检查本地区本系统的政务公开工作,做好本行政机关信息公开、政府网站、政府公报、政策解读、回应关切、公众参与等工作。在政务公开协调机制下,各级政府及其部门要与宣传部门、网信部门紧密协作,指导协调主要媒体、重点新闻网站和主要商业网站,充分利用各媒体平台、运用全媒体手段做好政务公开工作。各地区各部门要完善信息发布协调机制,对涉及其他地方、部门的政府信息,应当与有关单位沟通确认,确保发布的信息准确一致。

（四）建立效果评估机制。政府办公厅（室）要建立健全科学、合理、有效的量化评估指标体系，适时通过第三方评估、民意调查等方式，加强对信息公开、政策解读、回应关切、媒体参与等方面的评估，并根据评估结果不断调整优化政务公开的方式方法。评估结果要作为政务公开绩效考核的重要参考。

（五）加强政务公开教育培训。各地区各部门要制定政务公开专项业务培训计划，组织开展业务培训和研讨交流，2018年底前对政务公开工作人员轮训一遍。各级行政学院等干部培训院校应将政务公开纳入干部培训课程，着力强化各级领导干部在互联网环境下的政务公开理念，提高指导、推动政务公开工作的能力和水平。政务公开工作人员要加强政策理论学习和业务研究，准确把握政策精神，增强专业素养。

（六）强化考核问责机制。各地区各部门要将信息公开、政策解读、回应关切、媒体参与等方面情况作为政务公开的重要内容纳入绩效考核体系，政务公开工作分值权重不应低于4%。强化政务公开工作责任追究，定期对政务公开工作开展情况进行督查，对政务公开工作推动有力、积极参与的单位和个人，要按照有关规定进行表彰；对重要信息不发布、重大政策不解读、热点回应不及时的，要严肃批评、公开通报；对弄虚作假、隐瞒实情、欺骗公众，造成严重社会影响的，要依纪依法追究相关单位和人员责任。

政务公开是行政机关全面推进决策、执行、管理、服务、结果全过程公开，加强政策解读、回应关切、平台建设、数据开放，保障公众知情权、参与权、表达权和监督权，增强政府公信力执行力，提升政府治理能力的制度安排。各级行政机关、法律法规授权的具有管理公共事务职能的组织为《关于全面推进政务公开工作的意见》的适用主体，公共企业事业单位参照执行。公民、法人和其他组织向行政机关申请获取相关政府信息的，行政机关应依据《中华人民共和国政府信息公开条例》的规定妥善处理。

国务院办公厅
2016年11月10日

参考文献

一、与本书研究相关的著作类文献

1. [英]安德鲁·德威克. 互联网政治学:国家、公民与新传播技术[M]. 任孟山,译. 北京:华夏出版社,2010.

2. [美]珍妮特·登哈特,罗伯特·登哈特. 新公共服务:服务而不是掌舵[M]. 丁煌,译. 北京:中国人民大学出版社,2010.

3. [德]托马斯·海贝勒,舒耕德. 从群众到公民——中国的政治参与[M]. 张文红,译. 北京:中央编译出版社,2009.

4. [美]塞缪尔·亨廷顿. 变化社会中的政治秩序[M]. 王冠华,译. 上海:上海人民出版社,2008.

5. [法]古斯塔夫·勒庞. 乌合之众——大众心理研究[M]. 冯克利,译. 桂林:广西师范大学出版社,2007.

6. [美]马斯洛. 动机与人格(第三版)[M]. 许金声,等,译. 北京:中国人民大学出版社,2007.

7. [南非]毛里西奥·帕瑟琳·登特里维斯. 作为公共协商的民主:新的视角[M]. 王英津,等,译. 北京:中央编译出版社,2006.

8. [美]卡罗尔·佩特曼. 参与和民主理论[M]. 陈尧,译. 上海:上海人民出版社,2006.

9. [美]艾米·古特曼,丹尼斯·汤普森. 商议民主[M]. 台北:智胜文化事业有限公司,2006.

10. [美]卡斯特. 网络社会的崛起[M]. 夏铸九,译. 北京:社会科学文献出版社,2006.

11. [英]史蒂文·拉克斯. 尴尬的接近权:网络社会的敏感话题[M]. 禹建强,王海,译. 北京:新华出版社,2004.

12. [美]艾伦·杰伊·查伦巴. 组织沟通[M]. 魏江,译. 北京:电子工业出版社,2004.

13. [美]劳伦斯·莱斯格.代码:塑造网络空间的法律[M].李旭,等,译.北京:中信出版社,2004.

14. [法]卢梭.社会契约论[M].何兆武,译.北京:商务印书馆,2003.

15. [美]凯斯·桑斯坦.网络共和国——网络社会中的民主问题[M].黄维明,译.上海:上海世纪出版集团,2003.

16. [英]约翰·基恩.媒体与民主[M].邰继红,刘士军,译.北京:社会科学文献出版社,2003.

17. [美]戴维·H.罗森布鲁姆,罗伯特·S.克拉夫.公共行政学:管理、政治和法律的途径[M].北京:中国人民大学出版社,2002.

18. [美]贝克.管理沟通:理论与实践的交融[M].康青,冯天泽,译.北京:中国人民大学出版社,2002.

19. [美]盖伊·彼得斯.政府未来的治理模式[M].吴爱明,夏宏图,译.北京:中国人民大学出版社,2001.

20. [美]詹姆斯·N.罗西瑙.没有政府的治理[M].张胜军,刘小林,等,译.南昌:江西人民出版社,2001.

21. [英]阿克顿.自由与权力——阿克顿勋爵论说文集[M].侯健,译.北京:商务印书馆,2001.

22. [美]迈克尔·海姆.从界面到网络空间——虚拟实在的形而上学[M].金吾伦,刘钢,译.上海:上海科学普及出版社,2000.

23. [荷]斯宾诺莎.政治论[M].冯炳昆,译.北京:商务印书馆,1999.

24. [美]罗伯特·A.达尔.论民主[M].李柏光,林猛,译.北京:商务印书馆,1999.

25. [美]丹尼尔·贝尔.后工业社会的来临——对社会预测的一项探索[M].王宏周,魏章玲,译.北京:新华出版社,1997.

26. [美]尼古拉·尼葛洛庞蒂.数字化生存[M].海口:海南出版社,1996.

27. [意]贝卡利亚.论犯罪与刑罚[M].黄风,译.北京:中国大百科全书出版社,1993.

28. [美]托夫勒.力量的转移——临近21世纪的知识与权力[M].北京:新华出版社,1991.

29. [美]罗伯特·A.达尔.现代政治分析[M].王沪宁,陈峰,译.上海:上海译文出版社,1990.

30. [美]詹姆斯·E.安德森.公共决策[M].谢明,等,译.北京:华夏出版社,1990.

31. [日]蒲岛郁夫.政治参与[M].解莉莉,译.北京:经济日报出版社,1989.

32. [美]安东尼·M.奥勒姆.政治社会学导论——对政治实体的社会剖析[M].董云虎,等,译.杭州:浙江人民出版社,1989.

33. [美]塞缪尔·P.亨廷顿,琼·纳尔逊.难以抉择——发展中国家的政治参与[M].汪晓寿,等,译.北京:华夏出版社,1989.

34. [美]科恩.论民主[M].聂崇信,朱秀贤,译.北京:商务印书馆,1988.

35. [美]罗伯特·A.达尔.现代政治分析[M].上海:上海译文出版社,1987.

36. 房宁,周庆智.政治参与蓝皮书:中国政治参与报告(2016)[M].北京:社会科学文献出版社,2016.

37. 王法硕.公民网络参与公共政策过程研究[M].上海:上海交通大学出版社,2013.

38. 王金水.网络政治参与与政治稳定机制研究[M].北京:中国社会科学出版社,2013.

39. 张树义.追寻政治理性——转型中国的思考[M].北京:中国政法大学出版社,2013.

40. 王明生.当代中国政治参与研究[M].南京:南京大学出版社,2012.

41. 包心鉴,李锦,刘玉,等.大众政治参与和社会管理创新[M].北京:人民出版社,2012.

42. 董礼胜.发达国家电子治理[M].北京:社会科学文献出版社,2012.

43. 郭小安.网络民主的可能及限度[M].北京:中国社会科学出版社,2011.

44. 齐爱民.信息法原论[M].武汉:武汉大学出版社,2010.

45. 李斌.网络参政[M].北京:中国社会科学出版社,2009.

46. 郑傲.网络互动中的网民自我意识研究[M].成都:电子科技大学出版社,2009.

47. 叶皓.正确应对网络事件——政府新闻学网络案例[M].南京:江苏人民出版社,2009.

48. 蔡定剑.公众参与:欧洲的制度和经验[M].北京:法律出版社,2009.

49. 王周户.公众参与的理论与实践[M].北京:法律出版社,2009.

50. 何包钢.协商民主:理论、方法和实践[M].北京:中国社会科学出版社,2008.

51. 王维国.公民有序政治参与的途径[M].北京:人民出版社,2007.

52. 刘毅.网络舆情研究[M].天津:天津人民出版社,2007.

53. 魏星河,等.当代中国公民有序政治参与研究[M].北京:人民出版社,2007.

54. 王四新.网络空间的表达自由[M].北京:社会科学文献出版社,2007.

55. 李斌.网络政治学导论[M].北京:中国社会科学出版社,2006.

56. 曹建明.法治与国际和谐社会[M].北京:人民法院出版社,2006.

57. 何精华.网络空间的政府治理[M].上海:上海社会科学出版社,2006.

58. 饶传平.网络法律制度——前沿与热点专题研究[M].北京:人民法院出版社,2005.

59. 杨光斌.政治学导论[M].北京:中国人民大学出版社,2004.

60. 俞可平.政治学通论[M].北京:当代世界出版社,2003.

61. 薛澜,张强,钟开斌.危机管理:转型期中国面临的挑战[M].北京:清华大学出版社,2003.

62. 孙关宏.政治学概论[M].上海:复旦大学出版社,2003.

63. 王磊.管理沟通[M].北京:石油工业出版社,2001.

64. 程同顺.当代比较政治学理论[M].天津:南开大学出版社,2001.

65. 俞可平.治理与善治[M].北京:社会科学文献出版社,2000.

二、与本书研究相关的主要期刊论文类文献

1. 王子蕲.网络政治参与影响地方政府治理的路径和限度[J].行政论坛,2017,(1).

2. 戴均,徐文强.公民网络政治参与探究——基于有序性兼有效性二维结构的视角[J].社会主义研究,2017,(3).

3. 黄少华,谢榕.政治动机、政治技能和社团参与对网络政治参与行为的影响——基于公民自愿模型的分析[J].兰州大学学报(社会科学版),2017,(3).

4. 朱丹红,黄少华.网络政治意识对网络政治参与行为的影响[J].兰州

大学学报(社会科学版),2017,(3).

5. 熊光清.中国网络政治参与的形式、特征及影响[J].当代世界与社会主义,2017,(3).

6. 郑兴刚,郭海成.法治:网络政治参与治理的良方[J].中共天津市委党校学报,2017,(3).

7. 徐黎明,李虎城.网络政治参与的矛盾分析与解决对策研究[J].新疆社会科学,2017,(3).

8. 石晶.中国公众的政治参与观念调查报告(2016)[J].国家治理,2016,(23).

9. 孟天广,季程远.重访数字民主:互联网介入与网络政治参与——基于列举实验的发现[J].清华大学学报(哲学社会科学版),2016,(4).

10. 华昊.新生代网民的网络政治参与及其多元治理[J].南京社会科学,2016,(5).

11. 杨峰.论网络政治参与权的法治保障[J].电子政务,2016,(6).

12. 卢涛.青年网络政治参与的作用与发展[J].中国青年社会科学,2016,(6).

13. 黄春莹,孙萍.公民网络政治参与的内涵界定与行为识别[J].理论导刊,2016,(3).

14. 伍俊斌.网络政治参与的内涵、价值与限度分析[J].黑龙江社会科学,2015,(1).

15. 郑兴刚.网络政治参与概念辨析[J].重庆邮电大学学报(社会科学版),2015,(3).

16. 刘娟.农民网络政治参与的制度化路径探析[J].山西师范大学学报(社会科学版),2015,(3).

17. 田凯,黄金.国外治理理论研究:进程与争鸣[J].政治学研究,2015,(6).

18. 郑杭生,邵占鹏.治理理论的适用性、本土化与国际化[J].社会学评论,2015,(2).

19. 翟云.网络舆情治理的未来愿景、现实困境与实现路径[J].行政管理改革,2015,(1).

20. 范卫国.网络谣言的法律治理:英国经验与中国路径[J].学术交流,2015,(2).

21. 魏然.中国网络政治参与的社会文化解析[J].湖北社会科学,2015,

(10).

22. 杨峰.我国公民网络政治参与权的宪法保护——基于协商民主的视角[J].西安电子科技大学学报(社会科学版),2015,(1).

23. 张利军.国内外关于政治参与内涵的辨析[J].国外理论动态,2014,(2).

24. 曾建国,陶立坚.微博新媒介优化政治生态的意义[J].学术界,2014,(3).

25. 鲁传颖.奥巴马政府网络空间战略面临的挑战及其调整[J].现代国际关系,2014,(5).

26. 杨嵘均.论网络空间治理国际合作面临的难题及其应对策略[J].南京工业大学学报,2014,(4).

27. 刘红岩.公民参与的有效决策模型再探讨[J].中国行政管理,2014,(1).

28. 晏东.政治现代化视阈下的公民政治参与有效性建设[J].广西社会科学,2013,(6).

29. 孟桢.网络政治参与治理研究[J].河南社会科学,2013,(9).

30. 檀有志.网络空间全球治理——国际情势与中国路径[J].世界经济与政治,2013,(12).

31. 梁松鹤.西方网络文化霸权及其应对策略研究[J].人民论坛,2013,(26).

32. 胡颖.技术与法律的博弈——网络空间治理之道探究[J].福建师范大学学报(哲学社会科学版),2013,(3).

33. 房正宏.网络政治参与:内涵与价值探讨[J].江西社会科学,2011,(3).

34. 阚道远.美国"网络自由"战略评析[J].现代国际关系,2011,(8).

35. 张鸳远,王晓江."网络总统"奥巴马的网络政治攻略[J].当代世界,2011,(6).

36. 崔晶.塑造电子政府是推进节约型机关建设的有效途径[J].红旗文稿,2011,(7).

37. 江登琴.美国网络色情刑事处罚的宪法审查——雷诺案的经验与启示[J].国家检察官学院学报,2011,(1).

38. 杜英歌.西方协商民主理论述评[J].国家行政学院学报,2010,(5).

39. 华中领,等.官员心声:在网络中的担忧与坦然[J].人民论坛,2010,

(12).

40. 曾润喜.网络舆情在服务型政府建设中的影响与作用[J].图书情报工作,2010,(13).

41. 张卓,王翰东.中国网络监管到网络治理的转变[J].湘潭大学学报,2010,(1).

42. 魏星河,刘加夫,聂贝妮.我国公民网络参政兴起的特点、原因及影响[J].求实,2010,(5).

43. 黄永林,喻发胜,王晓红.中国社会转型期网络舆论的生成原因[J].华中师范大学学报(人文社会科学版),2010,(3).

44. 谢金林.网络舆论的政府治理、理念、策略与行动[J].理论探讨,2010,(2).

45. 宗利永,顾宝炎.危机沟通视角下的网络舆情演变问题研究评述[J].情报杂志,2010,(6).

46. 郑萍,金春义.网络政治参与对公共政策制定影响作用探析[J].青海社会科学,2010,(1).

47. 罗维.扩大与有序的勾连——政治参与有效性的征得[J].江汉论坛,2009,(7).

48. 魏海青.当前影响我国公民政治参与效度的因素分析[J].江苏开放大学学报,2009,(1).

49. 马海龙,张钦朋.论政治参与的度[J].长白学刊,2009,(4).

50. 刘邦凡.我国服务型政府建设中的数字鸿沟问题及其对策[J].科技管理研究,2009,(3).

51. 王锡锌.当代行政的"民主赤字"及其克服[J].法商研究,2009,(1).

52. 胡政,罗维.论亨廷顿政治参与理论及其现实启示[J].理论导刊,2009,(5).

53. 陈振明,李东云."政治参与"概念辨析[J].东南学术,2008,(4).

54. 陈炳辉,韩斯疆.当代参与式民主理论的复兴[J].厦门大学学报(哲学社会科学版),2008,(6).

55. 李强彬.论协商民主与公共政策议程建构[J].求实,2008,(1).

56. 孙岩.政治和谐与当代中国私营企业主阶层的政治参与[J].理论月刊,2008,(4).

57. 龚维斌.互联网发展对我国政府决策的影响[J].中国行政管理,2008,(10).

三、与本书研究相关的主要硕士、博士论文类文献

1. 白佳.网络政治参与视域下的公民参与式治理模式研究——基于杭州市民网络政治参与的样本[D].武汉:武汉大学,2017.

2. 冯秀.当前我国网络政治参与的困境和治理策略分析[D].北京:外交学院,2017.

3. 李颖.新媒体时代下网络政治参与主体研究[D].沈阳:辽宁大学,2016.

4. 魏顺霞.当代大学生网络政治参与研究——以甘肃部分高校为例[D].兰州:兰州大学,2016.

5. 杨瑾.青少年网络政治参与的有序性研究——基于湖南省五所高中的调查分析[D].长沙:湖南师范大学,2016.

6. 王彦璇.当前我国公民有序网络政治参与研究[D].太原:山西财经大学,2016.

7. 冯忠杰.网络政治参与视角下恶搞现象研究[D].重庆:重庆大学,2016.

8. 董晓芳.当前我国公民网络政治参与的有序性探究[D].石家庄:河北师范大学,2016.

9. 吕丹.新媒体环境下新生代农民工的网络政治参与状况研究——以重庆富士康为例[D].重庆:重庆大学,2016.

10. 钟世国.当代中国公民网络政治参与问题及对策研究[D].北京:外交学院,2016.

11. 张婉琦.我国城镇居民网络政治参与影响因素及对策[D].西安:西北大学,2016.

12. 贺鹏.当代中国网络政治参与问题研究[D].呼和浩特:内蒙古大学,2016.

13. 张鸣春.网络政治参与群体极化的消极效应及其防范[D].长春:吉林大学,2015.

14. 胡鑫.试析中国基于微信的网络政治参与[D].北京:外交学院,2015.

15. 张文晓.网络政治参与制度化研究[D].北京:中共中央党校,2015.

16. 钱玲燕.网络政治参与的有序性探析[D].杭州:浙江财经大学,2015.

17. 孟嘉.我国公民网络政治参与问题及完善路径研究[D].石家庄:河北师范大学,2015.

18. 刘亭美.当前我国公民网络政治参与面临的挑战与对策研究[D].兰州:西北民族大学,2015.

19. 付东明.我国网络政治参与的非理性现象研究[D].徐州:中国矿业大学,2015.

20. 常红娟.公众网络政治参与素养培育的困境与对策研究[D].兰州:兰州大学,2015.

21. 成昌明.中国网络政治参与议程设置模式及其功能研究[D].南京:南京师范大学,2015.

22. 邱璟.自媒体时代网络政治参与与政府回应研究[D].南昌:南昌大学,2014.

23. 季程远.网络政治参与的转化路径——政治态度、社会网络与政治参与[D].杭州:浙江大学,2014.

24. 张密.我国公民网络政治参与中的非理性参与研究[D].武汉:湖北大学,2014.

25. 张婷婷.网络政治参与视角下地方政府与民众的理性互动研究[D].上海:复旦大学,2014.

26. 左献献.网络政治参与环境下政治稳定的达成[D].南京:南京大学,2014.

27. 宋超.当代中国网络政治参与研究[D].济南:山东大学,2013.

28. 赵钰.公民网络政治参与的现状分析与对策思考[D].北京:首都师范大学,2013.

29. 栗璐燕.我国公民网络政治参与的发展与规制[D].上海:华东政法大学,2013.

30. 刘赟.中国网络政治参与发展方向研究——网络的民主实践与幻象[D].济南:山东大学,2013.

31. 王凌云.信息处理、动机、信任:网络政治参与及其影响因素分析[D].上海:复旦大学,2013.

32. 敖炀.我国网络政治参与的负效应及对策研究[D].长沙:湖南师范大学,2013.

33. 郑兴刚.当代中国网络政治参与研究[D].天津:南开大学,2012.

34. 孙莹.网络政治参与背景下的中国公民政治认同研究[D].长春:吉

林大学,2012.

35. 王玮.公民网络政治参与现状及其管理策略研究[D].南昌:南昌大学,2012.

36. 刘睿.网络政治参与和我国政府治理模式转变研究[D].昆明:云南大学,2012.

37. 陈蔚.政府微博运营——基于网络政治参与视角的分析[D].上海:复旦大学,2012.

38. 金毅.当代中国公民网络政治参与研究——网络政治参与的困境与出路[D].长春:吉林大学,2011.

39. 梁爱州.当代中国公民网络政治参与的现状及对策研究[D].兰州:西北师范大学,2011.

40. 张靓.我国网络政治参与的意义、问题及治理[D].哈尔滨:黑龙江大学,2011.

后 记

本书的写作缘于课题组承担的江苏省高校哲学社会科学研究重点项目"微博政治参与的效度及其引导机制研究"(项目编号:2013ZDIXM022)。在课题研究过程中,我们通过借阅图书、收集中国知网论文等方式寻找研究公民网络政治参与问题的理论支撑,采取深入基层政府部门了解他们对待网络民意的态度和现有应对措施、与网民和网络意见领袖交流他们从事网络政治参与的感受、开辟微博与微信等网络公共空间,亲身体验网络政治参与以把握公民网络政治参与的实践动态。在此基础上,我们分析了公民网络政治参与迅速发展的现实背景、公民网络参与的双刃剑作用、域外公民网络政治参与有序化发展的主要措施以及公民网络政治参与的效度及其发展障碍等问题,并以法治治理方式为主要视角,重点探索了公民网络政治参与效度提升的主要路径。

本书得以出版,首先要感谢江苏省教育厅给予课题立项并在研究经费方面的大力资助。同时,我们要感谢泰州市政府、泰州市中级人民法院、泰州市公安局、南京市政府法制办、南京市公安局鼓楼公安分局法制大队、苏州市公安局巡特警支队、扬州市公安局治安支队等部门的支持,为课题组召开座谈会、开展问卷调查提供诸多帮助,课题组由此获得了宝贵的研究素材。我们要特别感谢泰州市中级人民法院纪阿林副院长、泰州市公安局办公室毛向国副主任、苏州市公安局巡特警支队汪洋副支队长、扬州市公安局治安支队夷文祥副支队长,他们不仅多次为课题组赴基层调研做了精心安排,而且为课题研究提供大量有关数据和资料,对本书顺利完成撰写提供了无私的帮助。

本书的顺利完稿,首先要感谢华中师范大学政治学研究院的唐鸣院长,在百忙之中为本书的基本框架设计给予精心指导。同时,书稿的最终完成与课题组成员的不懈努力和艰苦卓绝的共同研究密不可分。他们在完成课题过程中通力协作,耗费大量的时间与精力收集研究所需资料,克服困难深入基层调研,撰写论文并参与书稿的撰写和统稿。例如,课题组成员江苏警官学院史炳军教授、华中师范大学王建国教授,为课题研究方向和研究思路给予指导;课题组成员泰州市中级人民法院纪阿林副院长参与本书第六章第二节等内容的撰写;课题组成员江苏警官学院孟卧杰教授,负责联系调研单位、拟定调研提纲、收集资料、撰写论文,并且参与本书第一章、第五章和第六章的撰写。在此,我们要向课题组所有成员对本书撰写付出的努力表示深深的谢意。

本书得以付梓,离不开江苏省教育厅社政处、江苏警官学院科研处、学科办和安德门校区(法律系)各位领导的指导,江苏警官学院薛宏伟副院长也为课题的科研活动提供了巨大的支持。还有,苏州大学出版社的苏秦老师为我们提供了专著出版的专业指导和无私帮助。在此,我们必须向他们表示衷心的感谢和崇高的敬意。

本书撰写过程中,为了论证需要,引用了大量专著、期刊和硕博士论文中的数据和观点,在此,我们谨向这些作者表示诚挚的感谢。

由于公民网络政治参与效度问题的复杂性,加之我们自身水平有限,书中难免存在缺点与不足,恳请有关专家和广大读者批评指正。

著　者
2017 年 8 月